VANGUARDAS DIGITAIS
JORNALISMO POLÍTICO E ATIVISMO EM REDE NO BRASIL

Editora Appris Ltda.
1.ª Edição - Copyright© 2025 da autora
Direitos de Edição Reservados à Editora Appris Ltda.

Nenhuma parte desta obra poderá ser utilizada indevidamente, sem estar de acordo com a Lei nº 9.610/98. Se incorreções forem encontradas, serão de exclusiva responsabilidade de seus organizadores. Foi realizado o Depósito Legal na Fundação Biblioteca Nacional, de acordo com as Leis nos 10.994, de 14/12/2004, e 12.192, de 14/01/2010.

Catalogação na Fonte
Elaborado por: Dayanne Leal Souza
Bibliotecária CRB 9/2162

D369v
2025
	de Magalhães Carvalho, Eleonora
	   Vanguardas digitais: jornalismo político e ativismo em rede no Brasil / Eleonora de Magalhães Carvalho. – 1. ed. – Curitiba: Appris, 2025.
	   262 p. ; 23 cm. – (Coleção Ciências em Comunicação).
	
	   Inclui referências.
	   ISBN 978-65-250-5804-7
	
	   1. Jornalismo. 2. Política. 3. Rede. I. de Magalhães Carvalho, Eleonora. II. Título. III. Série.
	
	                                                             CDD – 655

Livro de acordo com a normalização técnica da ABNT

A pesquisa apresentada neste livro contou com o apoio do Instituto Nacional de Ciência e Tecnologia em Disputas e Soberanias Informacionais (INCT-DSI) e do Conselho Nacional de Desenvolvimento Científico e Tecnológico (CNPq), através do projeto 406504/2022-9; e da Coordenação de Aperfeiçoamento de Pessoal de Nível Superior (CAPES)

Appris
editora

Editora e Livraria Appris Ltda.
Av. Manoel Ribas, 2265 – Mercês
Curitiba/PR – CEP: 80810-002
Tel. (41) 3156 - 4731
www.editoraappris.com.br

Printed in Brazil
Impresso no Brasil

Eleonora de Magalhães Carvalho

VANGUARDAS DIGITAIS
JORNALISMO POLÍTICO E ATIVISMO EM REDE NO BRASIL

Appris editora

Curitiba, PR
2025

FICHA TÉCNICA

EDITORIAL	Augusto Coelho
	Sara C. de Andrade Coelho

COMITÊ EDITORIAL		
	Ana El Achkar (Universo/RJ)	Lucas Mesquita (UNILA)
	Andréa Barbosa Gouveia (UFPR)	Márcia Gonçalves (Unitau)
	Antonio Evangelista de Souza Netto (PUC-SP)	Maria Aparecida Barbosa (USP)
	Belinda Cunha (UFPB)	Maria Margarida de Andrade (Umack)
	Délton Winter de Carvalho (FMP)	Marilda A. Behrens (PUCPR)
	Edson da Silva (UFVJM)	Marília Andrade Torales Campos (UFPR)
	Eliete Correia dos Santos (UEPB)	Marli Caetano
	Erineu Foerste (Ufes)	Patrícia L. Torres (PUCPR)
	Fabiano Santos (UERJ-IESP)	Paula Costa Mosca Macedo (UNIFESP)
	Francinete Fernandes de Sousa (UEPB)	Ramon Blanco (UNILA)
	Francisco Carlos Duarte (PUCPR)	Roberta Ecleide Kelly (NEPE)
	Francisco de Assis (Fiam-Faam-SP-Brasil)	Roque Ismael da Costa Güllich (UFFS)
	Gláucia Figueiredo (UNIPAMPA/ UDELAR)	Sergio Gomes (UFRJ)
	Jacques de Lima Ferreira (UNOESC)	Tiago Gagliano Pinto Alberto (PUCPR)
	Jean Carlos Gonçalves (UFPR)	Toni Reis (UP)
	José Wálter Nunes (UnB)	Valdomiro de Oliveira (UFPR)
	Junia de Vilhena (PUC-RIO)	

SUPERVISORA EDITORIAL	Renata C. Lopes
PRODUÇÃO EDITORIAL	Sabrina Costa
REVISÃO	Isabela do Vale Poncio
DIAGRAMAÇÃO	Jhonny Alves dos Reis
CAPA	Kananda Ferreira
REVISÃO DE PROVA	Jibril Keddeh

COMITÊ CIENTÍFICO DA COLEÇÃO CIÊNCIAS DA COMUNICAÇÃO

DIREÇÃO CIENTÍFICA	Francisco de Assis (Fiam-Faam-SP-Brasil)

CONSULTORES		
	Ana Carolina Rocha Pessôa Temer (UFG-GO-Brasil)	Maria Berenice Machado (UFRGS-RS-Brasil)
	Antonio Hohlfeldt (PUCRS-RS-Brasil)	Maria das Graças Targino (UFPI-PI-Brasil)
	Carlos Alberto Messeder Pereira (UFRJ-RJ-Brasil)	Maria Elisabete Antonioli (ESPM-SP-Brasil)
	Cicilia M. Krohling Peruzzo (Umesp-SP-Brasil)	Marialva Carlos Barbosa (UFRJ-RJ-Brasil)
	Janine Marques Passini Lucht (ESPM-RS-Brasil)	Osvando J. de Morais (Unesp-SP-Brasil)
	Jorge A. González (CEIICH-Unam-México)	Pierre Leroux (Iscea-UCO-França)
	Jorge Kanehide Ijuim (Ufsc-SC-Brasil)	Rosa Maria Dalla Costa (UFPR-PR-Brasil)
	José Marques de Melo (*In Memoriam*)	Sandra Reimão (USP-SP-Brasil)
	Juçara Brittes (Ufop-MG-Brasil)	Sérgio Mattos (UFRB-BA-Brasil)
	Isabel Ferin Cunha (UC-Portugal)	Thomas Tufte (RUC-Dinamarca)
	Márcio Fernandes (Unicentro-PR-Brasil)	Zélia Leal Adghirni (UnB-DF-Brasil)
	Maria Ataíde Malcher (UFPA-PA-Brasil)	

*À minha mãe, Suelena,
e a meus filhos, Ian, Gael e Olivia – luz, vida e cor.
Todo o meu amor por vocês.*

AGRADECIMENTOS

Este livro foi possível graças ao apoio de muitos, entre os quais gostaria de destacar meu agradecimento a Suelena Magalhães, pelo incentivo e financiamento. Também agradeço o apoio do CNPq e da Capes. Agradeço a todos os blogueiros e ativistas digitais com os quais conversei para a realização da pesquisa que deu origem a esta obra. Agradeço ao Anderson Bitencourt pela cuidadosa revisão das primeiras versões deste livro. Agradeço aos amigos, que sempre estiveram presentes. Aos docentes, funcionários e colegas da Universidade Federal Fluminense e da Universidade Federal de Minas Gerais – instituições públicas onde cursei minha formação acadêmica. Em especial, agradeço às professoras Vera França e Rousiley Maia, que conduziram meus passos iniciais pela atividade de pesquisa e pelos estudos em Comunicação Política; e à professora Marialva Barbosa, pela acolhida da "menina de Minas" na UFF, ainda à época do mestrado. Ao Afonso de Albuquerque, o meu profundo e sincero agradecimento pela orientação integral da pesquisa que deu origem a esse *Vanguardas Digitais*.

PREFÁCIO

O termo "jornalismo alternativo" tem sido usado para descrever um conjunto muito diversificado de organizações, a partir de critérios variados. Um deles diz respeito à propriedade dos meios de comunicação. Nesse sentido, alternativo abrangeria os meios que não obedecem à lógica da mídia estritamente comercial, controlada por atores política ou economicamente poderosos, ou pelo Estado. Um segundo critério diz respeito ao posicionamento político não convencional. Um terceiro diz respeito ao modelo de organização, não hierárquico. Outro à natureza das práticas, de caráter mais experimental. Um quinto diz respeito ao jornalismo de caráter comunitário. Mais recentemente, o termo "mídia alternativa" ganhou reputação duvidosa. Ele passou a ser associado a veículos ligados à extrema-direita e associados à difusão de conteúdo desinformativo e a discursos de ódio. Diante da diversidade de usos e sentidos associados ao jornalismo alternativo, estudos sobre o tópico devem recortar com precisão seu objeto analítico. É isso o que o livro *Vanguardas Digitais: Jornalismo Político e Ativismo em Rede no Brasil* faz.

Nas décadas de 1960 e 1970, em meio ao ambiente repressivo da ditadura militar, várias iniciativas de jornalismo alternativo, de diferentes naturezas, floresceram no Brasil. Como regra geral, elas tiveram vida curta. Quase meio século depois, um conjunto de jornalistas e ativistas políticos deram um novo fôlego àquela experiência pioneira. Valendo-se das novas oportunidades apresentadas pelas mídias digitais, como a capacidade de atingir um vasto público a um custo reduzido, um conjunto de jornalistas e ativistas de esquerda se articularam em uma rede de comunicação que, então, se baseava em blogs. Por isso mesmo, esse esforço conjunto ficou conhecido como Blogosfera Progressista. Corria o ano de 2010 e, ao final do seu governo, o Presidente Lula estava no auge da sua popularidade. Reagindo a isso, a mídia corporativa cerrou fileiras contra ele e a candidata à sua sucessão, Dilma Rousseff. A Blogosfera Progressista surgiu como esforço para equalizar o jogo, oferecendo uma alternativa à cobertura jornalística da mídia corporativa.

Originado de uma tese de doutorado defendida por Eleonora de Magalhães Carvalho em 2017, o livro *Vanguardas Digitais* é, hoje, ainda mais relevante do que no passado. Desde então, os integrantes da mídia progressista passaram por inúmeras provações nos mandatos de Michel Temer e Jair Bolsonaro, mas, mesmo em condições muito desfavoráveis, se mantiveram relevantes. Eles desempenharam um papel de relevo no combate à ameaça autoritária representada pelo governo autoritário além de, não menos importante, denunciar como golpe o processo de *impeachment* que afastou a presidente Dilma Rousseff e a farsa da Operação Lava Jato, que levou Lula à prisão e o impediu de se candidatar à presidência em 2018. O livro fornece pistas relevantes que ajudam a entender como o grupo de jornalistas que se congregaram na Blogosfera Progressista se manteve influente em circunstâncias tão desfavoráveis.

O livro apresenta um painel abrangente da origem, do desenvolvimento e do modelo organizacional da Blogosfera Progressista brasileira. De modo rigoroso, a autora apresenta o contexto político que deu origem à Blogosfera Progressista, desde a posse de Lula até o processo de radicalização política que se seguiu. Uma contribuição particularmente importante diz respeito aos novos tensionamentos que têm se apresentado ao jornalismo em um contexto em que a mídia digital se tornou hegemônica. O texto explora de maneira bastante competente como os veículos da Blogosfera Progressista se equilibram entre dois modelos distintos de jornalismo: o ativista e o empreendedor.

Um grande mérito do livro é mostrar a diversidade que se esconde por trás da unidade no ecossistema midiático progressista. Nem todos os veículos que integram o arranjo progressista falam do mesmo lugar ou privilegiam os mesmos valores e práticas. A autora explora com sagacidade os diferentes tipos de capital social mobilizados pelos integrantes do grupo, tais como o capital jornalístico, o capital político, o capital intelectual e o capital ativista. Igualmente relevante é o debate travado acerca do financiamento. Em todos os casos fica clara a diversidade de perspectivas abrigadas dentro do grupo.

O último capítulo mostra como o sistema midiático progressista funciona concretamente, por meio de um sistema de recomendação, links e compartilhamentos. Embora o panorama tecnológico tenha se transformado consideravelmente desde o tempo em que o sistema podia ser definido como uma blogosfera – as plataformas de mídias sociais exercem uma mediação algorítmica muito mais ativa sobre todo o processo, por exemplo –, os princípios gerais de organização do ecossistema permanecem em boa medida os mesmos.

No geral, *Vanguardas Digitais* apresenta uma contribuição original, que oferece elementos importantes para entender a riqueza do cenário do jornalismo no Brasil atual.

Afonso de Albuquerque
Professor titular do curso de Estudos da Mídia da Universidade Federal Fluminense

SUMÁRIO

INTRODUÇÃO 13

CAPÍTULO 1
IMPRENSA E CONTEXTO POLÍTICO...................................... 23
   1.1 A eleição de Lula em 2002: paz e amor, mas a lua-de-mel foi curta 24
   1.2 As tensões latentes começam a eclodir: o Conselho Federal de Jornalismo 28
   1.3 A construção da narrativa de corrupção atrelada ao PT......................... 31
   1.4 O projeto de desconcentração midiática no Brasil e o exemplo argentino........ 37
   1.5 A política cai nas redes... 44
   1.6 Coxinhas versus petralhas: 2014, a eleição que não acabou 48
   1.7 Desilusão com o PT... 51

CAPÍTULO 2
JORNALISTAS, REVOLUCIONÁRIOS E EMPREENDEDORES 59
   2.1 Uma questão de nomenclatura: sobre "mídia alternativa" e outras designações...... 61
   2.2 O alternativo em rede e nas redes, um modelo em compasso com seu tempo.......64
   2.3 A modernização nas redações: abre alas para transformações mais profundas 65
   2.4 A Imprensa Alternativa, ou a Verdadeira Independência Jornalística 67
   2.5 Movimentos sociais: o acolhimento da alteridade e o desejo por voz ativa 71
   2.6 Jornalismo empreendedor... 76
   2.7 Blogs e jornalismo: entram em cena novos atores? 81

CAPÍTULO 3
A BLOGOSFERA PROGRESSISTA BRASILEIRA........................... 89
   3.1 A formação da Blogosfera Progressista Brasileira.............................. 92
   3.2 Um ecossistema midiático progressista 104
   3.3 Diferentes capitais simbólicos: principais unidades constitutivas da BP..........117
      3.3.1 *O perfil jornalista* 118
      3.3.2 *Perfil ativista* 130
      3.3.3 *Políticos* 133
      3.3.4 *Intelectuais* 136
   3.4 Blogosfera Progressista, uma nomenclatura: dissenso e polifonia 138
   3.5 Categorização da Blogosfera Progressista Brasileira........................... 142
      3.5.1 *Grau de participação ou: quem escreve?*................................ 143

3.5.2 *Grau de institucionalização* 144
3.5.3 *Grau de envolvimento com a BP* 145
3.5.4 *Grau de identificação* 146

CAPÍTULO 4
A POLÊMICA EM TORNO DO FINANCIAMENTO 149
4.1 Os embates em torno do financiamento público 152
4.2 A crítica ao "republicanismo" petista: da cooptação ao critério de mídia técnica 158
4.3 A expansão do universo progressista e o fortalecimento de conglomerados midiáticos tradicionais 164
4.4 Financiamento a partir do público 168
4.5 Financiamentos institucionais 171

CAPÍTULO 5
UM NOVO CAMPO PARA O EXERCÍCIO DO JORNALISMO 177
5.1 A construção de redes 182
5.2 Sistemas de recomendação, links e compartilhamentos 186
   5.2.1 *Articulação como estratégia de (re)ação: o caso do fim do Viomundo* 187
   5.2.2 *Notas metodológicas: mapeando a Blogosfera Progressista* 192
5.3 A construção da rede sob uma perspectiva institucional: o Barão de Itararé 198
5.4 Relações periféricas: a zona crepuscular da BP 204
5.5 A lógica de laços fortes estruturantes e laços fracos catalisadores 212
   5.5.1 *A Blogosfera Progressista, ampliada no Facebook: algumas ilações* 215
5.6 A disputa por hegemonia a partir da construção de contranarrativas 220
   5.6.1 *O caso da "Bolinha de Papel"* 221

CONCLUSÃO 227

REFERÊNCIAS 233

INTRODUÇÃO

> Eu acho que a próxima onda é repressiva, é de reprimir todos os blogs. Hoje, se você for pegar os sinais, o que segura a resistência a esse estado de exceção são os blogs de esquerda. As pessoas são intimidadas onde trabalham, buscando emprego, você não pode falar nada que soe de esquerda. Então, eles vêm buscar energia onde? Nos blogs. Foi o que ocorreu em 2010, desde a campanha do Lula, em 2006. O pessoal tava desanimado porque a imprensa joga com essa balbúrdia de informações e passa um quadro de desânimo geral. Então a tenacidade dos blogs era uma chama, era um ânimo adicional. Então justamente por esse papel dos blogs, eles já passaram a se referir à blogosfera como um projeto ideológico, mas isso nunca existiu! A grande vantagem do Governo Lula e Dilma é que você podia fazer a sua crítica sem o risco de retalhamento. E isso acabou. Então a tendência deles vai ser criminalizar a gente.
>
> Luis Nassif, 5 de outubro de 2016,
> sobre o futuro da Blogosfera Progressista Brasileira[1]

No dia 21 de março de 2017 o blogueiro Eduardo Guimarães, responsável pelo *Blog da Cidadania*, foi levado de sua casa na capital paulista para prestar depoimento à Polícia Federal, tendo objetos e documentos apreendidos. A condução coercitiva e o mandado de busca e apreensão foram determinados pelo então juiz Sérgio Moro, segundo o qual Guimarães é um dos alvos de investigação de quebra de sigilo de informações que teriam prejudicado o andamento da *Operação Lava Jato*. Em 2016, o *Blog da Cidadania* havia divulgado informações sobre a condução coercitiva do ex-presidente Lula semanas antes dela acontecer, em março daquele mesmo ano. Durante o depoimento, foi pedido a Guimarães que ele revelasse o nome de quem havia vazado os dados para o blogueiro. Em nota, a justiça federal do Paraná informou que Eduardo Guimarães "não é jornalista, independentemente da questão do diploma, e que seu blog se destina apenas a permitir o exercício de sua própria liberdade de expressão e a veicular propaganda político partidária" – e que, portanto, não tem o sigilo da fonte constitucionalmente protegido. O episódio deixou indignados jornalistas e instituições ligadas à profissão, como a *Federação Nacional dos Jornalistas* (Fenaj) e a ong *Repórteres Sem Fronteiras* (RSF), que

---

[1] Entrevista à autora.

se manifestaram publicamente, esta última classificando o ocorrido como um grave atentado à liberdade de imprensa e à Constituição brasileira.

Para além do debate que envolve os dilemas quanto aos limites para a definição do que é ou não jornalismo, e sobre quem recai o "direito" de ser considerado como exercendo a profissão, o caso traz à cena uma discussão mais ampla acerca da renovação do jornalismo. Eduardo Guimarães, assim como Luis Nassif, fazem parte de um processo de mudanças no cenário midiático do Brasil, iniciado em meados dos anos 2000, que levou para a *web* um conjunto de agentes, formado principalmente por militantes políticos ou ligados a movimentos sociais, jornalistas e intelectuais, que se propunham a construir na rede um espaço alternativo ao jornalismo *mainstream*. Nesse sentido, o fenômeno *Blogosfera Progressista Brasileira* foi capaz de transformar o jornalismo político em elemento unificador de agentes desiguais, que se articulam em torno de um projeto comum que reivindica possuir não apenas um papel de imprensa, mas condições para seu desenvolvimento em um cenário midiático pouco democrático e altamente concentrado nas mãos de algumas famílias e empresários do ramo da comunicação.

Este livro se volta, assim, para as vanguardas digitais do jornalismo em rede no país. A obra possui como proposta central entender a Blogosfera Progressista Brasileira por meio das relações que seus integrantes estabeleceram entre si e para além de suas páginas na *web*. Mais do que um conjunto de iniciativas de mídia alternativa (que inclui blogs, sites e, mais recentemente, páginas e perfis em redes sociais), trata-se de um rico ecossistema midiático que combina um modelo de ação em rede, por meio de hiperlinks e compartilhamento de conteúdo, com princípios centralizados de organização, em que o *Centro de Estudos da Mídia Alternativa Barão de Itararé* é peça central nesse arranjo.

Aqui, "ecossistema midiático" é compreendido como um conceito que se define como a articulação em rede de diferentes agentes, com capitais simbólicos distintos, que estabelecem relações assimétricas uns com os outros, as quais se passam em um cenário dinâmico – ficando os aparatos tecnológicos-conectivos em um segundo plano de interesse, apesar de reconhecidamente importantes para viabilizar essas redes e potencializar sua ação. Um ecossistema que, ao longo de sua evolução, conquistou espaço e se tornou competitivo no sistema midiático brasileiro. Sua existência aponta para a expansão de um jornalismo online mais interpretativo e ideologicamente definido², que começou no campo da esquerda política – estilo que também tem conquistado cada vez mais espaço midiático entre grupos com orientações ideológicas distintas à do ecossistema observado nesta obra.

É importante entender a *Blogosfera Progressista Brasileira* não como reinventando o passado, tampouco como ruptura em relação a ele. Como será possível perceber, os blogueiros progressistas, a partir de novas estratégias e ferramentas, conseguiram encontrar na rede (e no estabelecimento de redes que conjugam relações online e offline) soluções para problemas antigos – estes bastante vinculados à sobrevivência e conquista de relevância no cenário da comunicação política, enquanto projeto de imprensa alternativa.

Sob esse prisma, a discussão que irei desenvolver ao longo dessa obra se assenta sobre a teoria de rede (*Network Theory*) de Mark Granovetter (1983) e seus pontos de contato com os trabalhos de Castells acerca da comunicação em rede e de Lance Bennett e Segerberg sobre as dinâmicas de comunicação online, contemplando também o lugar das lideranças digitais discutido por Gerbaudo (2016). Isso porque a *Blogosfera Progressista Brasileira* se apresenta como uma lógica de comunicação em rede que reúne, em um mesmo ecossistema, agendas distintas, abarcando o dissenso assim como a alteridade de capitais simbólicos que fortalecem a iniciativa.

Viabilizado tecnologicamente pela internet, o fenômeno brasileiro não se circunscreve ao universo virtual, uma vez que possui fortes vínculos com instituições e projetos que o precederam – como partidos políticos, movimentos sociais e a construção das bases para a formação de uma identidade jornalística presente no imaginário desses profissionais e a partir da qual eles se reconhecem. Mas também que depende da lógica de compartilhamento disponibilizada tecnologicamente para viabilizar estratégias de empoderamento do indivíduo pelo grupo, de agentes que, isoladamente, possuem pouca força em um sistema em que disputam espaço com grandes empreendimentos de comunicação. A dependência das mídias sociais, por sua vez, pode ser um fator de risco para a sobrevivência desse e de qualquer outro projeto jornalístico contemporâneo, uma vez que a mediação algorítmica oferece novos parâmetros e desafios para a atuação profissional e a circulação de notícias nas plataformas digitais.

Questões como "o que é a blogosfera progressista?", "quem são seus agentes?", "como se articulam?" e "o que sua existência significa para a comunicação política?" contribuíram para nortear o desenvolvimento desta obra

---

² Sobretudo quando observado comparativamente ao estilo objetivo de produção jornalística.

– cujo foco de observação recai bastante sobre a primeira e segunda décadas dos anos dois mil, em particular durante as administrações petistas e sua precipitada interrupção, com o *impeachment* de Dilma Rousseff, apesar de não se encerrar neste período. Em um cenário de acirramento político que, nos últimos anos tem se acentuado não apenas no Brasil, mas em outras partes do mundo, a existência de uma "blogosfera de esquerda" aponta para rearranjos que, em certa medida, desequilibram e tensionam o jogo de forças no sistema midiático brasileiro.

Não obstante o conceito de esquerda em muito se embaralhar com identificações partidárias, e a despeito dessa perspectiva se fazer presente em muitos dentre os relatos encontrados nas páginas deste livro, busquei, tanto quanto possível, compreendê-lo segundo a perspectiva de Bobbio (2011), em que "esquerda" é entendida enquanto doutrina caracterizada por privilegiar a igualdade social (ou a busca em reduzir as desigualdades) em detrimento da ênfase na liberdade individual; em que a "balança" pende para o social, principalmente quando em relação ao aspecto econômico como contrapeso – vinculado, dicotomicamente, à direita liberal.

Com vistas a compreender melhor o fenômeno progressista brasileiro e seus agentes, o trabalho de mapeamento[3] e observação desse universo se deu entre 2013 e 2017, inicialmente a partir de blogs que se autodeclaravam pertencentes ao rol progressista, sendo posteriormente incorporados sites, portais e páginas e perfis em redes sociais que demonstravam estabelecer relações uns com os outros e com o movimento de esquerda – seja pelo compartilhamento de links, textos e sistemas de recomendação mútua; ou pela participação em ações mais institucionalizadas, como encontros e seminários. Entre as características compartilhadas por esse conjunto de agentes estava a defesa de uma democratização midiática no país e a crítica antagônica a veículos de comunicação *mainstream*, em especial *Folha de S. Paulo, O Estado de S. Paulo*, revista *Veja* e os principais produtos jornalísticos das *Organizações Globo*. Metodologicamente, foi estabelecido que qualquer endereço eletrônico mapeado precisaria ter algum vínculo explícito ou implícito com outro da mesma rede para ser considerado integrante da teia de relações da Blogosfera Progressista Brasileira, seja por meio de links e/ou listas (*blogroll*) na página indicando "parceiros" (vínculo explícito), seja com a publicação de textos com temáticas afins

---

[3] O detalhamento desse processo poderá ser consultado pelo leitor na seção "Notas metodológicas: mapeando a Blogosfera Progressista", disponível no quinto capítulo deste livro. Os dados coletados foram utilizados principalmente para a escrita dos capítulos 3 e 5.

ou menção de outro blog, blogueiro ou expressão adotada amplamente pela comunidade (como a sigla PIG, Partido da Imprensa Golpista, para se referir à grande imprensa tradicional).

Observou-se que a rede midiática preserva algumas características de personalização e individualização, o que não chega a surpreender, dado que suas origens remetem aos blogs pessoais. Ao mesmo tempo, é um ambiente consideravelmente institucionalizado, no qual instituições tradicionais como partidos políticos, movimentos sociais e imprensa exercem um papel central na organização. Esse modelo de organização permite que a *Blogosfera Progressista Brasileira* funcione como um ambiente midiático crítico eficaz.

Em um segundo momento, procurei obter informações sobre a Blogosfera Progressista Brasileira de fontes primárias, por meio de entrevistas com um conjunto de agentes. Para tanto, entrei em contato com vários profissionais da rede. Aqueles que responderam positivamente e aos quais a agenda permitiu, fiz entrevistas individuais, realizadas presencialmente, por videochamada, por telefone e/ou e-mail entre outubro de 2016 e maio de 2017 – a saber: Luis Nassif, Luiz Carlos Azenha, Renato Rovai, Altamiro Borges, Paulo Henrique Amorim[4] e Miguel do Rosário, cujos nomes estão aqui dispostos na ordem em que foram temporalmente entrevistados. Todos eles responderam a um questionário com perguntas abertas elaboradas por mim e que foi direcionado e adaptado a cada um dos entrevistados individualmente. As questões versavam, em geral, sobre a experiência profissional do entrevistado (anterior e posteriormente à sua entrada na blogosfera); o começo das atividades como blogueiro e suas relações com o jornalismo; formas de financiamento do blog; relação e identificação (ou não) do blogueiro com a noção de "esquerda política" e com os governos do Partido dos Trabalhadores; sua identificação com a iniciativa Blogosfera Progressista; como o blogueiro percebe as novas formas de atuação na *web*, em particular páginas em redes sociais com perfil progressista; bem como sua compreensão do cenário político-midiático brasileiro. Nesta obra, toda informação obtida por meio desses questionários será classificada como "entrevista", assim como contatos posteriores para obtenção de informação adicional – para os quais fora elaborado novo questionário, este mais sucinto. Já contatos eventuais com o entrevistado para o esclarecimento de dúvidas, realizados por e-mail, aparecerão como "correspondência com a autora". Todo o material coletado

---

[4] Paulo Henrique Amorim morreu em julho de 2019. Seu blog, *Conversa Afiada*, apesar de não ser mais atualizado, permanece online.

foi gravado (quando o caso) e transcrito. Trechos desses relatos foram utilizados ao longo deste livro, cujos capítulos apresento resumidamente nos parágrafos a seguir.

Este livro foi pensado para explicar o fenômeno do jornalismo em rede, observado a partir do viés progressista e seu impacto no cenário midiático nacional, a partir de cinco capítulos. Os dois primeiros deles fornecem as bases para se entender o aparecimento da Blogosfera Progressista no país. No capítulo 1, será apresentado o conjunto de circunstâncias ocorridas no Brasil especificamente, e na América Latina, de modo geral e nas últimas décadas, que viabilizaram o desenvolvimento de iniciativas que compartilham vínculos ideológicos com a esquerda política e partidos tradicionalmente a ela relacionados. Serão abordadas as mudanças políticas que tiveram lugar no país a partir da eleição do candidato Luiz Inácio Lula da Silva como presidente em 2002, priorizando a cobertura da imprensa em relação àquele novo cenário político. Tais mudanças romperam os padrões de relativa proximidade que se estabeleciam até então entre a grande mídia (ou seja, os principais e maiores jornais e revistas nacionais) e os governos federais, e estão incluídas em um contexto mais amplo, que contempla uma percepção comum de mudança de rumo político em diversos países latino-americanos – Argentina, Bolívia, Chile, Equador, Uruguai, Venezuela, entre outros – e que a literatura consagrou sob o rótulo "virada à esquerda" (*left turn*). No que diz do caso brasileiro, os governos petistas receberam da imprensa tradicional uma cobertura marcadamente negativa, em que a narrativa de corrupção no país fora atrelada ao Partido dos Trabalhadores ainda durante o primeiro mandato de Lula. Doze anos após a primeira vitória de um candidato petista nas eleições presidenciais, o pleito de 2014 não apenas levou o PT à presidência da República pelo quarto mandato consecutivo, como também ressaltou um profundo processo de desintegração interna do partido – relacionado a uma forte polarização política que se construiu de forma antagônica ao PT, a qual encontraria na internet um campo profícuo de expressão.

Para compreender o aparecimento das vanguardas digitais que estabeleceram novos parâmetros para o jornalismo político e o ativismo em rede no Brasil, porém, é preciso, além dos contextos político e midiático que forneceram terreno para sua evolução, olhar para as tradições que nortearam a migração de jornalistas e ativistas políticos para a internet em meados dos anos 2000. O segundo capítulo, portanto, busca compreender esses novos meios pelos quais o fenômeno se manifesta a partir de estratégias tradicionais, tendo como foco central o jornalismo e as relações que este estabeleceu com diferentes experiências ao longo das últimas décadas. Estabeleci como ponto de partida o movimento de mídia alternativa dos anos de ditadura militar no Brasil e sua contribuição para o desenvolvimento de um *ethos* da cultura jornalística que tem na independência e autonomia condições *sine qua non* para o exercício da profissão, cujos princípios devem se opor à racionalidade mercadológica; bem como a aproximação de jornalistas, a partir daquele período, com movimentos sociais de esquerda de diferentes tipos, como sindicatos e partidos políticos. Essa diversidade de iniciativas e agentes envolvidos, partidários e "não-partidários", sociais, populares, de imprensa, alternativos por fim, aponta para a ação de duas *forças* sobre o universo progressista brasileiro contemporâneo – que operam segundo lógicas diferentes, mas constituem ambas herança dos movimentos que se desenvolveram no país a partir dos anos 70: uma centralizadora, que procura unificação, ligada à influência de partidos de esquerda, em especial o PCdoB e PT; e outra que preza autonomia em meio (e preservando) a alteridade, e que deve em muito à experiência advinda dos movimentos sociais daquele período. Por fim, o capítulo contemplará a evolução de computadores ligados em rede, a partir da entrada em cena dos blogs, que possibilitaram a um conjunto de agentes com vasta experiência acumulada offline pôr em prática projetos ligados ao jornalismo alternativo e estabelecer relações com novos agentes.

O capítulo 3 será voltado à apresentação da Blogosfera Progressista Brasileira enquanto ecossistema midiático cujo processo de formação foi protagonizado por agentes que carregavam para a rede um grande capital simbólico acumulado fora dela: são jornalistas reconhecidos pelo trabalho desempenhando em organizações ligadas ao modelo tradicional de imprensa, experientes militantes políticos, ativistas sociais e intelectuais. E que uniram forças e articularam diferentes projetos em prol de construírem um novo campo para o exercício do jornalismo, alternativo (e em oposição) à mídia *mainstream*. Para dar conta da formação desse fenômeno no Brasil, retomarei seu processo de surgimento a partir de marcos temporais e acontecimentos que apontam para sua evolução, o que inclui em sua composição tons institucionais. Nesse sentido, o *Centro de Estudos da Mídia Alternativa Barão de Itararé*, fundado em 2010, se apresenta como principal referência de instituição unificadora da Blogosfera Progressista. Originalmente constituído por blogueiros de esquerda, a iniciativa que congrega jornalismo e militância em rede agregou paulatinamente uma variedade de expressões de comunicação, exclusivas ou não do ambiente online. A partir da segunda década dos anos 2000, passou também a se enveredar pelas redes sociais online, sejam elas utilizadas por blogueiros ou a partir de laços de reciprocidade tecidos com perfis e páginas nativos digitais. Cada um desses agentes se identifica e se relaciona de maneira própria com a rede progressista, demonstrando diferentes graus de envolvimento. Espaço plural de ideias e identidades, a *Blogosfera Progressista Brasileira* se mostrou capaz de recepcionar interesses e valores conflitantes em um modelo democrático de coexistência, que apresenta a defesa da democratização das comunicações no país como principal bandeira levantada por seus integrantes – pelo menos até a *impeachment* de Dilma Rousseff, em 2016, quando a própria noção de Democracia foi posta em xeque. Uma discussão que se acentuou nos últimos anos e que abarca a radicalização política a partir de vieses antidemocráticos, muitas vezes estimulados pela difusão de desinformação em larga escala via plataformas de comunicação.

Por outro lado, até a entrada em cena das *"big techs"* e suas plataformas promovendo rearranjos econômicos, sociais e políticos profundos em escala global, a concentração midiática no Brasil se traduziu, também, em concentração de investimentos, via recursos públicos, em poucos grupos de mídia que, em geral, se vinculam a posições conservadoras, mas economicamente liberais. Agentes com os quais os integrantes da iniciativa progressista se colocaram em rota de colisão, ao elegerem a democratização e desconcentração das comunicações como problemas centrais, tematizando o financiamento midiático como questão estratégica. O quarto capítulo, portanto, se debruçará sobre a discussão a partir da perspectiva da disponibilização e obtenção de recursos para viabilizar a manutenção da existência da Blogosfera Progressista no sistema midiático brasileiro. Em linhas gerais, há duas "naturezas" de financiamento utilizadas por seus integrantes: estratégias de autofinanciamento, a partir de esforços do próprio veículo de comunicação em gerar recursos para se manter economicamente viável; ou fontes externas ao blog, site ou outro tipo de iniciativa midiática, por meio de recursos provenientes de verbas públicas ou da iniciativa privada, seja ela empresarial ou fruto de subvenção concedida por instituições de fomento, em geral, internacionais. Os recursos provenientes do segundo grupo são os que costumam causar maior controvérsia no seio da Blogosfera, cujas fontes de recursos são passíveis de serem associadas a ameaças em potencial à verdadeira liberdade de imprensa, via controle financeiro exercido por governos ou entidades ligadas ao modelo liberal de economia. Por se vincularem ao campo da esquerda e alguns terem sido recebedores de recursos provenientes da administração pública durante os governos petistas, os agentes da Blogosfera Progressista costumam ser taxados de veículos "chapa-branca" (durante as gestões Lula e Dilma Rousseff) ou de fazer "propaganda política do PT" (antes e, sobretudo, após o *impeachment* que pôs fim a 14 anos de governos petistas democraticamente eleitos). Apresentarei dados sobre financiamento de mídia no país que ajudarão a jogar luz sobre o problema da Blogosfera Progressista em particular, mas que também dizem do sistema midiático brasileiro em geral.

A Blogosfera Progressista constitui um fenômeno original que apresenta contribuições específicas sobre diferentes modelos de financiamento adotados contemporaneamente para viabilizar iniciativas relacionadas ao jornalismo, bem como para se compreender o campo alternativo de mídia brasileiro. No último capítulo deste livro aprofundarei a investigação sobre as vanguardas digitais brasileiras, observando a iniciativa progressista enquanto fenômeno que se apresenta como um novo campo para o exercício do jornalismo que se desenvolveu na rede (*web*) e conseguiu ser, de fato, em rede, implementando um projeto compartilhado de imprensa alternativa. Com isso em mente, analisarei a atuação de seus principais agentes (produtores de conteúdo e organizadores com perfil mais institucional), que se destacam como lideranças em um universo que se pretende horizontal, mas que reproduz sistemas de hierarquias. Apresentarei formas de visualização do emaranhado de relações que constituem a rede progressista, considerada de maneira ampliada, por meio de estratégias que envolvem a utilização de links, sistemas de recomendação e articulações com iniciativas novas ou vinculadas de alguma forma a experiências tradicionais. O quinto capítulo enfatiza, a partir de estudos de topografia da rede, as principais instâncias que unificam a Blogosfera Progressista enquanto projeto de hegemonia no campo do jornalismo alternativo de vanguarda, em que a imprensa é compreendida consensualmente por seus integrantes como um elemento político em si. Sob esta perspectiva, serão contempladas estratégias de ação que apontam para o potencial desse espaço de jornalismo político e de midiativismo fornecer narrativas alternativas ou contranarrativas, que por vezes conseguem disputar com a mídia *mainstream* e impor novos enquadramentos, se configurando também como espaço de resistência política.

CAPÍTULO 1

IMPRENSA E CONTEXTO POLÍTICO

> *Dilma, nós não vamos derrotar apenas os blocos adversários tucanos, nós vamos derrotar alguns jornais e revistas que se comportam como se fossem partido político e não têm coragem de dizer que são partido político e têm candidato.* (LULA, 18/09/2010)

A percepção de que uma parcela significativa da imprensa brasileira estaria se comportando como oposição política ao Partido dos Trabalhadores (PT) foi um dos fatores que contribuíram para a estruturação e o fortalecimento das vanguardas digitais que estabeleceriam um movimento de renovação do jornalismo político no Brasil. A desconfiança, evidenciada pelas palavras do então presidente Luiz Inácio Lula da Silva durante comício para a eleição de Dilma Rousseff, recai sobre as principais organizações midiáticas do país e está inserida em um contexto muito mais amplo que a campanha de 2010, e que ultrapassa as fronteiras do país.

O começo dos anos 2000 na América Latina em geral foi marcado pela chegada de grupos que até então ocuparam papel marginal no cenário político, fenômeno que se tornou conhecido como "virada à esquerda" (*left turn*). Antes da eleição de Lula, em 2002, Hugo Chávez ascendia à presidência da Venezuela em 1999 (e foi reeleito consecutivamente, ocupando o cargo até o ano de sua morte, 2013, quando sucedido por seu "herdeiro" político, Nicolás Maduro). Em 2003, foi a vez de Néstor Kirchner na Argentina (sucedido pela esposa, Cristina Kirchner, em 2007; reeleita em 2011); seguida por Tabaré Vazquez no Uruguai, em 2005 (sucedido pelo correligionário Jose Mujica em 2010, e retornando ao poder em 2015), Evo Morales na Bolívia, em 2006 (e reeleito em 2009), e Michele Bachelet no Chile, também em 2006 (que governou até 2010 e foi eleita para ocupar novamente o cargo em 2013), Rafael Correa no Equador, em 2007 (consecutivamente reeleito em 2009 e 2013), e Fernando Lugo no Paraguai, em 2008. Em comum, todos esses presidentes representam partidos tradicionalmente identificados como politicamente "de esquerda" e foram eleitos democraticamente.

Ao contrário do que o termo pode nos levar a crer, a "virada à esquerda" não foi homogênea. As lideranças políticas que chegaram ao poder nesses países latino-americanos possuíam orientações ideológicas distintas, sendo algumas mais identificadas com o socialismo, a social-democracia ou o populismo como práticas para se governar (BEASLEY-MURAY; CAMERON; HERSHBERG, 2010). Assim, a onda de governos latino-americanos esquerdistas pode ser descrita como uma multiplicidade de esforços para se redefinir o pacto social até então vigente nesses países, possuindo como fonte de legitimação representarem os interesses e desejos do povo, com o retorno do Estado como responsável por se atingir esse fim depois dos governos (neo)liberais dos anos 90. Para alguns estudiosos vinculados a uma perspectiva liberal/conservadora (cf. CASTAÑEDA, 2006), a chegada da "esquerda" ao poder na América Latina seguiu duas vertentes: uma boa ou "correta", e outra má ou "errada". No primeiro grupo, estão países que se aproximaram do modelo socialdemocrata, conciliando a ênfase em políticas sociais com a manutenção das políticas econômicas de seus antecessores, como Chile, Uruguai e, de uma forma mais comedida, Brasil. No segundo, estariam países contaminados pelo populismo, como Argentina, Bolívia e Venezuela, caracterizados pelo autoritarismo, pelo embate com Washington e pelo amor ao poder mais que à democracia. Embora essa perspectiva dicotômica tenha se tornado objeto de diversas críticas (cf. CAMERON, 2009; LUPIEN, 2013), tanto no que concerne à nitidez da distinção estabelecida, quanto às suas premissas ideológicas, ela serve não apenas para lançar luzes sobre a necessidade de entender o processo em termos mais complexos do que um "modelo" homogêneo supostamente seguido pelo conjunto dos países da região, como para entender a suspeição, por parte de determinados grupos, em torno da chegada do PT ao governo no Brasil e suas relações com outros governos latino-americanos – em especial aqueles pertencentes à vertente considerada "errada" da esquerda.

1.1 A eleição de Lula em 2002: paz e amor, mas a lua-de-mel foi curta

No que tange à relação com a mídia tradicional, a "virada à esquerda" no Brasil foi atravessada por desconfianças recíprocas. O histórico de tensões e conflitos entre o PT e as organizações jornalísticas ainda estava presente em 2002 – haja vista a cobertura partidária, parcial e francamente negativa em torno de Lula e de seu partido na campanha de 1989. Para deixar o papel de oposição e chegar ao governo, o PT precisou passar por um processo de adaptação – que desagradou a ala mais tradicional da militância petista – de partido de extrema esquerda ou radical a moderado, adotando estratégias "*catch all*" de modo a ampliar sua base eleitoral, como sugere Hunter (2007). O que se trata apenas de um dos lados do processo, a "ponta do iceberg", uma vez que as vitórias mais expressivas do PT, a partir da segunda metade da década de 1980, já haviam impactado em uma série de mudanças, em particular na burocratização do partido e alterações no perfil das lideranças, algo identificado em estudos anteriores à vitória de Lula em 2002 (cf. RODRIGUES, 1990; RODRIGUES, 1997), mas que se aprofundaram a partir dela. O sucesso eleitoral do PT gerou mandatos, com a primeira administração de destaque ocorrendo em 1988, o que produziu estrutura e, por conseguinte, foi mudando os quadros do partido. No início dos anos 2000, o crescimento institucional do PT havia produzido como consequência, além de mudanças de sua própria composição, a flexibilização programática – introduzindo acirramentos na relação entre bancada parlamentar e governo, em virtude dos rumos adotados pelo partido para conquista e sua manutenção no poder.

> Mais que mudanças estatutárias ou estruturais profundas, as transformações podem ser percebidas na prática política cotidiana, cada vez mais orientada pela disputa no mercado eleitoral, sendo sinais desse processo as decisões de ampliar o arco de alianças e o pragmatismo na condução de campanhas eleitorais". (LEAL, 2005, p.112)

O processo de profissionalização estava presente, seja por meio dos altos salários pagos a componentes do partido ou da contratação de profissionais para a promoção da imagem do partido e de seu candidato na corrida eleitoral que se aproximava. Foi o ano do "Lulinha paz e amor", slogan síntese da campanha petista que teria sido criado espontaneamente pelo próprio Lula.

> Dois dias antes, havia começado o horário eleitoral gratuito. Serra levou ao ar imagens de Ciro chamando um eleitor de "burro". O pepessista acusou o tucano de "comportamento de marginal".
>
> Maior beneficiário da troca de ataques, o petista sorriu ao ser questionado sobre o tom dos adversários e saiu-se com o "Lulinha quer paz e amor". Ele visitava Rio Branco, onde fez comício para cerca de 6.000 pessoas, na Gameleira, palco há cem anos da chamada Revolução Acreana, um embate entre brasileiros e bolivianos pela posse da terra, que o Brasil assumiria oficialmente em 1903.

> "Lulinha paz e amor" primeiro simbolizou o candidato que evitava ataques diretos a seus adversários e usava o programa eleitoral na TV para prioritariamente divulgar seu programa de governo.
>
> Até a mídia internacional – do conservador "Christian Science Monitor" até o longínquo "Asian Times" – adotou o "Lula peace and love", que depois virou sinônimo de um comportamento arredio do candidato, que evitava respostas a questões que pudessem desagradar a algum segmento do eleitorado ou a algum aliado, vários deles adversários históricos entre si ou concorrentes nas disputas estaduais. (FRAGA, 2002)

A campanha do PT em 2002 foi mais profissional e, em vários aspectos, mais pragmática, o que incluiu ser comandada pelo marqueteiro Duda Mendonça, cujo currículo incluía a ressurreição política do líder de direita Paulo Maluf; a garantia da manutenção de elementos da política econômica neoliberal do presidente antecessor Fernando Henrique Cardoso (PSDB) – por meio da Carta ao Povo Brasileiro, na qual Lula propõe flexibilizar a plataforma do partido e cujo principal objetivo era acalmar o mercado; e a ampliação das alianças políticas, que até a corrida eleitoral anterior se mantinham restritas a partidos estritamente vinculados à esquerda (cf. HUNTER, 2007; SAMUELS, 2004 e 2008a) – iniciando, assim, o que se consagrou como "presidencialismo de coalizão". Dessa maneira, além dos aliados tradicionais, alas do PMDB e PFL apoiaram a candidatura petista, que trazia como vice-presidente um empresário, o senador José Alencar, recém-filiado ao conservador Partido Liberal (PL). A aliança "capital-trabalho" foi bem recepcionada pela mídia. *O Globo* de 20 de junho de 2002 comemorava o sucesso do namoro entre os políticos, que enunciou como "Um Romeu e Julieta com final feliz". A versão online da *Folha de S. Paulo* ponderou à época:

> Sinal da aproximação e do bom trânsito do PT com setores conservadores foi a escolha do empresário José Alencar Gomes da Silva, 71, a vice na chapa. Político mineiro do PL, o senador será um dos interlocutores do novo governo com setores empresariais e conservadores do "establishment". (FOLHA ONLINE, 2002)

Logo após a vitória, ainda não eram nítidos os contornos que definiriam a relação do novo presidente com os setores mais conservadores de mídia (PORTO, 2012). O começo, porém, foi amistoso, com Lula concedendo nas primeiras horas após o resultado da eleição uma entrevista exclusiva ao dominical *Fantástico*, da *TV Globo*. Sobre o dia seguinte, ao chegar ao estúdio da emissora em São Paulo para participar de uma entrevista ao *Jornal Nacional*, o assessor de imprensa da campanha petista, Ricardo Kotscho comentou: "Parecia todo mundo feliz com o resultado, mas eu jamais poderia imaginar a cena que vi quando Lula surgiu na redação: todos os jornalistas se levantaram e gritaram o nome dele. Só os diretores presentes, meio constrangidos, não entraram na euforia geral" (KOTSCHO, 2006, p.236).

A capa da revista *Veja* de 30 de outubro de 2002, por exemplo, trazia um sorridente Lula em fundo azul, segurando à sua frente a bandeira do Brasil com a manchete "Triunfo histórico" e o sobrescrito "O Primeiro presidente de origem popular". A cobertura em torno do primeiro ano de Lula à frente da presidência da República seria relativamente tranquila, com o governo vivendo um período de "lua de mel" com a imprensa (PILAGALLO, 2012).

Mas logo a calmaria inicial daria lugar ao primeiro escândalo, dentre os muitos que marcariam o período em que o PT esteve à frente da presidência da República. Em fevereiro de 2004, a revista *Época* divulgou detalhes de uma gravação, feita dois anos antes pelo bicheiro Carlinhos Cachoeira, em que o então presidente da Loteria Estadual do Rio de Janeiro, Waldomiro Diniz, cobrava propina de Cachoeira. O pedido seria para arrecadar fundos para a campanha do PT e, quando a reportagem foi veiculada, Diniz era assessor do ministro da Casa Civil, José Dirceu, um dos homens mais fortes do governo Lula e do PT. A denúncia ganharia repercussão internacional, com o jornal *The New York Times* ponderando que, apesar da demissão de Diniz, "o escândalo ameaçava engolir o governo de esquerda liderado pelo Partido dos Trabalhadores, que sempre se retratou como a única força ficha limpa no mundo obscuro da política brasileira" (ROHTER, 2004[5]). Poucos meses depois, o correspondente Larry Rohter, autor da matéria sobre o caso *"Charlie Waterfall"*, seria ele próprio protagonista de um incidente envolvendo o governo brasileiro, quando publicou um texto em que colocava em dúvida a capacidade de Lula para governar o país em virtude do gosto do presidente por bebidas alcoólicas. Jornais brasileiros reproduziram trechos da matéria. "Como o correspondente tratara a questão de forma leviana, sem fundamentar suas afirmações, Lula imediatamente ganhou a solidariedade de quase toda a mídia nacional e até dos líderes da oposição – fato inédito

---

[5] Livre tradução do original: "But the resulting scandal threatens to engulf the left-wing government led by the Workers' Party, which has always portrayed itself as the only squeaky-clean force in the murky world of Brazilian politics".

no governo" (KOTSCHO, 2006, p.277). A reação inicial, porém, tanto do governo brasileiro quanto do jornal norte-americano acabou por gerar uma crise diplomática, com o pedido de cancelamento do visto e expulsão do jornalista do Brasil – o que não se chegou a consumar. O assunto acabou sendo tratado pela imprensa como prova da inabilidade administrativa do governo petista e de suas nuances autoritárias.

> A reação emocional do presidente Luiz Inácio Lula da Silva à reportagem publicada no dia 9 de maio, sugerindo que o presidente tem problemas com o álcool, transformou uma discussão sobre leviandade jornalística num desastroso incidente internacional. Em questão de horas, jornais do Primeiro Mundo passaram a tratar como intolerante e autoritário o operário que um ano atrás os tinha impressionado ao virar presidente depois de uma luta histórica pela democracia. (RILA & KRIEGER, 2004)

A questão do "autoritarismo do governo Lula", aliás, voltaria com mais força em agosto daquele ano, quando o governo enviou para aprovação na Câmara dos Deputados um projeto de lei que propunha a criação do Conselho Federal de Jornalismo (CFJ).

1.2 As tensões latentes começam a eclodir: *o Conselho Federal de Jornalismo*

Desde os anos 60 entidades sindicais representativas de profissionais ligados à prática do jornalismo discutem a necessidade da criação de um órgão com legitimidade para exercer a fiscalização em torno da atividade, cuja atuação se desse independente do Estado, este presente sob a forma do Ministério do Trabalho. O primeiro projeto que versava sobre o assunto foi encaminhado ao Congresso Nacional em 1965. Desde então, esse debate tem estado presente na pauta de discussão dos jornalistas, em alguns momentos se fazendo mais vigoroso que em outros. No que tange ao CFJ especificamente, sua criação tem sido discutida desde 1990 e, assim como outras propostas de regulação da atividade profissional, é uma demanda da Federação Nacional dos Jornalistas (Fenaj), entidade que representa sindicalmente a categoria no Brasil. A proposta, porém, só voltou a ser fortemente debatida nos anos 2000 (DIRETORIA DA FENAJ, 2004).

Em sete de abril de 2004, representantes dos sindicatos foram recebidos pelo então presidente Lula e pediram agilidade no envio da proposta ao

Legislativo – esta ainda em fase de análise no Ministério do Trabalho. A data era expressiva por dois motivos: primeiro, representava uma homenagem aos profissionais da imprensa, pois marca a comemoração do Dia do Jornalista no país; segundo, era a primeira vez que um presidente da República recebia a direção da Fenaj e os presidentes dos sindicatos estaduais em audiência no Palácio do Planalto (KOTSCHO, 2006). Em quatro de agosto daquele ano, a proposta para a criação do CFJ, bem como de Conselhos Regionais (CRJ), foi enviada à Câmara dos Deputados. Nos moldes do que ocorre com outras categorias, como médicos, engenheiros, arquitetos e agrônomos, que têm seus próprios Conselhos, "o CFJ e os CRJ têm como atribuição orientar, disciplinar e fiscalizar o exercício da profissão de jornalista e da atividade de jornalismo", em conformidade com parâmetros éticos, defendendo "o direito à livre informação plural" e o "aperfeiçoamento do jornalismo" (BRASIL, 2004). O CFJ, portanto, seria o órgão responsável pela regulação profissional da atividade de jornalismo no Brasil. A proposta, porém, foi mal recebida pela mídia em geral (cf. CANALI, 2005; LIEDTKE, 2006; ROMÃO, 2008), que a apresentou como um ato autoritário do presidente Lula com vistas ao cerceamento da liberdade de imprensa – à exceção da revista *Carta Capital*.

Matéria da *Folha de S. Paulo* do dia seis de agosto, cuja manchete "Lula quer conselho para fiscalizar jornalismo" dá a entender que é do presidente a proposta de criação do Conselho, ressaltava que "a proposta é polêmica por sugerir algum tipo de controle numa atividade em que a liberdade de expressão é a base. Além disso, insere-se num contexto de dificuldades de relacionamento entre o governo Lula e a imprensa." (FOLHA DE S. PAULO, 2004). O texto fazia menção ao tom crítico que Lula e alguns membros de sua equipe mantinham em relação à atuação da imprensa, e abordava o caso do jornalista americano Larry Rohter como exemplo de conduta do governo desaprovada pela mídia. O *Estado de S. Paulo* informava, em sete de agosto daquele ano, que o "plano que tenta controlar a atividade é criticado por políticos e profissionais" e salientava que "orientar e disciplinar", termos presentes no projeto de lei, eram "verbos perigosos" (MARCHI, 2004).

"Só então eu me daria conta do quanto as redações haviam se distanciado das entidades sindicais dos jornalistas nos últimos anos", ponderou o à época Secretário de Imprensa e Divulgação da Presidência da República, Ricardo Kotscho (2006, p. 286): "Para mim, foi assustadora a convergência entre as opiniões dos donos das empresas e as dos seus empregados jornalistas, sobretudo os que recebiam salários mais altos por ocupar cargos de confiança". Em novembro de 2004, o projeto que previa a criação do CFJ foi arquivado pelo Congresso Nacional, com o governo cedendo às pressões feitas pelas grandes organizações midiáticas. Apesar disso, Lula continuaria a ser enquadrado como potencialmente autoritário, enfoque paulatinamente construído pela grande imprensa que atrelava à imagem do presidente condutas antidemocráticas como desrespeito pelas liberdades e pelas instituições. Em meio a isso, o argumento de que era preciso zelar pela liberdade de imprensa fazia-se presente, sendo de tempos em tempos acionado e ressaltado como contraponto à presença do governo petista.

Somam-se a isso preocupações resultantes dos conflitos entre imprensa e governo nos países vizinhos, envolvendo acusações recíprocas de comportamento antidemocrático, cancelamento de licenças de transmissão televisiva e leis de regulamentação dos meios de comunicação (CAÑIZALES; LUGO-OCANDO, 2008; MAUERSBERGER, 2012). Na Argentina, a gestão Kirchner aprovou em 2009 a Lei de Serviços de Comunicação Audiovisual (mais conhecida no Brasil como *"Ley de Medios"*), que substituiu a antiga lei adotada durante o período ditatorial no país cujos princípios acabavam por permitir a concentração midiática nas mãos de poucas empresas. A nova lei, por outro lado, restringia severamente o número de concessões, a propriedade cruzada de meios e a participação de capital estrangeiro – e foi aplaudida, no Brasil, pela Blogosfera Progressista[6] como um exemplo a ser aplicado para a democratização dos meios.

As "alianças exóticas", como anunciadas no Brasil (GAGLIARDI; ALBUQUERQUE, 2014), que a política brasileira de relações internacionais primava por estabelecer a partir da aproximação com governos pertencentes à "má esquerda", como Argentina, Bolívia e Venezuela – cujo embate com grandes empresas de comunicação locais eram abertos e vigorosos – contribuíram para servir de base para uma série de acusações, por parte de setores da mídia tradicional, de que o governo e, ainda mais, os militantes do PT, ou, como se tornou corrente dizer, o "lulopetismo" estaria engajado em práticas sistemáticas de ameaça à liberdade de imprensa. E um dos fatores que contribuíram para o acirramento das tensões foi a elaboração de um anteprojeto de marco civil das telecomunicações, que ganhou força durante o segundo mandato de Lula.

---

[6] A título de exemplo, ver: http://www.viomundo.com.br/denuncias/como-e-a-ley-de-medios-que-apavora--o-baronato-da-midia.html.

Entretanto, as tensões latentes eclodiram ainda em 2005, durante o escândalo do *Mensalão*, como ficou conhecido o pagamento a parlamentares para que estes votassem a favor de projetos do governo, abrangendo o primeiro mandato de Lula. O assunto veio à tona a partir de denúncias do presidente do PTB e deputado federal, Roberto Jefferson, que havia sido citado como elemento-chave por trás de um esquema de corrupção e desvio de dinheiro nos *Correios*. O deputado fazia parte da base aliada do governo Lula, mas denunciou a prática do pagamento das mensalidades ao se sentir acuado, além de abandonado pelo Palácio do Planalto.

> Falando a Renata Lo Prete, da Folha, o parlamentar revelou em 6 de junho um esquema segundo o qual congressistas da base aliada recebiam "mensalidades" de 30 mil reais para votar a favor de interesses do governo. Pela primeira vez mencionava-se o termo "mensalão", neologismo que entraria para o léxico do noticiário político. (PILAGALLO, 2012, p.300)

Pauta permanente da imprensa desde então, o acontecimento esteve presente durante toda a cobertura das eleições 2006 – e teve impacto inclusive na campanha de 2010. O "candidato natural" à sucessão de Lula nas próximas eleições, o ministro da Casa Civil José Dirceu, fora envolvido de tal forma na crise que acabou condenado criminalmente e perdendo os direitos políticos. E isso abriria uma lacuna, a ser preenchida pela substituta de Dirceu na Casa Civil, Dilma Rousseff.

1.3 A construção da narrativa de corrupção atrelada ao PT

"Você lembra da música Geni do Chico Buarque? O Lula é a versão Geni com teflon. Você joga pedra, joga bosta e não pega!" (SIMÃO, 2006). Em 2006, Lula buscava a reeleição e, portanto, não era de se surpreender que sobre ele houvesse uma cobertura mais robusta, de alta exposição – além de candidato, ele era o chefe do Executivo nacional. O que chamou a atenção foi o tom hostil destinado a ele pela grande mídia, produzindo uma cobertura marcadamente negativa (ALDÉ; MENDES; FIGUEIREDO, 2007; JAKOBSEN, 2007; LIMA, 2007; RUBIM; COLLING, 2007). É bem verdade que denúncias de corrupção envolvendo o PT não eram exatamente uma novidade. Como aponta o estudo de Leal (2008), já em 1997 – quando da cobertura do caso CPEM – os principais jornais paulistas, *O Estado de S. Paulo* e a *Folha de S. Paulo* enfatizavam a não diferenciação do PT em relação a outros partidos no que tange às relações promíscuas que permeiam a política. Em 2005, houve "um reavivamento de velhas acusações", "entre elas, a de que várias prefeituras do interior paulista administradas pelo PT nos anos 90 sofreram pressões partidárias para contratar uma empresa de consultoria chamada CPEM, ligada a Roberto Teixeira, então amigo íntimo do presidente Lula" (LEAL, 2008, p.176). Mas além disso, percebe-se um movimento que buscava alçar PT e Lula a um lugar de destaque no noticiário sobre corrupção: mais que "um partido como os outros", eles viriam a ser enfatizados como o que de pior há na política brasileira. Sintoma da força alcançada pela ideia de diferença plasmada pelo partido, de que este seria melhor que a média por se promover como representante dos interesses populares e propositor de reformas estruturais. Tal perspectiva evidencia, por outro lado, a necessidade da construção de uma narrativa radicalmente negativa para destruí-lo[7].

Pode-se dizer que, do ponto de vista da política que permeia as principais redações do país, a corrida eleitoral começara bem mais cedo que de costume, a partir da crise que acometeu o governo com o estouro do escândalo do *Mensalão*, em 2005. Em março de 2006, um desdobramento das investigações sobre o *Mensalão* provocaria mais um abalo na administração petista: o ministro da Fazenda Antônio Palocci deixava o governo, envolvido no escândalo da quebra de sigilo bancário do caseiro Francenildo dos Santos Costa, que o acusou de frequentar uma casa de lobistas, onde Palocci receberia dinheiro para favorecer empresários em licitações da prefeitura de Ribeirão Preto, entre 2001 e 2004, durante sua gestão como prefeito da cidade. Poucos meses depois, às vésperas do primeiro turno das eleições, entraria em cena o caso do "dossiê tucano", também conhecido como "escândalo dos aloprados", que trata da suposta tentativa de compra de um dossiê falso por integrantes do PT com denúncias contra políticos tucanos. O nome fora dado por Lula durante uma entrevista, que classificou como um "bando de aloprados" os petistas que estariam tentando comprar o dossiê com vistas a incriminar políticos do PSDB na "máfia das sanguessugas", responsável pela aquisição fraudulenta de ambulâncias quando José Serra era ministro da Saúde do governo Fernando Henrique Cardoso. Vale lembrar que, em 2006, o PSDB concorria com Serra ao governo do Estado de São Paulo e com Geraldo Alckmin à presidência da República. As imagens do dinheiro que seria usado pelos petistas para a compra do dossiê foram "vazadas" para a imprensa pela Polícia Federal.

---

[7] A "teoria da curvatura da vara", de Lênin, fornece uma pedagógica metáfora para o entendimento desse processo.

> O delegado convocou jornalistas da grande mídia – Folha de S. Paulo, O Estado de S. Paulo, O Globo e Rádio Jovem Pan – para acertar clandestinamente a versão a ser dada na divulgação das fotos. As fotos passaram, então, a dominar o noticiário tanto da mídia impressa quanto do rádio e da televisão. Para alguns analistas, em detrimento até mesmo de outras notícias relativamente de maior interesse público. (LIMA, 2007, p.19)

Some-se a isso o panorama internacional latino-americano, em que os projetos de países vizinhos com que o Brasil mantém relações apontavam para mudanças profundas no horizonte, incluindo reformas constitucionais e econômicas.

> O contexto regional do primeiro mandato do governo Lula foi de uma convergência de mentalidades dos dirigentes sul-americanos, que passaram a questionar o paradigma da globalização benigna neoliberal presente na região nos anos 1990s e buscaram fortalecer iniciativas regionais de integração. (CORREA, 2015, p.3)

Na Bolívia, o presidente Evo Morales havia decretado a nacionalização do setor de hidrocarboneto poucos meses após sua eleição, em 2005, ocupando com forças policiais e militares as empresas internacionais que explorassem o gás boliviano, inclusive as refinarias da Petrobras no país. "A reação brasileira à nacionalização do gás foi de cautela e de pouca contundência, o que gerou protesto e indignação no plano nacional. Entretanto, de acordo com o governo, essa atitude era estratégica no sentido de não desencadear ações ainda mais radicalizadas" (CORREA, 2015, p.8). A pesquisa de Correa identificou o assunto em pauta nos jornais *O Globo*, *Estado de S. Paulo*, *Folha de S. Paulo*, com capas entre 01 e 30 de maio de 2006.

Na Venezuela, o "chavismo" construía um governo marcadamente personalista, cujo poder ia se acumulando cada vez mais no Executivo. Admirado por braços da esquerda brasileira, o presidente venezuelano participou do Fórum Social Mundial – evento relacionado à gênese de diversos componentes da Blogosfera Progressista Brasileira – em 2005, em Porto Alegre, onde foi ovacionado pela plateia (CANOFRE, 2015). Em 2006, Chávez acabara de assumir a presidência da República pela terceira vez, e em seus projetos estava a aprovação de uma emenda constitucional que permitiria reeleição ilimitada. O entorno brasileiro, enfim, era ameaçador aos olhos de alguns, como explicitaria o colunista de *Veja* e blogueiro Reinaldo Azevedo.

> Chávez vai construindo meticulosamente uma tirania sob o silêncio cúmplice dos vizinhos — e, se quiserem saber, o apoio explícito do Brasil. Não por acaso, é o queridinho das esquerdas brasileiras e saudado como o continuador da "obra" de Fidel Castro. Vejam o que é uma ditadura. E aproveitem para refletir sobre certas tentações que andam rondando o Brasil. (AZEVEDO, 2007a)

Cercado por lideranças populares e consideradas autoritárias, com as quais o governo brasileiro mantinha relações para além de diplomáticas, havia o temor de que Lula também se bandeasse para a "esquerda errada" – e ter se tornado conhecido como "líder teflon" pouco contribuía para amenizar essa percepção por parte de alguns setores da sociedade brasileira. A mídia internacional, inclusive, adotou o termo ao falar sobre os altos índices de popularidade do então candidato à reeleição apesar das denúncias de corrupção envolvendo o PT. O "presidente Teflon" foi comparado, em uma matéria do *The Times*, a Ronald Regan nos anos 1980 (HENNIGAN, 2006); e o francês *Libération* informava que Lula enredara-se naquilo que já se chamava de "*Watergate* brasileiro" (RAYES, 2006).

Em paralelo à cobertura dos escândalos, foi-se desenvolvendo em torno do governo petista uma narrativa que a) tanto desconstruía o PT, vinculando-o de modo visceral à corrupção, como b) apontava Lula como o principal agente responsável por possíveis desvios e incorreções de seus correligionários. Essa narrativa ganhava visibilidade por meio da imprensa, e era construída tanto por jornalistas quanto por opositores políticos. Um texto do *The Guardian* de setembro de 2006 destacava que Heloisa Helena, ex-petista e que à época concorria contra Lula na disputa presidencial, havia se "referido ao presidente como um 'gangster' a encabeçar uma 'organização criminosa'" (PHILLIPS, 2006; tradução livre). Em abril daquele ano, a revista *Veja* lançava mão do mesmo artifício, colocando Lula como o "chefe da quadrilha": em uma alusão a Ali Babá e os 40 ladrões, a edição de 19 de abril trazia capa com a imagem de Lula construída a partir de peças de quebra-cabeça – cada uma representando um envolvido no escândalo do *Mensalão*. A manchete "O bando dos 40" e o subtítulo, "A denúncia do procurador-geral não deixa dúvida: Lula é o sujeito oculto da 'organização criminosa que tinha como objetivo garantir a continuidade do projeto de poder do PT'", incriminavam Lula, apesar de a própria revista informar, em seu interior, que o presidente não havia sido citado sequer uma única vez na denúncia.

Assim, desde maio de 2005 e ao longo do processo eleitoral do ano seguinte, "foi se consolidando entre os jornalistas da grande mídia, nesse período, um forte antilulismo, expresso no tipo de cobertura – às vezes até mesmo *partidarizada* [...]. As explicações para o fenômeno incluem desde razões empresariais até o preconceito de classe. (LIMA, 2007, p.20). Por outro lado, o viés negativo em torno da reeleição de Lula e anti-PT adotado sistematicamente por boa parte dos principais veículos de comunicação brasileiros, cujo ponto alto foi o caso do "dossiê tucano" às vésperas da votação do primeiro turno, não era unanimidade nas grandes redações. E isso fez com que vários jornalistas deixassem as organizações noticiosas em que trabalhavam por não compactuarem com a cobertura dada aos acontecimentos. Estes, a exemplo de Rodrigo Vianna e Luiz Carlos Azenha, viriam a protagonizar a construção da Blogosfera Progressista Brasileira enquanto projeto alternativo de jornalismo ao até então preponderante no país; e, mais que isso, um espaço de militância política que em parte ocuparia uma lacuna deixada pela militância de base do PT – particularmente aqueles identificados com alas mais à esquerda do partido – e demais aliados da esquerda, bastante desiludidos com os rumos tomados pelo PT para chegar ao poder e governar (cf. AVRITZER, 2016; HOCHSTETLER, 2008; HUNTER, 2007; LEAL, 2005; SAMUELS, 2008b, entre outros), diferentemente de apoiadores que adotaram uma postura mais pragmática em relação às mudanças enfrentadas pelo partido ao longo dos anos (AMARAL, 2013; LEVY, 2012).

Nesse momento, entram em cena agentes midiáticos promovendo e mesmo produzindo "antídotos" para o noticiário negativo envolvendo o PT. No caso específico do "escândalo dos aloprados", eles foram responsáveis por reverberar socialmente que o "dossiê tucano" era, na verdade, um fato político manipulado para minar as chances de reeleição de Lula. Uma incipiente Blogosfera Progressista procurou demonstrar que o "novo escândalo" fora promovido pelo PSDB e pela Polícia Federal. O *Blog do Mello*, do jornalista Marco Aurélio Mello (ex-global, tendo trabalhado 12 anos na casa, incluindo em seu currículo o cargo de editor do principal telejornal da emissora, o *Jornal Nacional*) questionava "por que a equipe de TV de Alckmin foi a primeira a chegar à sede da PF em São Paulo, antes das grandes emissoras de TV, dos jornais, rádios, revistas e portais de notícias da internet?" (MELLO, 2006). Logo, viria à baila a participação direta das grandes redações na construção do caso – e a hipótese de que seria este evento o responsável por levar a disputa à presidência de 2006 ao segundo turno.

> A cumplicidade dos jornalistas com o delegado foi inicialmente revelada em matéria da Agência Carta Maior. Em seguida, o comportamento tendencioso da grande mídia provocou a reação da Carta Capital – que havia declarado apoio público à reeleição de Lula – em três matérias de capa consecutivas com a denúncia de uma "trama" que teria provocado a realização do segundo turno das eleições presidenciais. Essas matérias tiveram grande repercussão, sobretudo em blogs e sites especializados na internet, obrigando a grande mídia a dar explicações públicas sobre os fatos ocorridos. (LIMA, 2007, p.19)

Em 2012, o escândalo voltaria a ser repercutido pela Blogosfera Progressista Brasileira apresentando um jornalista, o ex-repórter da revista *IstoÉ*, Mino Pedrosa, como um dos elementos-chave na fabricação do episódio dos "aloprados". Na época, o repórter Marcelo Auler, que a partir de 2015 viria também a ter um blog de viés progressista, publicou um texto no *Jornal do Brasil* de 03 de julho no qual noticiava a apreensão de um vídeo na casa do ex-cunhado de Carlinhos Cachoeira incriminando Pedrosa, que mais tarde viria a se pronunciar em seu blog *QuidNovi* (PEDROSA, 2012) sobre o assunto, negando o envolvimento.

> O vídeo apreendido, já periciado pela Polícia Federal, mostra uma conversa entre o jornalista Mino Pedrosa e Dadá, o araponga que atendia à quadrilha do bicheiro. Pedrosa relata que o PSDB armou a história do dossiê e o "PT caiu nela".
>
> O araponga vibra e comemora: "Tem que f..... o Lula! Tem que f..... o barbudo! (AULER, 2012)

Outros membros da Blogosfera Progressista Brasileira também deram visibilidade ao caso, como o jornal *Brasil 247*, a revista *Carta Capital* e o blog *Conversa Afiada*[8]. Em 2006, para desencanto de muitos jornalistas e lideranças da mídia tradicional (PORTO, 2012), tal cobertura negativa não teve um impacto decisivo nas eleições: o presidente Lula se reelegeu com alguma facilidade, ainda que no segundo turno, e teve sua candidata à sucessão, Dilma Rousseff, eleita presidente do país em 2010. Curiosamente, a sensação por parte dessas mesmas lideranças era de que houvera um "descolamento"

---

[8] Alguns exemplos da cobertura e dos compartilhamentos feitos pela Blogosfera Progressista sobre o acontecimento podem ser vistos em: http://www.brasil247.com/pt/247/brasil/67825/Caso-dos-aloprados-%C3%A9-o-bra-de-Cachoeira-com-PSDB-Sem-sa%C3%ADda-Cachoeira-est%C3%A1-pronto-pra-falar.htm; http://www.cartacapital.com.br/politica/aloprados-e-aloprados/; http://www.conversaafiada.com.br/politica/2012/07/21/leandro-e-os-aloprados-cachoeira-queria-pegar-o-lula.

entre o desejo do "povo", expresso por meio do voto massivo em Lula, e a "opinião pública" – ou seja, a escolha por uma elite do melhor candidato, feita pelos principais grupos políticos do país. Ironia expressa nas palavras de jornalistas expoentes, como Alexandre Garcia, a quem é atribuída a declaração "O povo votou contra a opinião pública" (ALBUQUERQUE, 2016); e Tereza Cruvinel[9], que alguns meses antes da campanha eleitoral previa, ao comparar o que estaria por vir em 2007, que:

> [...] o eventual segundo governo de Lula, segundo as pesquisas de hoje, nasceria marcado por um contradição aguda: teria fortíssimo apoio popular, forte rejeição da opinião pública, escassa base parlamentar e estaria cercado, como hoje, por uma oposição combativa e inconformada. (CRUVINEL, 2006, p. 2)

Tais exemplos deixam transparecer um viés elitista, em que os jornalistas da grande mídia se colocam como porta-vozes do interesse público e responsáveis pela "iluminação" da opinião pública – num sentido iluminista/ocidental (ALBUQUERQUE, 2016); como também apresentam a continuidade, mais forte e bem demarcada, da oposição política das principais organizações noticiosas brasileiras em relação a Lula e ao PT. Algo revelador não apenas de um "lugar de classe", ocupado pelos jornalistas, como também da defesa, ainda que não explícita, de interesses políticos e econômicos. Além disso, a vitória de Lula a despeito do forte antagonismo midiático em 2006 põe em xeque o capital político da grande imprensa como aliado capaz de pesar decisivamente no jogo político – ameaça que não viria a se concretizar de pleno, com a mídia retomando seu lugar como elemento fundamental de construção da política, cuja força se fez presente na série de acontecimentos que levaram ao *impeachment* de Dilma Rousseff em 2016.

1.4 O projeto de desconcentração midiática no Brasil e o exemplo argentino

Ainda no que diz respeito à mídia brasileira, diferentemente do que ocorreu em 2002, a corrida eleitoral de 2006 trazia com mais força a temática "democratização das comunicações", incluída no programa de governo à reeleição do presidente Lula e que também encontrou resistência na imprensa nacional (LIEDTKE, 2006). O projeto de regulamentação dos meios de comunicação seria protagonizado pelo jornalista Franklin Mar-

---

[9] Que viria a integrar a equipe de colunistas do *Brasil 247*, jornal digital integrante da Blogosfera Progressista.

tins, ministro-chefe da Secretaria de Comunicação Social da Presidência da República (Secom) de 2007 a 2010, e abarcava a "desconcentração dos meios", encarada como ponto central para o fim do oligopólio midiático no país. Na segunda metade dos anos 2000, cinco grupos, em sua maioria empresas familiares, detinham a posse dos principais canais de comunicação de mídia com abrangência nacional: *Editora Abril* (família Civita), *Grupo Bandeirantes* (família Saad), *Grupo Folha* (dos Frias), *Grupo Silvio Santos* (comandado pela família Abravanel) e *Organizações Globo* (dos Marinho).

A nomeação de Franklin Martins foi recebida com suspeição por parte da mídia. Ao traçar o perfil daqueles que iriam compor o ministério do segundo mandato de Lula, o histórico de Martins como integrante do Movimento Revolucionário 8 de Outubro (MR-8) e um dos responsáveis pelo sequestro do embaixador americano Charles B. Elbrick, durante o regime militar brasileiro, foi destacado pelo portal de notícias *G1* e pelo jornal *Extra*[10]. Este lembrou que o novo ministro estava impedido de viajar aos Estados Unidos por conta da participação no sequestro. O trabalho de Martins na imprensa também foi mencionado, o que indicava que, apesar do passado, o novo ministro ainda podia ser considerado "um de nós" pelos colegas da imprensa.

> Quando foi convidado para fazer parte do governo do ex-presidente Lula, Franklin Martins era um jornalista com larga passagem pelos principais veículos de comunicação do Brasil (Globo, Band, Revista Época). No início, seus colegas pensaram que a indicação fazia parte do "acordo tácito" com o governo de não mexer na pauta da Comunicação e manter os privilégios milionários dos veículos privados no recebimento das verbas publicitárias do governo.
>
> O problema é que, em certa altura do campeonato, parte do governo percebeu que era preciso avançar no debate sobre a Comunicação. E um aliado fundamental neste sentido foi exatamente o ministro Franklin Martins. O jornalista cruzava uma linha que o colocaria como inimigo número 1 das corporações privadas de mídia no Brasil. (MIELLI, 2014, s/p.)

O colunista da revista *Veja* Reinaldo Azevedo também trouxe à tona a adesão de Martins à luta armada durante o período da ditadura militar no país, ao comentar em seu blog uma entrevista que o novo responsável pela

---

[10] As matérias em questão estão disponíveis em: http://g1.globo.com/Noticias/Politica/0,,MUL13558-5601,-00-FRANKLIN+MARTINS.html e http://extra.globo.com/noticias/brasil/ex-guerrilheiro-franklin-martins-sequestrou-embaixador-dos-eua-733063.html.

Secom havia dado há poucos dias ao jornal *Folha de S. Paulo*, na qual defendia a pluralidade da imprensa. E questionou quando este respondeu que havia lutado "ao lado da democracia contra a ditadura": "Que, à época, lutasse pela democracia, aí, não. Franklin lutava pela implantação de uma ditadura comunista no Brasil. E ele tem de reconhecer isso em nome da objetividade jornalística" (AZEVEDO, 2007b). Ao longo de 2007, Reinaldo Azevedo voltaria a relacionar o nome de Franklin Martins a atitudes antidemocráticas e ao terrorismo[11], agora se referindo à sua atuação à frente da Secom. Em abril daquele ano, o *Estadão* também publicou uma matéria relacionando o nome de Martins ao sequestro, que a CIA classificou como "tática terrorista na América Latina", explicando que um documento da Agência Central de Inteligência americana apontava que a onda de sequestros na região fez com que até Cuba temesse ter representantes no exterior sequestrados por "terroristas latinoamericanos" (TOSTA, 2007).

Naquele ano, a questão da "democratização da comunicação", como era de se esperar, não ficaria restrita ao âmbito do governo Lula. Em 5 de outubro, data em que expiravam as concessões de 28 emissoras de TV e 153 de rádios, entre elas, a *Rede Globo*, a Fenaj lançava uma campanha por "Democracia e Transparência nas Concessões de Rádio e TV", que reivindicava "um novo marco regulatório para as comunicações, e o fim da renovação automática das concessões, com a adoção de critérios com base na Constituição" (Diretoria da Fenaj, 2007). Enquanto isso, na Venezuela, a emissora de TV mais antiga do país, a *Radio Caracas Televisión* (RCTV), considerada de oposição ao presidente Hugo Chávez, não teve a licença de concessão renovada depois de 53 anos em funcionamento. Por determinação da justiça, sua infraestrutura foi repassada a um novo canal estatal, a *Televisora Venezolana Social* (TVES). A decisão foi classificada por uma parte significativa da mídia brasileira como um golpe à liberdade de expressão, sendo desaprovada publicamente inclusive pelo vice-presidente das *Organizações Globo*, João Roberto Marinho (AGENCIA EFE, 2007). Entretanto, o enquadramento adotado por agentes da Blogosfera Progressista foi diferente...

> O papel desempenhado por jornalistas e executivos da RCTV [quando de uma tentativa de golpe de Estado contra Chávez, em 2002], e de outros grandes grupos midiáticos venezuelanos foi admitido e aplaudido com orgulho pelos próprios protagonistas que hoje tentam se proteger atrás do escudo da

---

[11] Um exemplo pode ser encontrado na seguinte postagem: http://veja.abril.com.br/blog/reinaldo/geral/um-caso-explicito-censura-na-tve-agora-sob-ditadura-tv-lula/. Acesso em: 30 jun. 2020.

> "liberdade de imprensa". Os mesmos agentes que produziram um bloqueio de informações, que articularam junto com os militares e empresários golpistas a tentativa de golpe, que pisotearam a Constituição venezuelana, hoje elevam seus gritos contra a ameaça à liberdade de expressão na Venezuela. São os mesmos também que apoiaram a retirada do ar da TV pública venezuelana, durante o golpe, para que a população não soubesse que Chávez não havia renunciado, mas sim preso pelos golpistas. São os mesmos que, no dia seguinte ao golpe, contavam na TV com orgulho como haviam ajudado a depor um presidente eleito pelo voto popular. (WEISSHEIMER, 2007, s/p.)

Episódios como o venezuelano e as mudanças aprovadas na Argentina na legislação que trata da regulação midiática, não apenas repercutiram negativamente no Brasil, mas também contribuíram para aumentar a atmosfera de suspeita sobre governos de esquerda, acusados de autoritários. Lula havia conseguido apresentar o "Lulinha paz e amor" ao público, mas os conglomerados midiáticos nativos suspeitavam que este andasse em más companhias. E no que se relaciona à esfera da Comunicação, a Secom é o órgão estratégico do governo e qualquer mudança em vista poderia significar rumos indesejados para o empresariado em relação à política de comunicação do país. No período em que Franklin Martins foi ministro-chefe da Secom, foi criada por Medida Provisória a *Empresa Brasil de Comunicação* (EBC), vinculada à Secom. A estatal abrigava a TV Brasil, lançada em 2007, além de nove rádios. A proposta de uma TV pública de alcance nacional foi bastante criticada na imprensa, chegando um editorial da *Folha de S. Paulo* a recomendar, sem meias palavras, o seu fechamento.

> O fato é que a TV Brasil já começou mal, através de uma medida provisória, em vez do encaminhamento por projeto de lei. Tem 15 "representantes da sociedade civil" em seu conselho, todos nomeados pelo presidente Lula. Os vícios de origem e o retumbante fracasso de audiência recomendam que a TV seja fechada – antes que se desperdice mais dinheiro do contribuinte. (FOLHA DE S. PAULO, 2009)

Entretanto, para a Blogosfera Progressista, a *TV Brasil* significava "a possibilidade de 'concorrência' econômica (mesmo que neste caso seja mínima) e principalmente de quebra do monopólio da informação" (MIELLI, 2014) e por isso enfrentava resistência por parte das organizações noticiosas. Além disso, Franklin Martins foi um dos principais responsáveis pela redistribuição da verba do governo gasta em publicidade, aumentando o número de investimentos na mídia regional e em veículos de pequeno porte. Uma matéria da *Folha de S. Paulo* de 2009 informava que o número de veículos que receberam propaganda do governo havia aumentado em 961% com o PT à frente do Palácio do Planalto, apesar de não ter ocorrido aumento expressivo do valor gasto, e avaliava que esse "padrão de pulverização na publicidade" era "incomum na iniciativa privada" (FOLHA DE S. PAULO, 2009).

Naquele ano, as medidas adotadas pelo governo Lula em relação à desconcentração da comunicação no Brasil ganhariam tons mais dramáticos a partir de mudanças no cenário latino-americano. A aprovação pelo senado argentino, com vitória para o governo Kirchner, da *Ley de Medios* significava uma ameaça a mais, pois poderia "contagiar países vizinhos, como Brasil, e aprovarem dispositivos semelhantes que ataquem oligopólios" (Observatório da Imprensa, 2009). A notícia veio a público em veículos da grande mídia como "um duro golpe à liberdade de imprensa" a aprovação de uma "lei para cercear os meios de comunicação", que "reduzirá de forma drástica a atuação dos atuais grupos de mídia no país e colocará a concessão de licenças para canais de TV e rádio sob estrito controle estatal" (PALACIOS, 2009).

De fato, a *Ley de Servicios de Comunicación Audiovisual* ("Ley SCA") representou um importante referencial latino-americano no que se refere ao debate em torno da democratização do mercado midiático da região. Mais que isso, a *Ley de Medios* foi considerada uma tendência a ser seguida por outros países, em um contexto em que os debates sobre o papel dos meios de comunicação entravam em um novo momento e conduziam a mudanças (MAUERSBERGER, 2012). Assim como no Brasil, o sistema midiático argentino foi fortemente influenciado pelo período de ditadura militar no país. E enquanto aqui houve um esforço, pouco profícuo, de rever a política de concessões de canais de rádio e TV quando da Constituinte de 1987/88[12] (LIMA, 1987; DIRETORIA DA FENAJ, 2007), pautada em laços de amizade ou camaradagem e em interesses políticos, na Argentina os esforços para a democratização da comunicação também emergiram com o retorno da democracia, em 1983, e só conquistaram força de fato para conduzirem as tão desejadas mudanças na primeira década dos anos 2000.

---

[12] Uma das principais mudanças trazidas pela Constituição de 88 foi o compartilhamento com o Legislativo do poder de outorga de concessões, antes exclusivo do Executivo. Porém, isso não trouxe avanço de fato, uma vez que os beneficiados pelas concessões continuam sendo, em sua maioria e contrariando o que diz o artigo 54 da Carta Magna, políticos – entre eles deputados e senadores – ou pessoas relacionadas a estes, inclusive no tocante à mídia regionalizada (PINTO, 2017).

A relação entre os governos Kirchner e a grande mídia na Argentina é cercada por controvérsias. Durante os anos de sua administração, Néstor Kirchner preferiu não confrontar diretamente os principais grupos midiáticos do país (KITZBERGER, 2010). A crise econômica que atingiu o país em 2001, durante o governo de Fernando de La Rúa, também afetou as empresas de comunicação argentinas, muito em decorrência das políticas neoliberais adotadas na década anterior. Entretanto, a administração de Néstor Kirchner, cujas credenciais são de esquerda com foco nacionalista, privilegiou os grupos nacionais permitindo a consolidação dos conglomerados midiáticos e restringindo, paralelamente, a presença de investimentos externos no país (VIALEY, BELINCHE & TOVAR, 2008). Ao grupo *Clarín*, o maior conglomerado argentino, inclusive foi garantida posição dominante no mercado nacional de comunicação a cabo. Foi com a chegada de Cristina Kirchner ao poder que se buscou uma saída reformista por vias legislativas, após os conflitos agrários de 2008, nos quais os grandes meios de comunicação do país não adotaram enquadramentos predominantemente favoráveis ao governo (MAUSBERGER, 2012), o que culminou com o enfraquecimento do governo no Congresso argentino e seu desgaste junto à classe média. Essa reforma se concretizou na *Ley de Servicios de Comunicación Audiovisual*. Embora percebida por alguns como busca de vingança para a falta de apoio da grande mídia em torno dos interesses agroindustriais do governo, a medida recebeu apoio do centro e da esquerda, e dos legisladores (KITZBERGER, 2010, p.25).

O caso argentino apresenta pontos de contato com o panorama brasileiro, com empresas do setor de comunicação iniciando os anos 2000 enfrentando um quadro de endividamento financeiro. As *Organizações Globo*, por exemplo, haviam feito forte investimento em TV a cabo e internet no início daquela década, através da Globo Comunicações e Participações Ltda. (*Globopar*). As previsões promissoras para o mercado de TV por assinatura, entretanto, não se concretizaram. Em 2002, a empresa declarou moratória, com o volume da dívida estimado em 1,7 bilhão de dólares. Outras organizações midiáticas também passavam por problemas semelhantes naquele momento, com uma estimativa de que o setor havia tido um prejuízo em torno de R$ 7 bilhões.

> Em função disso, a Associação Brasileira de Emissoras de Rádio e TV (Abert), uma das principais entidades representativas do setor de mídia no Brasil, pleiteou em 2003, junto

> ao BNDES, um programa de financiamento ao setor. Mas o pedido gerou polêmica, e o debate sobre a questão chegou ao Congresso Nacional em 25 de março de 2004. Nesse dia, foi realizada uma audiência pública na Comissão de Educação do Senado, com a participação do vice-presidente do BNDES, Darc Costa. Durante os debates, representantes das redes Globo e Bandeirantes defenderam o financiamento para a reestruturação das empresas de comunicação, enquanto os das redes Record, Rede TV e SBT se alinharam para que o crédito com recursos do BNDES fosse aberto apenas para investimentos. Diante das diferentes visões, a linha de crédito para o setor jamais foi aprovada. (MEMÓRIA GLOBO, 2021)

Ocorre que o BNDES possuía sociedade com a *Globo Cabo*, também das *Organizações Globo* e relacionada ao mercado de TV por assinatura, desde 1999. Segundo o site "Memória Globo", o banco "acompanhou o aumento de capital realizado por todos os sócios da empresa em 2002" e "injetou mais R$ 156 milhões". Entretanto, a interpretação sobre o episódio amplamente difundida pelos blogueiros progressistas é que, na verdade, a empresa dos Marinho teria sido salva pelo BNDES, valendo-se de sua influência política. "O BNDES detinha 4% do seu capital. A proposta era elevar a participação para poder salvar a empresa. [...] O fato é que houve uma megacapitalização que elevou para 22,1% a participação do BNDES na empresa, salvando a empresa" (NASSIF, 2015). Acrescente-se que os gastos do governo petista, principalmente durante o início do mandato de Lula, teriam fortalecido os oligopólios midiáticos brasileiros. Apenas em 2003, a *TV Globo* recebeu 59% de todo o investimento publicitário oficial, sete por cento a mais que no ano anterior, o último do governo Fernando Henrique Cardoso – montante que no fim do primeiro governo de Dilma Rousseff havia, porém, sido reduzido para 36% (MARINONI, 2015, p.12).

O senador Roberto Requião (PMDB), durante um evento no *Centro de Estudos da Mídia Alternativa Barão de Itararé*, em 2015, contou que procurara Lula quando era governador do Paraná para falar sobre o que havia feito para fortalecer a comunicação pública no Estado: havia acabado com a verba publicitária gasta com empresas privadas e investido todos os recursos na TV pública local, a *TV Educativa*.

> Lula teria se animado com o que ouviu e pediu-lhe que conversasse com o então ministro da Casa Civil, José Dirceu. Requião foi ao quarto andar do Palácio e enquanto contava ao ex-ministro sobre o quanto a TV Educativa estaria sendo

importante para o governo, Zé Dirceu teria lhe interrompido e dito: "Requião, mas o governo também tem uma TV". Isso aconteceu antes da criação da TV Brasil, que se deu no segundo mandato de Lula. Requião teria ficado surpreso e perguntou: "mas que TV, Zé?". Ao que o então ministro, respondeu: "A Globo, Requião." (ROVAI, 2015)

Porém, a realidade demonstrou que as *Organizações Globo* não se tornariam uma TV petista. Pelo contrário. E, assim como o fez o Grupo *Clarín*, a empresa se valeria de seu alto poder de penetração na sociedade para tentar pressionar o governo quando se sentisse ameaçada ou algum de seus interesses políticos estivessem em jogo, caso do debate em torno da proposta de um novo marco regulatório das comunicações no país:

> [...] todas as tentativas de abertura de um debate público, aberto e transparente sobre o tema têm sido sistematicamente interditadas pelos oligopólios que dominam a comunicação social no Brasil, sob o argumento falacioso de que regulação é sinônimo de atentado à liberdade de imprensa. Dizem que regular é o mesmo que censurar. (MARTINS, 2014)

Para se referir ao conjunto dos veículos de comunicação brasileiros que apresentavam uma postura de "opositores" ao governo do PT, blogs que então comporiam a Blogosfera Progressista disseminaram a sigla PIG – Partido da Imprensa Golpista – popularizada pelo jornalista Paulo Henrique Amorim.

1.5 A política cai nas redes

Na campanha de 2010, viu-se grandes jornais brasileiros tomando partido de forma mais explícita, muitos saindo em favor do candidato de oposição José Serra. Até então, dentre os veículos de imprensa de maior destaque no país ligados aos modelos tradicionais de jornalismo, apenas a revista *Carta Capital* havia dedicado apoio a um candidato – em 2002, quando a publicação se declarou pró Lula. A percepção, por parte das organizações de imprensa, de que sua influência junto à opinião pública estava em declínio – ou pelo menos havia se tornado incapaz de impactar no resultado das eleições – e de que os partidos políticos de oposição se encontravam fragilizados levou a que reivindicassem o exercício de um papel ativo na oposição ao governo petista, como ilustrado pela seguinte declaração da presidente da Associação Nacional dos Jornais (ANJ), Maria Judith Brito:

> A liberdade de imprensa é um bem maior que não deve ser limitado. A esse direito geral, o contraponto é sempre a questão da responsabilidade dos meios de comunicação. E, obviamente, esses meios de comunicação estão fazendo de fato a posição oposicionista deste país, já que a oposição está profundamente fragilizada. E esse papel de oposição, de investigação, sem dúvida nenhuma incomoda sobremaneira o governo. (FARAH, 2010)

Naquele ano, *O Estado de S. Paulo*, valendo-se de seus 135 anos de tradição na imprensa, decidiu apoiar abertamente o candidato tucano. Em editorial publicado no domingo anterior à decisão do segundo turno, o jornal deixava claro que a atitude, entre outros fatores, deveu-se "à convicção de que o candidato Serra é o que tem melhor possibilidade de evitar um grande mal para o País" (ESTADÃO, 2010). Em contraponto às palavras de Lula, disponíveis nas primeiras linhas deste capítulo, o editorial do *Estadão* ressaltava haver "uma enorme diferença entre 'se comportar como partido político' e tomar partido numa disputa eleitoral em que estão em jogo valores essenciais ao aprimoramento se não à própria sobrevivência da democracia neste país". E a sobrevivência da democracia vincula-se à liberdade de imprensa... Assim, a edição d'*O Globo* daquele mesmo 26 de setembro trazia matéria na qual evidenciava o lançamento de um manifesto pela imprensa, cujo papel pode ser resumido nas palavras do jurista Hélio Bicudo, destacadas pelo jornal: "o cerne da democracia é a vigilância. É uma plantinha tenra, e, se não tomarmos cuidado, pisam nela" (O GLOBO, 2010). Seguindo a linha em defesa do papel da imprensa de vigilante da democracia, ou de Quarto Poder, a *Folha de S. Paulo* ressaltava, em editorial intitulado "Todo poder tem limite", publicado na capa da edição dominical, o risco do "enfraquecimento do sistema de freios e contrapesos que protege as liberdades públicas", apontando a "utilidade pública do jornalismo livre" e advertindo Lula e Dilma Rousseff de "que tentativas de controle da imprensa serão repudiadas" (FOLHA DE S. PAULO, 2010).

Apesar da ofensiva, Dilma Rousseff concorria ao primeiro mandato apoiada por Lula, que deixava o governo federal com históricos 87% de aprovação (pesquisa Ibope divulgada em 16/12/2010). E contava ainda com a mobilização da militância do PT e de outros partidos de esquerda, o que englobou a ação da Blogosfera Progressista Brasileira em seu favor – os blogueiros progressistas acabaram por se tornar verdadeiros agentes de campanha negativa contra José Serra, a exemplo do caso da "Bolinha de

Papel", sobre o qual falarei de forma mais detalhada no quinto capítulo deste trabalho. Em 2010, o PT obteve uma vitória relativamente tranquila, com Rousseff conquistando pouco mais de 55 milhões de votos. Porém, lembro que uma outra candidatura se destacou nesse pleito, a de Marina da Silva.

Marina Silva já havia feito parte da administração petista entre os anos de 2003 e 2008, quando ocupou o cargo de ministra do Meio Ambiente do governo Lula e chegou a ser apontada pelo jornal *The Guardian* como uma das 50 pessoas que poderiam salvar o planeta. Em 2010, lançou-se candidata à presidência da República pelo Partido Verde (PV). Naquele ano, Marina desequilibrou o jogo político: apesar de apenas 3 minutos diários no Horário Eleitoral Gratuito e dos poucos recursos de financiamento e tempo de TV, soube mobilizar o eleitorado utilizando a internet para obter 19% dos votos e terminar em terceiro lugar, alcançando grande visibilidade. O bom desempenho de Marina chama a atenção para o papel da *web* nas eleições. Até então, um exemplo bastante estudado do uso de internet havia sido a campanha de Barack Obama em 2008 (GOMES *et al.*, 2009; SMITH; RAINIE, 2008; entre outros), que utilizou recursos de comunicação digital de forma pioneira de modo a atingir determinado nicho do eleitorado norte-americano: jovens adultos. No Brasil, pode-se dizer que as "eleições presidenciais de 2010 apresentam um cenário diferenciado, permitindo afirmar que as ferramentas digitais, por conta de sua difusão junto ao eleitorado, assumem uma importância, de certa forma, inédita" (MARQUES; SAMPAIO, 2013, p.94). Além dos meios considerados já tradicionais, como sites, percebe-se a presença mais contundente de blogs, além de vermos ganhar força como locais de troca de conteúdo político as redes sociais – em especial *Orkut*, *Twitter* e *Facebook*, este ainda em franco crescimento no país.

> A liberdade decorrente do anonimato facilita a difusão de conteúdos nem sempre comprovados e que, em virtude da legislação eleitoral mais rigorosa para a televisão, dificilmente seriam divulgados no HGPE televisivo. Para responder a esses ataques, os postulantes recorriam tanto ao programa no horário eleitoral quanto às páginas oficiais na internet (sites e perfis no Twitter). (LOPES, 2011, p.3)

Ao ampliarem a capacidade de atuação do eleitor comum, as redes sociais permitiram a estes participar e mesmo introduzir discussões políticas com maior autonomia, liberdade e visibilidade em relação aos canais tradicionais de comunicação. Isso porque a sociabilidade no meio virtual permite a enunciação de determinados pontos de vista que, presencialmente, talvez não viessem à tona, como o comentário tuitado pela estudante de direito paulista Mayara Petruso, em que ela pedia "faça um favor a Sp, mate um nordestino afogado", em sua página no *Twitter* após o resultado que dava vitória a Dilma Rousseff em 2010. O termo "nordestinos" remete de forma preconceituosa e genérica aos moradores do norte e nordeste do país, percebidos por uma parcela da população – principalmente por uma elite habitante das metrópoles do sul e sudeste – como pobres e ignorantes. Segundo essa perspectiva bastante difundida nas redes e que viria a ganhar mais força no pleito seguinte, teriam sido os "nordestinos" os responsáveis pela vitória do PT, a partir de votos comprados por meio de programas sociais do governo, especialmente o Bolsa Família ou, como prefere o grupo detrator, "Bolsa Vagabundo". Esse reducionismo se tornaria mais virulento em 2014, estando presente tanto nas redes sociais quanto na mídia tradicional – o que gerou a terminologia "ódio-jornalismo", forjada pela professora Ivana Bentes, da pós-graduação em Comunicação da Universidade do Federal do Rio de Janeiro.

Por outro lado, foi justamente ao fim do pleito de 2010 que surgiu, também no *Twitter*, uma personagem de humor escrachado que viria a ter papel de destaque quatro anos depois: o fenômeno *Dilma Bolada*, criação do estudando Jéferson Monteiro e que esquentou a disputa de 2014 na rede, sobretudo no *Facebook*, para onde migraria. Foi também em 2010 que a Blogosfera Progressista Brasileira deu passos importantes em seu fortalecimento enquanto projeto político, institucionalizando-se por meio da fundação do *Centro de Estudos da Mídia Alternativa Barão de Itararé* e lançando as "bases" para a "materialização" da "entidade, até então abstrata, dita Blogosfera" (BORGES et al., 2010); o que ocorreu no I Encontro Nacional dos Blogueiros Progressistas, em agosto daquele ano, que reuniu 330 blogueiros e/ou twitteiros de 17 unidades da federação (LEMES, 2010).

Conforme será abordado de forma mais aprofundada adiante, a partir do terceiro capítulo deste livro, a Blogosfera Progressista Brasileira se tornaria um importante referencial no cenário brasileiro a amalgamar militância política e jornalismo, funcionando como espaço de pluralismo externo (COOK, 2005; HALLIN & MANCINI, 2004, 2012) em um contexto de baixo pluralismo interno de qualidade na imprensa tradicional. Enquanto nos grandes jornais houve um crescente e constante enquadramento de denúncias atrás de denúncias envolvendo o governo petista, pouca visibilidade foi dada aos casos de corrupção envolvendo partidos ligados à oposição, sobretudo em termos de proeminência temporal e comparativamente ao destaque dado ao PT e aos partidos de sua base aliada. É o caso das investigações que apontariam irregularidades nas privatizações de estatais brasileiras durante a administração do presidente Fernando Henrique Cardoso, do PSDB. Aquilo que se tornaria conhecido como "privataria tucana" teria surgido a partir de disputas internas entre os tucanos em 2009, fruto de um dossiê encomendado contra José Serra como retaliação a um texto articulado por este no jornal *O Estado de S. Paulo* e intitulado "Pó pará, Governador?", que insinuava que seu rival a candidato do partido à presidência, Aécio Neves, era cocainômano. As investigações realizadas pelo jornalista Amaury Ribeiro Jr., no *Estado de Minas*, seriam uma resposta ao candidato e às mídias paulistas que o apoiavam. O material sobre as privatizações foi condensado em um livro lançado em 2010. A partir dos documentos apresentados na obra, que evidenciavam ilícitos, os quais incluíam privilégios concedidos a amigos e parentes do correligionário e ex-ministro José Serra, houve o pedido de abertura de uma Comissão Parlamentar de Inquérito (CPI) para averiguar as denúncias de corrupção durante as privatizações ocorridas no governo FHC. O assunto chegou a ser noticiado pela grande mídia, mas se este alcançou algum destaque em certos meios, não lhe foi dada visibilidade por um longo período. Os blogueiros progressistas, por outro lado, construíram uma narrativa que realçava os casos de corrupção relacionados à atuação tucana não apenas espacialmente, por meio de manchetes em seus blogs e sites, mas temporalmente, sendo pauta constantemente difundida pela rede progressista – não apenas durante a campanha de 2010, mas voltando à baila em outros momentos, como nas campanhas de 2014 e durante o processo de *impeachment* da presidente Dilma Rousseff, em 2016.

1.6 Coxinhas *versus* petralhas: 2014, a eleição que não acabou

Pode-se dizer que a internet foi um dos catalisadores para que a eleição à presidência da República de 2014 fosse marcadamente agressiva e polarizada politicamente, sendo em parte traduzida por uma frase do candidato de centro-direita Aécio Neves (PSDB): "Eu perdi a campanha para uma organização criminosa". A disputa no segundo turno, inclusive, ficou conhecida como a mais acirrada da história da redemocratização do país, com a então presidente Dilma Rousseff se reelegendo com margem de pouco mais de 3% sobre Neves. Contudo, se voltarmos até 2013, todas as previsões apontavam para uma vitória relativamente tranquila de Rousseff. Como entender essa mudança?

Alguns episódios contribuíram para arranhar a aura de invencibilidade de Rousseff. Em junho e julho de 2013, manifestações que se originaram como protestos de âmbito geral, a partir do aumento nas tarifas de passagem do transporte público em diversas cidades brasileiras, passaram a atingir profundamente o governo federal – movimentos estes também relacionados às narrativas midiáticas ligadas à corrupção na política brasileira (cf. ANDERSEN, 2015). Com isso, a popularidade de Rousseff caiu abruptamente pela metade, chegando a 30%, contra os 65% de aprovação alcançados em março do mesmo ano (fonte: Datafolha). Essas manifestações encontraram eco em 2014, às vésperas da Copa do Mundo no Brasil, quando protestos foram organizados via redes sociais contra a realização do evento.

Além disso, como já mencionado, o PT vinha sofrendo forte cobertura negativa. Desde 2005, a imprensa havia se voltado para o escândalo do *Mensalão*. Em outubro de 2012, a *TV Globo*, emissora de maior audiência do país, chegou a dedicar 18 dos 32 minutos de uma edição de seu principal jornal a um balanço do julgamento que durou um ano e meio, terminando em março de 2014. Mas os problemas enfrentados pela presidente ultrapassavam a esfera política. A crise nas economias americana e europeias afetou os negócios internacionais do país, frustrando as projeções até então otimistas de crescimento. Some-se a isso uma crescente sensação interna de instabilidade, relacionada principalmente ao aumento no custo de vida. Em abril de 2014, a alta de 150% no preço do tomate tornou a fruta símbolo da aceleração da inflação no país, um dos grandes temores dos brasileiros (principalmente aqueles com mais de 30 anos, que vivenciaram na década 1980 e início da de 90 a chamada "hiperinflação", com índices que superavam 80% ao mês).

O contexto apresentava "tempestade à vista" no horizonte do PT. Entretanto, não foi o que aconteceu num primeiro momento da campanha eleitoral de 2014, pois ainda faltava algo fundamental: um concorrente que demonstrasse ser de fato capaz de mobilizar o eleitorado em detrimento de Rousseff. Além disso, o fiasco esperado na Copa do Mundo, da qual o país foi sede, ficou dentro de campo. Apesar da humilhante derrota para a Alemanha por 7x1 na semifinal do torneio, a até então desacreditada organização do mundial foi considerada bem-sucedida, arrancando inclusive elogios da imprensa internacional, como os jornais *New York Times* e *The Guardian* – e elevando o moral dos brasileiros em geral.

Assim, Rousseff parecia ainda imbatível no início da corrida eleitoral de 2014. As pesquisas mostravam que o índice de intenção de voto na candidata petista era igual ou superior ao de seus principais oponentes somados. Pesquisa Datafolha divulgada no início da campanha, em julho, a mostrava conquistando 36% do eleitorado no primeiro turno, seguida por Aécio Neves (20%) e Eduardo Campos (8%). Em 13 de agosto, a morte trágica de Campos na queda de um avião trouxe, pela primeira vez, a campanha para o âmbito realmente competitivo, com a entrada na disputa da então candidata à vice-presidência, Marina Silva.

Agora, ela não apenas desequilibra a disputa, como se torna favorita. No final de agosto de 2014, Rousseff e Silva estavam tecnicamente empatadas com 35% das intenções de voto, enquanto Neves havia caído para 14% (fonte: Datafolha). O favoritismo de Silva fez com que ela se tornasse o principal alvo de seus adversários, que realizaram um forte trabalho de desconstrução da candidata, seja por meio da propaganda política partidária ou dos meios noticiosos (o que inclui, para esse fim, a articulação da Blogosfera Progressista Brasileira). Além disso, outros fatores podem explicar o declínio de Marina Silva nas pesquisas: a) o fato de ser evangélica desagradava a parte progressista de seu eleitorado, principalmente os ligados ao movimento LGBT e aqueles favoráveis à legalização do aborto; b) mudanças em seu programa de governo abriram flanco para que ela fosse apontada como "inconsistente" por seus adversários, ao voltar atrás e retirar tópicos como a defesa do casamento gay, alegando erro no documento; e também causou desconfiança c) sua coordenadora de campanha, Neca Setúbal, ser uma das herdeiras do maior banco privado da América Latina, o Itaú, o que foi apontado como ameaça à independência do Banco Central (que defenderia interesses privados em prejuízo dos do povo).

Atacada de todos os lados, Marina Silva perdeu espaço para Aécio Neves na disputa pelo segundo turno, sendo ultrapassada pelo candidato tucano na semana que antecedeu o primeiro turno. A votação terminou apertada, com Dilma Rousseff obtendo 41% dos votos, Aécio Neves 33% e Marina Silva 21% (fonte: TSE). Com a corrida pela presidência da República centrada em Rousseff e Neves, a campanha tornou-se ainda mais agressiva e polarizada. Neves era associado a "retrocesso", arrocho salarial e desemprego pela campanha petista; enquanto o PSDB explorava escândalos de corrupção ligados ao PT e as fragilidades econômicas enfrentadas pelo país, como alta da inflação e baixo crescimento econômico. E as redes sociais se tornaram campo de batalha entre defensores do governo Rousseff e grupos antipetistas. Fora inaugurada a era dos "coxinhas" – eleitores identificados pejorativamente como de "direita", cujo perfil marcadamente conservador incluía forte sentimento antipetista, grupo, em geral, formado por eleitores do PSDB, mas que também abarcava uma direita mais radical e descolada de partidos políticos – *versus* "petralhas", aqueles cuja identificação ideológica se dava com a esquerda, ou a ideia do que esta representa ou representou no passado: Estado mais atuante social e economicamente. A vitória apertada de Dilma Rousseff deu-se em meio a um terreno de acusações e denúncias criminais cujo centro de referência colocaram em xeque a legitimidade do governo do PT, que em 2015 rumou para o quarto mandato consecutivo no comando do governo federal bastante enfraquecido política e popularmente.

1.7 Desilusão com o PT

Uma questão que atravessa o contexto em que se deu o aparecimento dos agentes na internet que viriam a formar a Blogosfera Progressista Brasileira é a desilusão com o Partido dos Trabalhadores, sobretudo de sua militância de base e simpatizantes da sociedade civil. Enquanto alguns foram se distanciando de uma atuação política partidária, a partir da chegada do PT à presidência da República, outros adotaram uma postura mais radical de ruptura com o partido. E nesse processo de "fratura interna" do PT, a presença da iniciativa Blogosfera Progressista, formado por militantes vinculados a partidos políticos, movimentos sociais e jornalistas em certa medida pró-governo petista atuando em um mesmo espaço, construído a partir de uma rede colaborativa estruturada principalmente por laços fortes, acabou por preencher, ao menos em parte, a lacuna deixada pela militância de base e demais apoiadores que possuíam uma relação visceral com o PT e, talvez justamente por isso, optaram por se afastar.

O PT surgiu, no início dos anos 80, apresentando em seu Manifesto (1979) de fundação o desejo "de intervir na vida social e política do país para transformá-la". O Brasil vivia sob o regime militar, os presidentes eram eleitos indiretamente e as liberdades individuais, cerceadas. Seu processo de formação foi marcado, em um contexto mais amplo, pela "reaproximação de instituições ligadas a profissionais liberais, como OAB e a ABI, e a cúpula da Igreja, bem como o Sindicato dos Jornalistas, no palco da luta pela redemocratização" (ROXO, 2013, p.27), acentuada pelos assassinatos do jornalista Vladimir Herzog, em 1975, e do operário Manoel Fiel Filho, em 1976. Interessante observar que a morte de Herzog nas dependências do DOI-CODI também contribuiu para o desenvolvimento do jornalismo alternativo no país, em face da timidez demonstrada pela imprensa tradicional na cobertura do assunto (PEROSA, 2001) – que acabou por preparar caminho para o advento da Blogosfera Progressista Brasileira algumas décadas mais tarde, assunto que começará a ser melhor trabalhado no próximo capítulo; bem como a ligação estreita desta com movimentos sociais, sindicatos e demais atores da sociedade civil em sua gênese e evolução.

Voltando a tratar especificamente das origens do PT, em meio a greves e forte militância sindical, a ideia de se fundar um partido dos trabalhadores foi anunciada durante a reunião intersindical de Porto Alegre, em janeiro de 1979. As divergências internas que acompanharam a trajetória do PT já estavam presentes entre as lideranças (àquele momento ainda não partidárias, mas sindicais). Alguns acreditavam que o partido deveria adotar uma posição "centro-esquerda" no espectro ideológico, abraçando a doutrina social-democrata que garantiria, além do respeito à propriedade privada, autonomia da economia em relação ao Estado; porém, a proposta vitoriosa foi a encaminhada pelo então presidente do Sindicato dos Metalúrgicos de Santo André, Benedito Marcílio, e definia como principais metas do partido, entre outros pontos, "a Assembleia Constituinte, reforma agrária, estabilidade no emprego e controle sobre o capital multinacional" (OLIVEIRA, 1987, p.123).

A fundação do PT começou a tomar contornos legais no primeiro ano do governo Figueiredo (1879-1985), quando se abre a possibilidade da reforma dos partidos políticos por meio da lei Orgânica dos Partidos Políticos, lei nº6.767 de dezembro de 1979. Com ela, ARENA e MDB, criados pelo Ato Institucional nº 2 em 1965, foram "extintos". Nasceram dessa reforma o Partido Democrático Social (PDS – antiga ARENA), Partido do Movimento Democrático Brasileiro (PMDB – antigo MDB), além de Partido Popular (PP), Partido Trabalhista Brasileiro (PTB), Partido Democrático Trabalhista (PDT) e Partido dos Trabalhadores (PT). Esse último surge com uma proposta clara de representatividade, conforme salientou Lula: "Os Partidos brasileiros sempre foram Partidos de classes: da classe dominante. Agora, dizem que até a Constituição não permite, quando se pretende criar um Partido dos Trabalhadores" (JORNAL DO BRASIL, 1979, p.4). Entretanto, a oposição radical às "elites" ou à classe burguesa precisou ser substituída por uma postura mais conciliatória, por parte de algumas alas do partido, que incluía a adoção de alianças mais "pragmáticas" de modo a viabilizar a eleição de Lula em 2002.

Aos olhos de vários simpatizantes, o "PT de Lula" errou antes mesmo de chegar ao poder ao adotar, para se eleger, a) uma estratégia de alianças com partidos que não possuíam qualquer vínculo ideológico com os ideais defendidos pela esquerda, como a com o Partido Liberal, de centro-direita, responsável pela composição da chapa Lula-Alencar. Contrariando uma tradição de alianças bastante restritas, que contemplava apenas partidos da esquerda, e que costumava a ser utilizada como fator de diferenciação do PT em relação à maioria dos partidos, em especial aqueles à direita, mas também o principal concorrente de centro-esquerda PSDB e o rival no mesmo espectro político PDT (HUNTER, 2007); e b) decidir por manter uma política de continuidade, no âmbito econômico, com o governo de Fernando Henrique Cardoso, isto sintetizado na Carta ao Povo Brasileiro que, na verdade, se traduzia como uma "Carta ao Mercado" (HOCHSTETLER, 2008; KOTSCHO, 2006; LEITÃO, 2011) cuja função era acalmar o mercado financeiro, garantindo aos investidores que a estabilidade econômica – a partir da manutenção do modelo econômico vigente – era prioridade para o candidato Lula.

No processo de deterioração do relacionamento entre a administração Lula e organizações da sociedade civil (OSC), Hochstetler (2008) identificou três "fases", a saber: 1) a agenda de continuidade com as políticas neoliberais de seu antecessor, Fernando Henrique Cardoso; 2) a dúvida de que eles de fato compartilhassem um projeto político com a primeira administração nacional petista; 3) as denúncias de corrupção generalizada envolvendo o partido em 2005, com o escândalo do *Mensalão*. Assim, as falhas apontadas pelos simpatizantes do PT estavam intimamente ligadas ao que estes entendiam por "ser petista" ou um "modo petista de governo" (cf. HOCHSTETLER, 2008; HUNTER, 2007; SAMUELS, 2008a): a ênfase na mobilização e participação popular que não se concretizou em nível nacional, a partir da implantação de conselhos consultivos e da aplicação do modelo de orçamento participativo – bem sucedido em nível municipal em algumas experiências petistas à frente de prefeituras, como a de Porto Alegre/RS; e a inversão de prioridades, em que o mercado (ou a "estabilidade econômica") teria sida contemplado em detrimento dos pobres, o que abarcaria necessariamente mudanças no modelo econômico brasileiro e do próprio Estado, focado no binômio "desenvolvimento com redistribuição", com maior atenção às políticas sociais.

E isso teve um custo político alto, com alas mais radicais de esquerda do partido e de aliados entendendo as medidas de continuidade em vez de um "confronto com o sistema" como abandono do projeto defendido historicamente pelo PT. O que contribuiu para afastar aliados políticos que antes eram muito próximos, ideologicamente inclusive, e enfraquecer o apoio do governo no Poder Legislativo – um prelúdio para o que depois viria a se revelar como a mais grave crise política enfrentada pelo PT, que culminou com o julgamento, pelo Congresso Nacional, do pedido de *impeachment* da presidente Dilma Rousseff em 2016. Mas ainda no primeiro ano de Lula à frente da presidência da República, para os críticos o PT já havia se descolado de sua base de apoio político e social. "Alguns petistas desiludidos chegaram mesmo a concluir que Lula havia, na verdade, se convertido ao neoliberalismo" (SAMUELS, 2008a, p. 11, em livre tradução).

A votação a favor de uma reforma na Previdência Social, em 2003, por exemplo, considerada por alguns próxima demais do chamado "Consenso de Washington", promoveu uma cisão dentro do próprio partido, evidenciando dilemas que envolvem a representação política (conforme apontado por Leal, 2005), uma vez que era preciso escolher entre base eleitoral e fidelidade partidária. O "racha" levou à expulsão de figuras expressivas como a senadora Heloísa Helena, que viria a fundar o Partido Socialismo e Liberdade (PSOL), e da deputada Luciana Genro, por votarem contra o governo no Congresso Nacional. Ambas viriam a disputar, respectivamente, as eleições presidenciais de 2006 e 2014 como adversárias do PT, concorrendo pelo PSOL.

Ao final do primeiro ano à frente da presidência da República, o cenário não era dos mais favoráveis para o governo Lula, tanto internamente como também nas áreas econômica e social. O *"Fome Zero* demorava a decolar, e ainda sem mostrar sinais de crescimento econômico, a questão da ética era fundamental, pois o diferenciaria dos anteriores..." (Kotscho, 2006, p.274). Entretanto, logo a economia daria sinais de recuperação, com inflação sob controle, agências de investimento sinalizando favoravelmente em relação ao país e perspectivas de crescimento que superavam as previsões do próprio governo, em parte em razão do *boom* vivenciado no mercado de commodities puxado pelo vertiginoso crescimento chinês. O *Bolsa Família*, que viria a ampliar a atuação da gestão petista no âmbito social e se tornaria seu principal programa nesse terreno, beneficiando milhões de pessoas, porém, foi apontado como estratégia adotada pela cúpula do partido que priorizava a ação do Estado em detrimento do engajamento da sociedade civil. Uma atuação que, segundo essa perspectiva, optava por políticas que conquistassem de modo mais rápido os pobres e tivessem maior impacto sobre a opinião pública, mas que acabavam por "eclipsar" alternativas que visassem a participação popular efetiva no novo governo (BRUERA, 2015). A despeito da grande decepção enfrentada internamente pelo PT, houve aumento no número de filiados, mesmo nos momentos "nevrálgicos" enfrentados pelo partido, em 2003 e em 2006, como apresentado por Amaral (2011).

Na imprensa brasileira, as medidas adotadas pela gestão Lula ainda no início de mandato foram consideradas derrotas "da esquerda do PT e da base aliada". Nesse cenário, aliados históricos de Lula deixavam o governo; o que tanto era entendido como pragmatismo – ao se distanciar do radicalismo presente em algumas alas do partido – como levantava suspeitas a respeito dos rumos tomados pelo partido ao chegar ao poder.

> Muitos dos quadros que estão deixando o governo, velhos amigos de Lula, como o secretário de imprensa, Ricardo Kotscho, e o assessor especial Frei Betto, formam o grupo dos "românticos", digamos assim, o pessoal dos sonhos sinceros e que está triste por ter percebido como é diferente a dura realidade do governo. Até entendem que é preciso ser pragmático, não vão passar para a oposição, mas são pessoas para as quais, sem o sonho, o governo perde a graça. Para outros, não. Poder é poder, é bom estar no governo. Se o processo seguir, o governo vai mudar bastante. Sai o pessoal da primeira hora, a turma dos fiéis mais próximos, entram os neopragmáticos e operadores. (SARDENBERG, 2004, B2).

O artigo de Sardenberg não vê esse "novo PT" com otimismo. O que a alguns parece pessimismo, para outros se apresentava como desencanto. De todo modo, tal sentimento se tornou cada vez mais presente a partir de 2004, com a questão do corrompimento do partido em decorrência e para a manutenção do poder político batendo à porta da administração petista. A partir daquele ano, como brevemente mencionado neste capítulo, eclodiria uma série de denúncias envolvendo operadores políticos e pessoas do partido e aliados, muitas ocupando cargos-chave do governo, em verdadeiros escândalos de corrupção. Talvez um dos momentos mais emblemáticos do processo de alienação da própria base enfrentado pelo PT tenha sido o choro incontido de alguns parlamentares do PT no plenário da Câmara dos

Deputados, em agosto de 2005, quando das revelações de Duda Mendonça em depoimento à CPI dos Correios.

O publicitário admitira ter participado de um esquema que envolvia lavagem de dinheiro e caixa dois para receber dinheiro do partido referente a dívidas da campanha que elegeu Lula em 2002. Os repasses ilegais teriam sido feitos pelo marqueteiro e operador do *Mensalão* Marcos Valério, com ajuda do tesoureiro do partido à época, Delúbio Soares. O deputado Tarcísio Zimmermann foi o primeiro a ir às lágrimas, antes da leitura de uma Nota Pública produzida pelo "Bloco de Esquerda Parlamentar", movimento integrado por deputados federais e senadores do PT, formado alguns meses antes. Em meio ao sentimento de traição aos ideais defendidos pelo partido – éticos e socialistas –, os parlamentares pediam "a apuração de denúncias de corrupção e de pagamento de valores a deputados dos partidos da 'base aliada' do governo do Presidente Lula" (COORDENAÇÃO DO BLOCO DE ESQUERDA, 2005). Além de Zimmerman, assinavam o documento os deputados Antônio Carlos Biscaia, André Costa, Chico Alencar, Dra. Clair, Iara Bernardi, Guilherme Menezes, Gilmar Machado, Ivan Valente, Luiz Alberto, João Alfredo, João Grandão, Nazareno Fonteles, Orlando Fantazzini, Mauro Passos, Maninha, Orlando Desconsi, Paulo Rubem Santiago, Dra. Rosinha e Walter Pinheiro e os senadores Ana Júlia, Cristovam Buarque, Eduardo Suplicy e Saturnino Braga. Vários deles deixaram o PT; alguns, poucos dias após o choro coletivo, caso de Alencar, Valente e Santiago, que migraram para o PSOL um mês após o incidente.

Ainda em 2005, a desilusão com o partido ocasionou mais uma leva de dissidentes, entre os quais membros fundadores, como Plínio de Arruda Sampaio, autor do estatuto do partido, ou que estiveram junto ao partido logo no início de sua trajetória, como Hélio Bicudo. Ambos, cada um a seu modo, viriam a se tornar oposição ao PT. No PSOL, Plínio Sampaio concorreu contra Dilma Rousseff em 2010 pela presidência da República. Já Bicudo se tornaria figura presente nos grandes meios de comunicação, apresentando argumentos contrários ao governo petista, declarando apoio a candidatos da oposição e, em 2015, sendo um dos protagonistas do pedido de *impeachment* recepcionado pela Câmara dos Deputados contra a presidente Dilma Rousseff.

O processo de desintegração interna do PT se desenrolou ao longo dos anos em que o partido esteve à frente da presidência da República. O criticado presidencialismo de coalizão – em que se destaca a aliança com o PMDB, que começou a ser costurada em 2005, a reboque do *Mensalão* – jamais foi consenso, seja entre os militantes do partido ou em meio ao segmento progressista mais amplo. Pragmaticamente, pode ser encarado como alternativa viável para se governar, obtendo o necessário apoio parlamentar. Alguns sintomas desse processo de ruptura entre governo e base partidária podem ser identificados nas informações e análises compartilhadas pela Blogosfera Progressista Brasileira, das quais destaco o texto publicado por José Dirceu em seu blog.

> Enquanto isso no mundo da fantasia, nos debates internos do PT, tem candidato reclamando que o partido é correia de transmissão do governo. Durma-se com um barulho desses. É óbvio que o problema é outro. O partido não consegue apoiar o governo, mobilizar sua base, disputar a sociedade, defender o governo, como se viu agora no caso da CPMF.
>
> O mesmo raciocínio vale para as alianças. O partido e o governo não têm maioria no Senado, precisa de alianças, precisou até propor um acordo fantástico para o PSDB, chegou ao ponto de aceitar acabar com a CPMF em 2009 e destinar todos seus recursos à saúde - vejam bem, todos - e o PSDB recusou. Dane-se o povo e a saúde. Então o problema do PT, é o povo. Foi ele que nos deu apenas 83 deputados e 13 senadores. Daí a necessidade de alianças.
>
> Mas, no mundo da fantasia, continuam os debates e as críticas às alianças e ao apoio do PT ao governo. (DIRCEU, 2007)

Uma década depois de iniciada a pior crise da história do partido, era fundamental, aos olhos de críticos, que o PT deixasse o governo para poder se reinventar, uma vez que teria se desviado por demais de sua identidade política "de raiz". É como vê, por exemplo, o historiador e um dos colaboradores para a fundação do partido, Daniel Aarão Reis Filho.

> Será um golpe duro para o partido, acostumado a 14 anos de poder... Entretanto, para uma possível reinvenção, trata-se de uma condição essencial. Difícil imaginar o PT, no poder, com estas relações carnais com empreiteiras e banqueiros, implementadas sob liderança de Lula e de Dilma, se reinventando... O PT sempre foi e continua sendo um partido diverso, plural. Em seu interior, há muita gente insatisfeita com a liderança de Lula e de Dilma, com suas propostas conciliatórias, mas esta insatisfação ainda não amadureceu no sentido de uma ruptura. De qualquer forma, a crise que abala o PT terá consequências – já está tendo – para as esquerdas em geral. Salvo imprevistos, como problemas de

saúde, a aposta do PT para 2018 tenderá a ser Lula mesmo. Aí é que o bicho pegará, porque Lula foi o líder que levou o PT à situação atual. (AARÃO REIS, 2016)

No que concerne à Blogosfera Progressista, esta também deverá passar por transformações, em virtude de seu forte vínculo com os governos petistas. Uma relação que, apesar de abarcar conflitos, é marcada sobretudo pela inserção de seus blogueiros como "críticos à esquerda" do governo Lula e, principalmente, por serem eles os responsáveis pela proposição de enquadramentos alternativos aos da grande mídia sobre as administrações Lula e Dilma Rousseff. Ao se transformarem em verdadeiros ativistas cibernéticos apoiadores desses governos, a Blogosfera Progressista Brasileira tanto funcionou como militância partidária, preenchendo uma lacuna deixada pelo esvaziamento das bases, como definiu um espaço de atuação que apresenta uma mudança no referencial de jornalismo objetivo para político e partidário.

CAPÍTULO 2

JORNALISTAS, REVOLUCIONÁRIOS E EMPREENDEDORES

No capítulo anterior, busquei entender o contexto em que a Blogosfera Progressista Brasileira, um fenômeno do século XXI, viria a florescer. Entretanto, suas origens remontam a algumas décadas atrás, na combinação de quatro fatores principais: 1) o desenvolvimento de uma cultura profissional que percebe as organizações jornalísticas como um obstáculo ao pleno desenvolvimento do jornalismo, noção vinculada a transformações ocorridas no interior das redações e fora delas. A partir dos anos 50, os jornais passaram por um processo de modernização que, em linhas gerais, acabou por reduzir a autonomia de seus jornalistas. Restrições que alcançaram seus momentos mais dramáticos com o regime militar, entre as décadas de 1960 e 1980; 2) o embaralhamento, nesse mesmo período, das identidades de jornalista engajado com a de militante político, na luta por transformações profundas que levassem, num sentido lato, à "liberdade" – profissional e no campo dos direitos, com a abertura política; 3) a aproximação, principalmente a partir de meados da década de 70 e início da de 80, entre jornalistas e movimento sindical, com destaque para a) os desdobramentos do assassinato de Vladimir Herzog no interior do DOI-CODI – cuja cobertura em um primeiro momento ficou a cargo da imprensa alternativa, capitaneada pelo jornal do sindicato dos jornalistas de São Paulo – e b) a greve dos jornalistas em 1979, inspirada pelos metalúrgicos do ABC; e 4) o estreitamento das relações, a partir da abertura política, de jornalistas com partidos políticos, movimentos sociais e eclesiásticos, com a participação dos primeiros em espaços comunicativos desses movimentos, ou seja, na mídia partidária e na "mídia ativista" (cf. PRUDENCIO, 2006).

Interessante perceber que alguns dos principais colaboradores da Blogosfera Progressista Brasileira ajudaram a escrever não apenas a história do jornalismo recente do país, principalmente a partir dos anos 70, como também a lançar as bases para a fundação dessa iniciativa midiática décadas antes dela ganhar contornos nítidos e se desenvolver. Ainda na primeira metade da década de 1970, Luís Nassif, do *GGN*, fazia incursões pela imprensa alternativa em concomitância com o trabalho na revista *Veja*. As primeiras matérias que Altamiro Borges – estudante de jornalismo no final dos anos 70 e, décadas depois, presidente do *Centro de Estudos da Mídia Alternativa Barão de Itararé* e responsável pelo *Blog do Miro* – escreveu foram sobre as greves do ABC. Ele, que já participava de movimentos populares/movimento de bairro, acabaria entrando para a militância do PCdoB em 1979 e estreitando relações com o movimento sindical dali em diante.

Assim como Nassif, alguns dos personagens centrais no ambiente progressista já estavam em redações de grandes jornais na década de 70. Entre eles, Mino Carta (*Carta Capital*), editor de *Veja* e um dos responsáveis pelo lançamento da revista *IstoÉ*; Paulo Nogueira[13], do *Diário do Centro do Mundo*, que trabalhava para o grupo *Folha;* Luiz Carlos Azenha[14] (*Viomundo*), que desde os anos 70 é repórter, começou na *Globo* quando, nas suas palavras, "os jornalistas da emissora com os quais eu trabalhava tinham uma postura crítica em relação à ditadura" (AZENHA, 2016, entrevista à autora[15]). Renato Rovai também foi um dos que passaram pela mídia tradicional e, após a experiência, seguiram o caminho relacionado a movimentos sociais e ao sindicalismo, protagonizando trabalhos midiáticos nestas searas. A revista *Fórum*, por exemplo, nasce quando do Fórum Social Mundial de 2001, em Porto Alegre. Ainda ao longo deste capítulo buscarei explorar um pouco mais as contribuições desses e de outros profissionais ao longo do tempo para formar o que hoje chamamos Blogosfera Progressista Brasileira e sua rede de relações.

Dessa pluralidade de iniciativas e agentes envolvidos, partidários e "não-partidários", sociais, populares, de imprensa, alternativos por fim, identificam-se duas *forças* agindo sobre o universo progressista brasileiro contemporâneo e que operam segundo lógicas diferentes, mas constituem ambas herança dos movimentos que se desenvolveram no país a partir dos anos 70: uma centralizadora, que procura unificação, operada por influência de partidos de esquerda, em especial o PCdoB; e outra que preza autonomia em meio (e preservando) a alteridade, e que deve em muito à experiência advinda dos movimentos sociais daquele período.

---

[13] Paulo Nogueira morreu em junho de 2017.

[14] Luiz Carlos Azenha afastou-se do *Viomundo* em novembro de 2021, deixando o site sob a direção da jornalista Conceição Lemes.

[15] Entrevista, por e-mail, concedida em 9 de outubro de 2016.

Somando-se a isso, mudanças no cenário midiático em torno de questões mercadológicas não apenas enfatizaram o "desencanto" com as redações dos grandes jornais, como lançaram levas de jornalistas ao empreendedorismo. Algo potencializado pelo que acredito ser o colapso do modelo informativo de jornalismo, que tem nos Estados Unidos seu principal referencial.

2.1 Uma questão de nomenclatura: sobre "mídia alternativa" e outras designações

Lançar luz sobre o BlogProg, uma das outras denominações adotadas por agentes da Blogosfera Progressista Brasileira, significa entender que se trata de um fenômeno midiático que reúne jornalistas, movimentos sociais, ativistas políticos, intelectuais, sindicatos... E, para cada um desses agrupamentos e suas respectivas formas de atuar através e enquanto "mídia", seria possível utilizar uma nomenclatura diferente para nos referirmos a ele (cf. WATSON; HILL, 2003) – imprensa alternativa para o primeiro grupo; mídia ativista ou ciberativistas para o segundo; mídia *underground* para aqueles mais relacionados à contracultura (cientes de que, nos tempos da ditadura esta era uma forma possível de referência à "imprensa alternativa" que atuasse clandestinamente); jornalismo de combate ou radical para todos os já mencionados. Além disso, em boa medida, os estudos sobre a mídia alternativa a conectam a perspectivas relacionadas à tradição anarquista (ATTON, 2002). Cada uma dessas denominações é, ao mesmo tempo, válida – a depender da interpretação – e insuficiente para dar conta de, simplesmente por meio de uma expressão, compreender toda a complexidade desse verdadeiro ecossistema midiático que é a Blogosfera Progressista Brasileira e suas redes de relações estabelecidas com diferentes perfis de agentes.

Assim, julgo ser interessante nos atermos um pouco à questão do "nome", ressaltando que são muitas as denominações que orbitam o conceito de "mídia alternativa", este mesmo fruto de disputa e dissenso.

> *[...] mídia independente, mídia livre, mídia alternativa [...] você tem compreensões diferentes. Tem gente que chama de mídia tática, tem várias denominações. [...] O Raimundo da Repórter Brasil costuma chamar de mídia popular. É o termo que ele acha que é mais adequado. Aí no caso do Raimundo tem muito a ver com a formação dele e as ligações dele com o partido comunista chinês.*

Então a mídia alternativa é um termo que se tentou para o Brasil. Se não me engano foi o Alberto Dines, numa coluna que ele escrevia na Folha de S. Paulo, que usou pela primeira vez. Aí ele usa esse alternative media para falar dos veículos nanicos daquela década de 70, e ficou muito ligada àqueles veículos o termo, né!? E ficou muito ligada aos jornais tabloides. Por isso, quando a gente lança os nossos veículos e quer fazer um fórum deles lá trás, que é o Fórum de Mídia Livre, coordenado aí por algumas pessoas, [Joaquin] Palhares, eu, a Ivana [Bentes], enfim, a gente acaba cunhando nosso movimento de fórum de mídia livre porque ele tem uma conexão maior com os movimentos de software livre, de rádio livre e da internet, que toda pauta era a lógica da liberdade, do livre, do free. Tem isso do free, o livre ele dá dois entendimentos: o do grátis e da liberdade. (ROVAI, 2016, entrevista à autora[16])

Como observa Renato Rovai, um dos fundadores do BlogProg, essas são apenas algumas terminologias utilizadas para nomear uma iniciativa que, para além da nomenclatura, tem entre seus fundamentos a busca por autonomia, independência, propondo-se como uma alternativa a grandes conglomerados midiáticos que ofereceriam uma visão pasteurizada, planificada e alinhada a interesses político-mercadológicos, não respeitando o pacto social de atender ao interesse público em primeiro lugar. De modo abrangente, é possível dizer que "imprensa alternativa" ou "nanica" se relaciona a um conjunto de agentes mais específicos, ligados a pequenos empreendimentos jornalísticos não comerciais, particularmente (mas não exclusivamente) do meio impresso. Expressões bastante relacionadas a uma temporalidade, remetendo ao jornalismo "de resistência" durante o período militar. Já "mídia alternativa" congrega um conjunto maior e mais plural de atores, e talvez seja uma *terminologia* mais adequada para nos referirmos aos projetos contemporâneos – que, em sua diversidade sob múltiplos aspectos, apresenta maior abertura à alteridade, recepcionando também projetos comerciais que conjugam a aceitação do sistema capitalista com crítica ao poder opressor do "mercado" e ao liberalismo econômico enquanto política dominante. Com relação ao radical "alternativa", permanece atual a observação feita por Bernardo Kucinski ao se referir à imprensa do regime militar, de que este abarca quatro significados essenciais: "o de algo que não está ligado a políticas dominantes; o de uma opção entre duas coisas reciprocamente excludentes; o de única saída para uma situação difícil e, finalmente, o do desejo das gerações dos anos de 1960 e 1970, de protagonizar as transformações sociais que pregavam" (Kucinski, 2001, p.5)

---

[16] Entrevista feita em 14 de outubro de 2016, por *Skype*.

A pesquisadora da Universidade Federal do Paraná, Kelly Prudencio (2006), prefere o uso de "mídia ativista" a "mídia alternativa", ao falar da comunicação dos movimentos sociais na internet. A perspectiva faz bastante sentido para nomear um fenômeno *stricto sensu*, em que há a prevalência de algum denominador comum unificando o movimento (o que não descarta sua essência plural); porém ao contemplar objetos mais complexos, verdadeiros ecossistemas midiáticos como é o caso da Blogosfera Progressista Brasileira, entendo que a "mídia ativista" faz parte desse universo, porém não representa seu todo. Também é possível interpretar "ciberativismo" compreendido pelo conceito de "mídia alternativa", uma vez que o ativismo elabora uma estratégia de ação a partir da oposição a um adversário reconhecido. E opor-se, no que tange a meios de comunicação, pressupõe – para sobrevivência e longevidade do veículo ou canal – oferecer uma alternativa àquilo que se combate. Por outro lado, a expressão "mídia radical", como proposta por Downing (2002) abarca a perspectiva de questionamento do processo hegemônico também defendida pelos blogueiros progressistas. Porém, extrapola em muito os limites do jornalismo. Compreendida em sentido mais amplo, "a mídia radical alternativa está onde a base de tudo é a comunicação entre pessoas ativas, e essa comunicação possa ou não, ser mediada por aparelhos" (DOWNING, 2009).

Quanto à designação "mídia livre", essa seria mais restritiva que "mídia alternativa" na medida em que nem todos comungam do "grátis" como "filosofia de vida", a despeito de um dos elos entre os agentes e meios que se propõem alternativos ao *mainstream* seja a busca por liberdade, por uma atuação profissional livre de amarras, sobretudo as impostas dentro das organizações noticiosas. No seio da própria Blogosfera Progressista Brasileira, um microcosmo hospedado dentro do universo plural que é a internet, há sim a defesa de bandeiras como a do *software livre* e, mais ampla e unindo a iniciativa BlogProg de forma mais contundente, a do Marco Civil da Internet. Porém, o *"free"* contido nessas lutas não impede que vários desses atores se lancem na rede como empreendedores em busca não apenas de sobreviver, mas construir um negócio com alguma margem de lucro, adotando para isso uma perspectiva empresarial de gerenciamento, como captação de publicidade comercial ou restrição total ou parcial de acesso ao conteúdo, liberado apenas mediante pagamento de taxas de assinatura do canal com periodicidade definida – algo que ainda será discutido neste livro. Ressalto, entretanto, que o entendimento adotado aqui não invalida qualquer uma das nomenclaturas mencionadas anteriormente ou de outras que venham a ser utilizadas, principalmente pelos próprios sujeitos que constroem a história desses movimentos.

2.2 O alternativo em rede e nas redes, um modelo em compasso com seu tempo

Um conjunto de fatores que conjugam contexto a iniciativas de determinados atores que se organizaram de modo a tomar parte na situação apontam para a estruturação da "mídia alternativa contemporânea" enquanto agente plural e relevante no cenário midiático brasileiro, uma vez que "a mídia alternativa é capaz de fornecer narrativas poderosas de resistência" (ATTON, 2002, p. 153). Nesse sentido, identificam-se dois fenômenos aparentemente díspares, porém que se inter-relacionam: de um lado, uma intensa desilusão com a classe política, com a instituição partido e com a política num sentido lato; de outro, um maior engajamento político, levando a maior polarização das opiniões – algo bastante evidenciado com o advento das redes sociais online, sobretudo a partir de 2010. Mas é justamente o campo da polarização que recepciona tanto representantes das ideologias vinculadas à percepção de esquerda e de direita, com lastro nos partidos políticos, como também daqueles que se dizem "apolíticos", despidos de qualquer vinculação ou engajamento político-partidário. Nesse contexto, o fenômeno Blogosfera Progressista, no Brasil, foi lócus não da substituição da esquerda partidária, como o fez a imprensa alternativa nas condições da ditadura militar, quando da impossibilidade de uma articulação explícita desses partidos (KUCINSKI, 2001, p.98); ao contrário, é uma iniciativa capaz de congregar jornalismo, militância política (e partidária) e mobilização social, funcionando como espaço social e de articulação política protagonizada na *web* inicialmente por blogs de jornalismo e política.

A última década foi marcada pelo reconhecimento de meios fora do *mainstream* (ou que se posicionam como alternativos a ele) como fonte de informação jornalística, o que abarca a Blogosfera Progressista Brasileira e onde ela se destaca. Para se ter uma ideia do lugar ocupado pelo fenômeno, o Monitor do Debate Político no Meio Digital, desenvolvido por um grupo de pesquisa da USP, aponta que cerca de 42% de todas as notícias compartilhadas no Facebook são provenientes de meios alternativos, sendo 29% de meios alternativos classificados como "de esquerda". E isso se dá, em boa dose, mediante a necessidade menos latente e mais manifestada de públicos que procuram informações para alimentar discussões e reforçar pontos de vistas. Assim, a Blogosfera Progressista Brasileira apresenta uma proposta de comunicação midiática que deve ser observada levando-se em conta o "espírito do tempo" que a motivou a existir.

É notável que a explosão dos blogs de política se deu no Brasil em meados dos anos 2000; e que, passadas cerca de duas décadas, a comunicação encontra nas redes sociais online um espaço privilegiado de circulação, acionada principalmente pelos mais jovens, mas que também abarca públicos de todas as faixas etárias e classes sociais – menos democraticamente do que se romantizou; mas ainda assim acessível, se não para todos, para muitos. Porém, as origens da Blogosfera Progressista Brasileira estão ligadas a evoluções tecnológicas, a transformações de alguma forma relacionadas à profissionalização da atividade jornalística no país e ao contexto histórico em que estas se deram. Os desdobramentos desse processo tiveram impacto prático e concreto dentro das redações, assim como na mentalidade dos jornalistas e na forma como eles passaram a enxergar a atividade profissional. Cultivou-se a premissa entre os jornalistas brasileiros de que o verdadeiro jornalismo só poderia ser realizado fora das organizações jornalísticas tradicionais, em face das restrições que os compromissos políticos e econômicos destas apresentam à liberdade necessária para o trabalho desses profissionais, cujas origens remetem à imprensa alternativa das décadas de 1960/70 (KUCINSKI, 2001). Nesse período, foi forjada no imaginário profissional daquela e das próximas gerações a noção de que o verdadeiro jornalismo somente seria possível de ser realizado fora da empresa jornalística – em que os interesses dos donos dos jornais seriam privilegiados em detrimento da autonomia profissional do jornalista.

2.3 A modernização nas redações: abre alas para transformações mais profundas

Embora paradoxal à primeira vista, o "jornalismo sem jornal" não tem nada de novo no Brasil. Ao longo de praticamente todo o século XIX esse foi o modelo predominante de jornalismo praticado no país, embora no caso isso se devesse antes à incipiência de recursos físicos e organizacionais de uma produção artesanal do que uma opção consciente. Em sua enorme maioria, os veículos jornalísticos do período oitocentista consistiam em panfletos políticos redigidos por uma única pessoa, com pequenas tiragens, produção irregular e vida curta (cf. LUSTOSA, 2000; RIBEIRO, 2007). De fato, a institucionalização do jornalismo brasileiro foi um processo lento, que se desenrolou ao longo do século passado e cuja forma moderna remete às reformas jornalísticas da década de 1950, dentre as quais a do *Diário Carioca* se tornou a mais conhecida. A adaptação do modelo anglo-

-americano de jornalismo trouxe para as redações brasileiras as noções de profissionalismo norte-americanas, o que inclui a classificação da notícia como relatos isentos de opinião. Na década seguinte, o modo de se entender e se praticar o jornalismo no Brasil começou a mudar, motivado sobretudo por questões comerciais[17]. Nas redações brasileiras, passou-se a privilegiar a informação em detrimento da opinião, ao menos "proforma", esta devendo se encontrar separada graficamente das notícias propriamente ditas. Assim, considera-se os anos 50 como marco para uma adaptação ou naturalização (ALBUQUERQUE, 2006) de um modelo importado dos Estados Unidos que tem nos conceitos de notícia, de factual, imparcialidade e objetividade elementos centrais.

Entretanto, a concepção de que a principal contribuição dessas reformas foi a introdução de uma nova cultura jornalística estruturada em torno do *ethos* da objetividade jornalística nos parece bastante limitada e, no limite, equivocada para dar conta da questão. De fato, há poucas evidências de que os jornalistas brasileiros tenham, a partir de então, guiado suas práticas profissionais pelo código da objetividade. Nos anos que se seguiram, a evolução rumo ao "jornalismo comercial" trouxe mudanças menos visíveis ao grande público, mas que marcaram um *ethos* profissional. A verdadeira contribuição das reformas ocorridas naquele período está em outra parte: a construção de um conjunto de dispositivos de controle centralizador da produção da notícia – com destaque para o papel desempenhado pelo copidesque e pelos manuais de redação – e uma cultura jornalística associada a eles (ALBUQUERQUE, 2022; ALBUQUERQUE & GAGLIARDI, 2011; BIROLLI, 2007)

O processo de "modernização" implementado pelos donos de jornais, tanto no Brasil quanto nos Estados Unidos, envolveu redução de custos e a defesa de interesses comerciais, muitas vezes imbricados ao noticiário – apesar de ressaltada a separação formal entre esses departamentos (jornalismo e comercial inclusive ocupavam, e ainda ocupam, espaços distintos em um jornal, em geral andares diferentes dentro da empresa). Nos anos 70, a introdução de computadores nas redações norte-americanas já havia mudado profundamente o ambiente profissional antes mesmo da *web* entrar em cena no dia a dia dos jornais.

---

[17] Ainda no século anterior, no período da independência e do primeiro reinado, foram identificadas iniciativas mais "profissionais" que buscassem demonstrar certo distanciamento dos acontecimentos em seus relatos, na forma de "alguns poucos jornais independentes, mais informativos e organizados a partir da lógica de empresa" (RIBEIRO, 2007, p.7). Porém não podem ser apontados como dominantes ou representantes de uma tendência de mudança naquela época.

> As relações entre o negócio e os lados editoriais dos jornais foram desfocadas. Pedia-se aos jornalistas que fizessem mais com menos e com menos autonomia. As mudanças foram tão extensas. E vieram tão rápido, que muitos observadores começaram a falar de uma "revolução" no jornalismo muito antes do advento da Internet (RYFE, 2012, p.4, livre trad.).

No Brasil, essas mudanças contribuíram para nutrir um ideal de "jornalismo sem jornal", pelo menos na dimensão corrente de jornal enquanto organização capitalista, voltada para a obtenção de lucro. Segundo essa perspectiva, que encontrou o seu caráter exemplar na experiência da imprensa alternativa que teve lugar no país durante o regime militar que vigorou entre 1964 e 1985, o jornalismo só seria realmente praticado longe das empresas de notícia, porque dentro delas não haveria liberdade ou autonomia para tal. Essa experiência contribuiu para lançar os fundamentos por detrás da Blogosfera Progressista Brasileira.

2.4 A Imprensa Alternativa, ou a Verdadeira Independência Jornalística

A cultura autoritária do jornalismo brasileiro antecede a implantação do regime militar, mas ela deu à questão novos toques de dramaticidade. A atuação independente dos jornalistas se viu drasticamente restrita, embora isso tenha se dado de maneiras diferentes: alguns jornais, como a *Folha da Tarde*, aderiram entusiasticamente ao regime (KUSCHNIR, 2004), outros estiveram submetidos à censura prévia (AQUINO, 1999) e um terceiro grupo operou dentro de um sistema de autocensura, que implicou em certa dose de aquiescência com a censura, ainda que motivada por uma sensação de medo difusa (KUCINSKI, 2001; SMITH, 2000). Segundo Kucinski (1998), estes últimos deixaram o legado mais perverso para o jornalismo, uma vez que a autocensura se tornou uma prática difundida nas redações. De fato, o regime militar teve um papel no aprofundamento dessas relações, mas o sistema só pôde funcionar na medida em que a centralização e o autoritarismo implantados pelas reformas modernizantes da segunda metade do século passado assim o permitiram.

Alguns fatores que contribuíram para o desenvolvimento da imprensa alternativa podem ser identificados entre os anos 60 e 80, como o processo de modernização das redações, a censura vinda de fora e as restrições autoimpostas pelos próprios jornais que limitavam a produção intelectual dos jornalistas, algo relacionado à perseguição "à esquerda" política, incluindo partidos clandestinos e sindicatos. "A imprensa alternativa surgiu da articulação de duas forças igualmente compulsivas: o desejo das esquerdas de protagonizar as transformações que propunham e a busca, por jornalistas e intelectuais, de espaços alternativos à grande imprensa e à universidade" (KUCINSKI, 2001 [1991], p.6). Fatores que se relacionam, em essência, à construção de todo um imaginário em torno da atividade jornalística, vinculado à noção de independência. Esta, considerada em três sentidos, principalmente: primeiramente, e mais basilar para o *ethos* profissional, de que o verdadeiro jornalismo só se daria mediante autonomia do jornalista para apurar e escrever suas reportagens; independência também entendida como desvinculação partidária ou ideológica; além da noção de que era fundamental para um meio de comunicação não ficar na esteira de interesses econômicos ou políticos, com a independência sendo alcançada desvinculando-se a atividade jornalística de patrocinadores, financiadores e/ou anunciantes que pudessem exercer pressão sobre o trabalho da imprensa. Sob esse ponto de vista, saber "quem paga as contas", quem financia a atividade, ainda é considerado um divisor de águas. No caso de veículos de mídia tradicional, como a revista *Veja*, que desde os anos 70 comemora grande número de páginas dedicadas a anúncios, a publicidade abundante e proveniente de diferentes patrocinadores é apontada como sinônimo de autonomia. Em editorial de 1973, o então editor Mino Carta anunciava 75 páginas de anúncio alcançadas. Como o trecho da carta ao leitor deixa ver, trinta e três anos depois, a premissa de que publicidade aponta o caminho para a independência permanece em voga:

> Havia cinco anos VEJA não publicava uma edição regular com tanto apoio de seus anunciantes. São 100 páginas de publicidade, o que permitiu à redação dedicar outra centena delas a matérias jornalísticas. VEJA nunca publica menos do que 76 páginas editoriais em cada edição, mas esse número cresce quando o espaço ocupado pela publicidade é maior. Essa relação é muito saudável. A publicidade é de crucial importância para a manutenção da qualidade e da independência da imprensa. (CARTA AO LEITOR, 19/12/2006, ed. 412)

Para veículos de linhas alternativas, por outro lado, o recebimento de financiamento proveniente de fontes ligadas a governos, partidos, ao "mercado" ou a instituições identificadas com o modelo liberal econômico, como a *Fundação Ford* e a *Open Society*, pode gerar críticas quanto à credibilidade e isenção desses meios de comunicação, emergindo classificações depreciativas para esses canais e seus agentes, como "partidários", "cooptados", "ideologicamente alinhados" ou mesmo "chapa-branca[18].

> A dependência se torna preocupante não apenas devido à instabilidade em que é exposta a saúde financeira das organizações. Afinal, também é preciso refletir sobre as pressões que podem advir do financiamento. A questão levantada não reivindica a ausência de uma linha de pensamento que norteie as ações das organizações financiadas, mas a possível influência e predomínio da perspectiva dos financiadores. (PAULINO & XAVIER, 2015, p.159)

Essa última perspectiva se deve ao lastro, deixado pelos alternativos do regime militar, de aversão ao espírito capitalista (Kucinski, 2001) e que levou a um entendimento, mais radical, que relaciona independência a organizações "sem fins lucrativos". Some-se a isso o fechamento de espaços de trabalho para jornalistas em paralelo a repressões aos sindicatos e à obrigatoriedade do diploma em jornalismo instituída unilateralmente pelo decreto-lei n°972/69 – com vistas a colocar nas redações profissionais mais técnicos e menos "políticos", um filtro que barraria a permanência de jornalistas "subversivos" (cf. ALBUQUERQUE, 2006; ALBUQUERQUE; SILVA, 2007) convergindo para gerar mão de obra desempregada ávida para aderir a projetos de imprensa alternativa nos anos da ditadura.

> Por isso, na origem de toda aventura alternativa havia a liderança de jornalistas, ansiosos por se libertarem das restrições da grande imprensa e um episódio específico de fechamento de espaços na grande imprensa, um incidente que empurrava jornalistas em direção a uma alternativa, às vezes ainda mal formulada, imprecisa. O PASQUIM só surgiu depois que foram fechados três dos principais espaços de humor criados na grande imprensa por Ziraldo, o suplemento "Cartum", do jornal dos sports, "O Centavo", no O CRUZEIRO e "Manequinho", no CORREIO DA MANHÃ, todos extintos em 1967. (KUCINSKI, 2001, p. 12)

Fenômeno que ainda apresenta desdobramentos na segunda década dos anos 2000, com o aumento da oferta de cursos de formação em jor-

---

[18] Alguns exemplos podem ser encontrados em: http://extra.globo.com/noticias/brasil/sem-mimimi/a-esquerda-brasileira-quer-definir-que-voce-pensa-com-dinheiro-de-bilionario-americano-19988968.html, http://spotniks.com/eles-formam-a-opiniao-da-esquerda-brasileira-e-sao-financiados-por-esses-grandes-capitalistas/, https://bertonesousa.wordpress.com/2016/04/14/a-queda-moral-e-politica-do-pt/. Acesso em: 7 jan. 2017.

nalismo produzindo levas de diplomados que não serão absorvidos pelas redações, inflando ainda mais um mercado já saturado e no qual os "passaralhos" viraram rotina. Para se ter uma ideia do mercado de trabalho na área, em janeiro de 2017 havia 58.718 vagas autorizadas pelo Ministério da Educação em cursos de graduação em jornalismo (fonte: e-MEC), uma expansão de oferta que teve início na década de 1990. Conforme apontado no estudo "Perfil Profissional do Jornalismo Brasileiro", até 1970 havia apenas 18 cursos de jornalismo com turmas abertas no Brasil; em 1980 eram 51 e 61 em 1990. Em 2000, já se identifica um grande aumento no número de cursos: havia 137 com turmas abertas no país; mas o grande salto se verifica na década seguinte, com o número de escolas de jornalismo subindo para 317. "Quintuplicou em vinte anos, quase triplicou desde 2000." (PONTES; MICK, 2013, p.59).

O mercado de trabalho, por outro lado, tem passado por transformações que indicam um caminho oposto à da expansão da oferta de vagas no ensino superior. Ano após ano tem se mantido um sistema de demissões em massa nas principais redações do país. Entre 2012 e 2018 foram registradas 7.817 demissões em empresas de mídia no Brasil, sendo 2.327 de jornalistas. A maioria dos "passaralhos" se concentra nos jornais, que respondem por 45% do total das demissões encabeçadas pelos grupos Infoglobo (16%), Estado (11%) e Folha (10%); seguidos por veículos de rádio e TV (25%). Isoladamente, a *Editora Abril* é a que concentra o maior número de demissões no período de 2012 a 2016: 177 jornalistas, com destaque para as demissões ocorridas em 2015, 84 no total. (Fonte: Volt Data Lab). Nos Estados Unidos, o cenário também não é dos mais animadores, como o número de jornalistas, e dos jornais que os empregam, encolhendo. Em 2006, os jornais diários empregavam cerca de 55.000 jornalistas. Em 2010 esse número tinha caído 25 por cento, para 41.000 – mais ou menos o mesmo contingente que estava empregado em 1975 (RYFE, 2012, p. 173, livre trad.).

Lançar-se ao empreendedorismo no mercado de mídia online acabou se tornando uma alternativa profissional para muitos jornalistas, alguns demitidos; outros, bacharéis que nunca conseguiram trabalhar em uma redação. Nesse sentido, e como o leitor poderá ver de forma mais aprofundada ainda neste capítulo, a blogosfera tornou-se um ambiente de oportunidades profissionais "realizáveis" no campo do jornalismo, sobretudo a partir da segunda metade dos anos 2000, devido à facilitação ao acesso a ambientes virtuais, primeiro com a melhora nas conexões, seguida pela evolução da telefonia móvel, com a introdução e popularização dos *smartphones*; bem como ao baixíssimo custo de produção e de investimento em pessoal – afinal, o blog é, por origem, feito a duas mãos. Na segunda década de 2000, muitos desses agentes acumulam também perfis em redes sociais, ao lado de outros recém-chegados ao mercado midiático online. E o que diferencia o ambiente progressista brasileiro na rede é uma atuação em rede, estruturada, a partir de uma verdadeira teia de relações construídas por esses agentes na *web*. Assunto que abordarei com maior profundidade nos próximos capítulos.

2.5 Movimentos sociais: o acolhimento da alteridade e o desejo por voz ativa

A imprensa alternativa durante o regime militar ofereceu um caminho para o exercício do jornalismo – entendido de forma bastante ampla – fora das amarras que se apresentavam na imprensa tradicional. Contudo, ela não é a única experiência de "jornalismo sem jornal" que preparou terreno para o advento da Blogosfera Progressista no país. Igualmente relevante é o papel que os sindicatos de jornalistas desempenharam nesse processo.

> Os donos dos jornais atravessaram o período da ditadura fazendo um jogo dúbio em que as cartas eram, na maioria das vezes, favoráveis ao regime. A maioria fez autocensura ou fingiu uma mais que suspeita neutralidade. Alguns, como nos casos de O Estado de S. Paulo e do Correio da Manhã, reagiram aos "desvios" autoritários dos militares, mas a maioria silenciou, não apenas por temor de represálias, mas por apoiar os desmandos da ditadura. Presidente do Sindicato dos Jornalistas de São Paulo em 1975, pude constatar que a omissão de informação era a praxe na grande imprensa. Antes do assassinato do jornalista Vladimir Herzog, em dependência do II Exército, em São Paulo, os militares da extrema-direita haviam desfechado uma operação de caça a jornalistas acusados de subversão. Em notas sucessivas, enviadas às redações, o Sindicato denunciava as prisões. Raramente essas notas eram publicadas; nenhum jornal ousou perguntar nada além daquilo que constava nos comunicados. Nada era apurado, nada era investigado. (DANTAS, 2014, p. 71)

O assassinato de Vladmir Herzog nas dependências do DOI-CODI em 1975 ofereceu um ponto de virada a esse respeito (KUCINSKI, 2001; DANTAS, 2014, p.72). Em face da timidez demonstrada pela imprensa tradicional na cobertura do assunto (PEROSA, 2001), o jornal *Unidade*, do sindicato dos jornalistas de São Paulo, desempenhou um papel ativo na cobertura do fenômeno e a morte de Herzog acabou se tornando símbolo da luta por liberdade de imprensa por parte dos próprios jornalistas. Ao longo das décadas de 1970 e 1980 as relações entre os sindicatos de jornalistas e empresas pioraram significativamente, tanto por motivos econômicos quanto políticos, ao passo que se estreitavam as relações de jornalistas com o movimento sindical e a mídia alternativa.

> *Nesse período eu tava fazendo faculdade de jornalismo na Cásper Líbero, então as primeiras matérias que eu escrevi foram a respeito das greves, convivência com a peãozada do ABC. Nesse período de 78, 79, você já tinha o jornal Movimento, dirigido e editado pelo Raimundo Pereira, uma expressão da mídia alternativa daquela época, que eu acabei ajudando desde escrevendo até vendendo jornal. E nesse momento também foi formado, no final de 79, o jornal Tribuna da Luta Operária, esse jornal uma iniciativa do PCdoB, que achou que já tinha clima pra um jornal alternativo, um jornal partidário, de esquerda no Brasil. Mesmo o partido estando na clandestinidade, já havia espaço, o regime militar já estava fragilizado o suficiente pra ter esse espaço. E como eu já militava no partido comunista, nessa época eu fui chamado pra ajudar no jornal.* (BORGES, 2017, entrevista à autora[19])

O processo de redemocratização foi percebido como uma oportunidade para o exercício de um jornalismo mais ativo e engajado. A lógica empresarial das organizações jornalísticas e seus compromissos com as classes dominantes, por sua vez, eram compreendidos como um empecilho à realização da verdadeira vocação emancipadora do jornalismo. Esses conflitos e a proximidade com movimentos político-sindicais levaram a uma greve dos jornalistas no fim de 1970 e estabeleceram as bases de um afastamento político persistente entre os "patrões" e a base "emancipadora" constituída por jornalistas de esquerda, dos quais muitos eram alinhados com o PT (ROXO, 2013). Assim, em 1979, inspirados pelas greves dos metalúrgicos do ABC, os atritos entre donos de jornais e jornalistas desaguaram em um movimento de greve que mobilizou a categoria em São Paulo – epicentro da efervescência sindical naquele momento. Paulo Nogueira, um dos criadores do *Diário do Centro da*

---

[19] Foram feitos três contatos com Altamiro Borges para a obtenção de informações que iriam vir a compor esta obra: o primeiro deles, em 3 de novembro de 2016; o segundo, em 11 de janeiro de 2017 – ambas entrevistas concedidas por telefone e para as quais foram elaborados questionários com perguntas abertas; o terceiro contato, por e-mail e apenas para o esclarecimento de algumas dúvidas, ocorreu em 19 de fevereiro de 2017.

Mundo, era redator no *Folha da Tarde*, do Grupo Folha, organização em que o pai, Emir Macedo Nogueira, também trabalhava. Antecipando a cobertura que o movimento grevista receberia pelos jornais, Emir Macedo Nogueira foi contrário à paralisação em virtude dos possíveis desdobramentos negativos da paralisação para os jornalistas. De fato, a retaliação das empresas veio com um processo de demissão de mais de 200 grevistas. Com o fim da mobilização, Emir foi "alçado à posição de profeta", nas palavras do filho Paulo Nogueira, e acabou eleito presidente do Sindicato dos Jornalistas de São Paulo em 1980, com chapa apoiada pelo Partido Comunista (a chapa derrotada tinha como candidato Rui Falcão e era ligada ao PT).

> As demissões de jornalistas, depois da greve, não encontraram resistência nas redações enfraquecidas e amedrontadas. As redações dos anos 80 eram muito menores que as dos anos 70, e ninguém voltou a falar em greve desde a capitulação até hoje. Um dos raros vestígios de bom humor foi o apelido dado ao comandante do sindicato, Jim Jones, o americano que conseguiu convencer um bocado de adeptos a cometer suicídio em massa. Como consequência da greve, as redações se despolitizaram e se esvaziaram, e foi neste ambiente que iniciei minha carreira como repórter de economia na *Veja* com ternos baratos de manga curta comprados na Ducal, perto de casa. (NOGUEIRA, 2013)

Como visto, apesar das demissões, os movimentos grevistas do final dos anos 70 contribuíram para aproximar jornalistas do movimento sindical, sejam aqueles que trabalhavam em grandes redações ou que já militavam na imprensa alternativa. Na década seguinte, com abertura política e os partidos saindo da clandestinidade, a imprensa partidária e sindical começaria a se livrar das amarras do regime militar, tornando-se mais ativa e, portanto, mais receptiva à mão de obra jornalística daquele período; enquanto a imprensa alternativa não partidária, como contraponto à restrição de liberdade nas grandes redações, entrava em declínio.

> *[...] era proibido fazer imprensa sindical, o que tinha era colunismo social, era colônia de férias, festas e o diabo. Não podia falar de greve, luta, nada. Então a década de 80 é uma década de fortalecimento da imprensa sindical e de fortalecimento também na imprensa partidária, de esquerda. Mas de certa dificuldade também pra imprensa alternativa, que teve um papel tão proeminente, tão importante nas décadas de 70 e 80.* (BORGES, 2017, entrevista à autora)

A própria experiência de Altamiro Borges ilustra em certa medida esse processo quando nela identificam-se alguns fatores que se fazem presentes na história da evolução da mídia alternativa a partir do fim dos anos 70 no Brasil, destacando-se: a aproximação com movimentos sindicais e partidos políticos de esquerda (seja em jornais de entidades ou na militância); o envolvimento com outras mobilizações em torno de questões cotidianas nas cidades, como associações de bairro; bem como a relação com a igreja católica, a partir de setores engajados em lutas humanitárias ao longo desse processo. Altamiro Borges ingressou no PCdoB no mesmo ano em que se formou em jornalismo, 1979. Nesse período, já atuava em associação de moradores, em um bairro operário da periferia de São Paulo que ficava na divisa de Santo André com São Bernardo do Campo e escrevia para o jornal alternativo *Movimento,* tendo trabalhado também com Dom Paulo Evaristo Arns no jornal *O São Paulo,* da Arquidiocese de São Paulo, no final dos anos 70. Vai para o jornal *A Tribuna da Luta Operária* em 1980 e, ao sair, oito anos depois, entra no movimento sindical para trabalhar com assessoria de imprensa e cuidar da área de formação sindical. Ali, participou de um projeto voltado para ajudar nesse processo, o *Centro Nacional de Estudos Sindicais e do Trabalho,* trabalhando ao lado de jornalistas, economistas, sociólogos do trabalho, sindicalistas, entre outros. Uma entidade que se propunha plural e, por isso, na qual identifico uma das experiências que também contribuíram para, anos depois, compor o imaginário que permeia a BlogProg.

> *Ela juntava vários setores do movimento sindical e outros partidos. Chegou a fazer uma revista [...], se chamava Debate Sindical [1986-2007[20]], era uma revista trimestral, eu era o editor. Essa revista foi muito plural, eu era do partido comunista, na época o esforço era sempre de ampliação. Não um negócio partidista, não um negócio fechado. Então você tinha colunistas de variadas tendências. [...] figuras de vários partidos ou sem partidos que contribuíam com a revista.* (BORGES, 2017, entrevista à autora)

Durante a transição política (1978-1985), assim, entra em cena um midiativismo protagonizado por movimentos sociais - movimentos que priorizavam a própria autonomia e que continham a "promessa de uma radical renovação da vida política" a partir de questões cotidianas e cujas mudanças se dariam a partir de intervenções dos próprios envolvidos (SADER, 1995, p. 313). E isso abarca sindicatos e associações de bairro, nas cidades, mas tam-

---

[20] O acervo com as 56 edições da revista *Debate Sindical* está disponível em: https://www.cesforma.org.br/publicacoes/revista-debate-sindical. Acesso em: 9 jan. 2024.

bém iniciativas como a do Movimento dos Sem Terra (MST). Em comum, o desejo por terem voz própria e serem sujeitos de mudanças – bastante inspirados por leituras de Karl Marx, diga-se de passagem.

> Da experiência do autoritarismo e das experiências da auto-organização ficou uma atitude de profunda desconfiança em toda institucionalização que escapa do controle direto das pessoas implicadas e uma igualmente profunda valorização da autonomia de cada movimento. Por isso mesmo a diversidade de movimentos, produzida pela diversidade das condições que envolvem cada um, é reproduzida pelo empenho existente em manter essa autonomia. (SADER, 1995, p. 311)

Apesar do estudo de Sader tratar especificamente de movimentos urbanos, acredito que, em geral, a assertiva acima pode ser expandida a outras iniciativas populares que vingaram no mesmo período. A desconfiança com relação às instituições abre espaço para o florescimento, em paralelo a iniciativas que adotavam diferentes graus de partidarismo, de uma mídia que se pretendia, além de livre, "não partidária" e alternativa ao hegemônico. Fenômeno potencializado pela visão negativa em torno da imprensa tradicional – não a partir de dentro das redações, como os jornalistas que migraram para a imprensa alternativa, mas de fora, em virtude dos enquadramentos que os jornais tradicionais apresentavam à audiência sobre esses movimentos. O Movimento dos Trabalhadores Rurais Sem Terra (MST), por exemplo, possui o *Jornal dos Trabalhadores Rurais Sem Terra* (JTS), criado em 1984 – antes, *Boletim Informativo da Campanha de Solidariedade aos Agricultores Sem Terra*, de 1981[21], cujo objetivo é ser "a voz oficial" do movimento, funcionando como parte de um projeto de "contra-opinião ou um antiprojeto cultural que questiona os valores e práticas vigentes" (OLIVEIRA FILHA, 2012, p. 9).

A relação entre alguns dos jornalistas que viriam a compor (ou mesmo fundar) a Blogosfera Progressista Brasileira com movimentos sociais de diferentes tipos ultrapassou as décadas seguintes. Mais contemporaneamente, destaca-se o envolvimento em torno do Fórum Social Mundial (FSM), em 2001, e seus desdobramentos. Várias publicações, sites e outros agentes tiveram suas origens relacionadas ao evento de Porto Alegre, como a revista *Fórum*, de Renato Rovai, a publicação eletrônica multimídia *Carta Maior*, cujo diretor era Joaquim Ernesto Palhares[22] e o editor chefe era

---

[21] Fonte: mst.org.br/nossa-história.

[22] *Carta Maior* saiu do ar em 8 de fevereiro de 2022. Em abril do mesmo ano, o jornalista Joaquim Palhares anunciou o encerramento das atividades do site.

Marco Aurélio Weissheimer, e a rede *Brasil de Fato*, que teve Nilton Viana como editor chefe entre 2003 e 2013 e que reúne jornalistas e intelectuais, a partir da experiência de um semanário nacional lançado no FSM de Porto Alegre em 2003.

2.6 Jornalismo empreendedor

Ainda durante o período em que vigorou no país a ditadura militar, é possível identificar iniciativas que apontam para o papel "empreendedor" de muitos jornalistas – sejam projetos de mídias alternativas ou vinculados a um perfil jornalístico mais empresarial. Nesta seara, destaca-se o pioneirismo do italiano Mino Carta, que iniciou carreira como jornalista no Brasil na *Editora Abril*, nos anos 1960, para a qual trabalhou dirigindo a equipe de criação das revistas *Quatro Rodas* (1960) e *Veja* (1966). Entre outros projetos, foi também o responsável pela fundação da revista *IstoÉ* (1976), como sócio de Domingos Alzugaray; pelo *Jornal da Republica* (1979), com Cláudio Abramo; e de *Carta Capital* (1994), da qual é diretor de redação. Quando perguntado sobre liberdade para produzir e editar os próprios textos, como blogueiro (*Blog do Mino*, 2006-2009) ou no jornalismo convencional, Mino respondeu: "Ah, eu sou livre desde 1976, porque a partir de 76 – ou seja, já faz 32 anos, eu tenho de inventar meus empregos. Ninguém me dá emprego nesse lindo país" (CARTA[23],2008 apud FREITAS, 2010, p.171).

As décadas seguintes à abertura política também se mostraram profícuas a iniciativas de jornalistas desvinculadas de grandes empresas ou grupos de comunicação. Ainda nos anos 80, Luís Nassif, que acumulava experiência como jornalista da imprensa tradicional, montou seu primeiro boletim eletrônico voltado para o mercado, já fazendo uso de computador para lidar com a matemática financeira *"porque o computador, mais o conhecimento de matemática financeira, era um grande diferencial na discussão econômica. Com a inflação alta e tudo, os grandes golpes que ocorriam contra os consumidores se davam na matemática financeira mesmo, manipulação de alíquotas e tudo"* (NASSIF, 2016, entrevista à autora[24]). A agência de informação *Dinheiro Vivo* surgiu em 1987 e a atividade como blogueiro teria início nos anos 2000.

> *Eu comecei com blogs em 2004, 2005. Com o blog na UOL, depois fomos pro IG e depois fiquei por conta própria. Era o blog da UOL*

---

[23] Entrevista concedida a Eduardo Luiz Viveiros de Freitas.
[24] Entrevista concedida à autora em 5 de outubro de 2016, por *Skype*.

> *primeiro e quando eu saí da Folha eu recebi uma proposta do IG. Fiquei um período no IG, depois teve mudanças de diretoria e eu saí do IG. Mas mesmo o blog do IG e da Folha era um blog pessoal mesmo, não tinha nem pauta, nem interferência, nem nada. Daí eu montei o blog da Dinheiro Vivo e, mais tarde, o Blog Luis Nassif que vem desde essa época e, mais tarde o GGN.* (NASSIF, 2016, entrevista à autora)

Outro exemplo de empreendedor, já se dedicando ao seguimento alternativo/progressista em um primeiro momento do negócio, é Renato Rovai. Jornalista desde o fim dos anos 80, acumulou experiência na imprensa tradicional, indo trabalhar no movimento sindical no final da década de 90, lançando e editando a revista do Sindicatos dos Bancários ao longo de aproximadamente uma década. A "entrada na rede" se dá na sequência do lançamento da *Revista Fórum* (impressa), durante o FSM de Porto Alegre, em 2001.

> *Em 94, 95 eu saio do sindicato e monto minha empresa, minha empresa de comunicação que se chama Publisher Brasil, para fazer produtos editoriais e também lançar livros para esse universo mais progressista, vamos dizer assim. Quando acontece o Fórum Social Mundial de 2001, eu tô com essa empresa aberta e uns colegas me procuram e falam: Olha vai ter o Fórum e será que não vale a pena a gente fazer uma edição da Revista dos Bancários e tal e eu já tava meio de saída da Revista dos Bancários e com uma vontade de ter uma coisa meio própria. Falei: vamos fazer o seguinte? Vamos fazer uma revista nossa e foi aí que surgiu a Fórum. A gente fez uma revista, isso ainda em 2001 para lançar no evento um exemplar, uma edição quase como se fosse um livro. Ela foi lançada e quando lançamos ela em 2001 a gente já soltou o site, o que até hoje é o site da Revista Fórum e lançou junto um boletim que se chamava Lado B, que a gente enviava pras pessoas que tinham feito cadastro no Fórum Social Mundial que eu chamo do meu pré-blog [boletins que circulavam por lista de e-mail].* (ROVAI, 2016, entrevista à autora)

A afirmação em torno da emergência de um "jornalismo empreendedor" traz consigo alguns dilemas e merece ponderações. Primeiramente, o jornalismo é uma atividade marcada pelo espírito empreendedor ao longo de sua história, algo que se observa particularmente em relação ao modelo anglo-americano e sua adaptação em outros países (cf. CHALABY, 1996; RAFTER, 2016). Cabe esclarecer o que estou chamando de "jornalismo empreendedor", não obstante a falta de uma explicação clara, uma definição explícita do termo, conforme pesquisa sobre utilização da expressão em publicações empresariais norte-americanas de 2000 a 2014. Para os autores do estudo, o que a diversidade de definições encontradas tem em comum, além da imprecisão, "é uma ênfase na inovação e elaboração de estratégias de negócios, incluindo a segmentação de nichos de audiência" (VOS; SINGER, 2016, p.152, em livre trad.).

Sobre o caso brasileiro, ainda são raros os estudos que se debruçam sobre o fenômeno dos jornalistas empreendedores procurando, se não definir a expressão ao menos entendê-lo conceitualmente, mesmo que a partir da experiência de outros países. De modo geral, o empreendedorismo no jornalismo tem sido associado a trabalho *freelance*, no qual o jornalista é um profissional autônomo que oferece um produto ou presta serviço a empresas ou veículos-clientes (ver RAINHO, 2008). Ou, com maior cautela, enfatizando que, diferentemente do *freelancer*, "o jornalista empreendedor não produz seus conteúdos para vendê-los a um terceiro para difusão, mas para ele mesmo divulgá-los e valorizá-los", perspectiva que aponta o entrelaçamento entre as atividades de jornalismo e as comerciais, ocupadas por um mesmo indivíduo, guiado simultaneamente pelas lógicas "do jornalista e a do empresário de mídia" (CARBASSE, 2015, p.271), também deixando aberta a possibilidade de atuação não-individual, com equipes pequenas e papéis menos definidos e fluidos, algo apresentado como "espírito startup". O empreendedorismo como algo necessário à sobrevivência do jornalista, em meio às mudanças pelas quais tem passado o mercado de trabalho, tende a ser encarado como algo positivo, "situado como potencial modelo alternativo de produção" (OLIVEIRA; GROHMANN, 2015, p.129) em relação aos modelos tradicionais de emprego, perspectiva problematizada neste último estudo citado e por outras pesquisas que o seguiram, sobretudo em face do avanço da plataformização do trabalho jornalístico e da precarização das relações de trabalho mediadas por plataformas.

Apesar de me filiar a esta perspectiva crítica em torno do empreendedorismo nos dias atuais, nesta obra a expressão "jornalismo empreendedor" se refere à junção entre jornalismo e negócio/atividade comercial, facilitada por evoluções tecnológicas – sejam elas a utilização do telégrafo ou da internet, por exemplo e conforme o período analisado. Empreender significa, portanto, profissionalizar a atividade jornalística a qual é transformada em modelo de negócio a fim de disputar um nicho no mercado midiático. E isso envolve busca por geração de receita, a partir de diversas fontes de financiamento que podem ser adotadas isoladamente ou em conjunto (como recebimento de recursos de publicidade pública, anunciantes privados, doações, participação em editais de financiamento, cobrança de assinaturas), mas não necessariamente obtenção de lucro. O jornalista empreendedor circunscrito nesta obra seria menos um aventureiro e mais um profissional, diplomado ou não, que se lança ao mercado em busca de realização profissional ou sobrevivência – objetivos entendidos como extremos de um mesmo espectro. O grau de institucionalização desses empreendimentos varia, cujo menor grau se daria naqueles em que há acumulação de papéis em apenas um indivíduo em contraste com a existência de estruturas (pré) organizacionais mais definidas com divisões de funções, adoção de normas internas de procedimento, sendo mais identificáveis traços de burocratização (sobre esse processo, abordando especificamente o desenvolvimento de um processo organizacional em blogs, ver LOWREY et al., 2011).

Com a sedimentação e disseminação de uma "cultura de jornalismo" cujo pilar é a noção de "notícia", e com a expansão dos grandes empreendimentos jornalísticos, cristalizou-se a noção de que jornalismo enquanto prática era uma atividade desvinculada da geração de recursos, a cargo de um departamento comercial ou financeiro vinculado ao jornal, porém separado das redações. No Brasil, como mencionei, essa segregação foi acentuada no imaginário dos jornalistas a partir dos anos 60, com a aversão ao próprio espírito capitalista – este que carrega consigo a valorização da livre iniciativa. O jornalismo empreendedor contemporâneo abala essa noção, borrando essas demarcações normativas, colocando simultaneamente uma ou poucas pessoas a cargo desses papéis e vendo, no "espírito empreendedor" a libertação profissional do jornalista. E isso se torna mais claro conforme observa-se a evolução dos blogs jornalísticos, sobretudo quando passam a ser utilizados profissionalmente. A tecnologia trazida pela evolução da internet facilitou, num primeiro momento, não apenas a realização de "jornalismo sem jornal" como, paradoxalmente, a aproximação de jornalistas com o negócio de fazer jornal – agora compartilhado em uma categoria positiva, um dos desdobramentos do ideal de "libertação" do jornalista do assalariamento, dos constrangimentos que fazem parte do dia a dia das redações, por fim, das "amarras" do jornal enquanto empresa.

A junção entre geração de renda e jornalistas, porém, tende a se tornar novamente mais demarcada com o avanço desses empreendimentos, conforme o veículo cresce enquanto negócio – passando de meios em que é dada vazão ao desejo de se expressar com liberdade, para empreendimentos altamente competitivos no nicho em que atuam. Estudos da mídia alternativa têm demonstrado que, apesar dos ideais democráticos que a norteiam, mesmo as estruturas que se percebem horizontais e igualitárias começam a inclinar-se à hierarquia conforme evoluem e se complexificam, adotando características burocráticas – apesar de na maioria dos casos incipientes e modestas (LOWREY et al., 2011). As observações sobre a Blogosfera Progressista Brasileira apontam nessa direção. Conforme o empreendimento evolui, ocorre contratação de pessoal e adoção de procedimentos organizacionais como a divisão de trabalho e tarefas. O maior grau de institucionalização do blog acaba, por sua vez, trazendo de volta ao universo do jornalismo empreendedor a separação formal entre departamentos, o jornalístico e o comercial. Um exemplo é o *Conversa Afiada*, cujas atualizações foram descontinuadas alguns meses após a morte de Paulo Henrique Amorim. Enquanto esteve em atividade, o site apresentava uma estrutura empresarial, apesar de modesta para os padrões das grandes corporações, que o distinguia de outras iniciativas da blogosfera, em especial os blogs "de um homem só". Centrado no jornalista *Paulo Henrique Amorim*, possuía dois editores, uma estagiária e uma diretora administrativa. Perguntado[25] sobre número de funcionários, funções desempenhadas e formas de financiamento do *Conversa Afiada*, Amorim deixou essas respostas a cargo da diretora executiva Geórgia Pinheiro.

Some-se a isso que, se de um lado, no período pós-abertura acentuaram-se iniciativas de mídia relacionadas a movimentos sociais em paralelo ao pioneirismo como empreendedores de alguns dos personagens que viriam a formar a Blogosfera Progressista Brasileira, por outro, os anos 90 se caracterizam pelo início da queda na confiança no jornalismo (cf. RYFE, 2012, entre outros), um processo de perda de credibilidade que contribuiu para o declínio dos jornais diários ao longo do globo.

> Olha nós tivemos o fim de um ciclo, com o avanço das redes sociais por cima daquelas barreiras de entrada do mercado de mídia. Então, assim, as mídias entraram numa queda, digamos numa fase terminal, esse modelo de mídia que nós conhecemos. No caso brasileiro, a partir de 2005 eles resolvem, uma influência do Roberto Civita, montar um cartel de informações e passam a usar informação aproveitando que você tinha um curto-circuito do mercado de notícias aí com o avanço das redes sociais de pro-

---

[25] A entrevista foi realizada por e-mail com Paulo Henrique Amorim, em 9 de janeiro de 2017; comunicação intermediada pela diretora executiva da *PHA Comunicação*, Geórgia Pinheiro. Foi enviado um questionário contendo 17 perguntas, Amorim respondeu a 15, deixando duas a cargo de sua diretora executiva.

> mover o que os jornais fizeram nos anos 20: a manipulação total e absoluta da notícia. [...]. Então digamos que o que houve na velha imprensa foi um final inglório... ainda continua poderosa, conseguiu derrubar a presidente da república. (NASSIF, 2016, entrevista à autora)

Trata-se de um modelo vinculado à noção de imparcialidade como pilar que entrou em colapso não apenas no Brasil, mas no país que funciona como referência normativa do jornalismo. Acrescente-se a isso crescente dependência de plataformas para a execução de atividades de trabalho (GROHMANN *et al*, 2023; GROHMANN; QIU, 2020; POELL *et al.*, 2020, entre outros) que atravessa as relações de comunicação nas sociedades contemporâneas. O fenômeno impõe novos desafios à atividade jornalística em geral, desestabilizando inclusive o fazer jornalismo de forma independente com a entrada em cena da mediação algorítmica como impulsionadora da propagação de informações (e desinformação). Mas esse é um tema ainda a ser esgotado e que abre caminho para uma discussão mais ampla, envolvendo a crise enfrentada pelas democracias modernas, o que não é o exatamente foco deste livro. Olhar para a blogosfera de uma forma mais abrangente, porém, nos ajuda a desenhar parcialmente o cenário em que se dá esse processo de mudanças. Como será mais bem demonstrado no tópico a seguir, o panorâmico midiático ganhou novas cores com o aparecimento dos blogs nos anos 2000, com os quais coube à imprensa tradicional disputar público e, mais que isso, um lugar de fala: o de intermediário entre fontes/acontecimentos e o público.

2.7 Blogs e jornalismo: entram em cena novos atores?

A popularização da internet tornou o ambiente virtual um campo de investimento atrativo para diferentes organizações, incluídas, aí, as jornalísticas. Noticiar online impõe desafios, proporcionando uma forma diferente de encarar o jornalismo. Este se torna cada vez mais um processo acompanhado publicamente pela audiência que um produto acabado (KARLSSON, 2011); uma vez que publicar virtualmente exige agilidade, mas também torna a notícia já disponibilizada online possível de sofrer alterações futuras à medida que vai sendo apurada e a informação atualizada nos sites. Dessa maneira, as novas tecnologias da comunicação alteraram a relação entre o que é público e o que é privado, tornando visíveis rotinas que se davam apenas no interior das redações, como a coleta e o processamento da notícia. O que passou a exigir dos jornalistas um esforço para se manterem enquanto mediadores autorizados, para se fazerem ouvir legitimamente como possuidores de certo status de autoridade interpretativa (ZELIZER, 1992).

Fish (1980) explica que as comunidades interpretativas são formadas por agentes que conferem significado ao mundo. São assim denominadas por estabelecerem parâmetros que definem quais são as interpretações autorizadas de um texto, separando o dizível do indizível. Não é algo determinado individualmente, mas pelo grupo, e se relaciona ao campo da interpretação, funcionando dentro de um determinado contexto compartilhado. Comunidades interpretativas são constituídas por agentes que compartilham estratégias interpretativas para a produção de significado a partir da escrita do texto pelos construtores dos relatos – o que aproxima o conceito do lugar reivindicado pela imprensa. Zelizer aponta os jornalistas como uma comunidade interpretativa, possuidores de um tipo específico de autoridade, a autoridade jornalística, que é a capacidade de se promoverem como porta-vozes autorizados e críveis dos eventos da vida real. Não obstante, a relação entre audiência e jornalistas inclui a dependência da "autoridade jornalística" para com o consentimento do público, que precisa reconhecer a credibilidade dos relatos e seus produtores. O que demanda dos jornalistas um esforço para a manutenção de seu lugar de mediação entre especialistas e leigos, governo e cidadão, enfim, como "porta-vozes confiáveis, legítimos e autorizados" dos eventos do mundo real.

Acrescente-se a esse panorama a emergência dos blogs. Apesar de não haver consenso quanto a uma definição, os primeiros blogs[26] possuíam como principais características a organização cronológica (com as publicações mais recentes ocupando o topo da página), apresentação de listas de links para sites de interesses na *web* e algum comentário relativo a esses links; e geralmente eram escritos por não-jornalistas (CARLSON, 2007; GARDEN, 2011). Esse último aspecto tornou a relação entre blogueiros e jornalistas particularmente problemática, uma vez que, a partir de então, estes passam a dividir o papel de veiculadores de informações e comentários com outros agentes; abalando e mesmo pondo em xeque o lugar do jornalista enquanto autoridade informativa (CARLSON, 2007). Com sua celebrada agilidade despontam como meio de informação, algo que também repercute profundamente no mundo das organizações jornalísticas tradicionais.

---

[26] Um estudante norte-americano ostenta o posto de primeiro "blogueiro". Na Filadélfia de 1994, o calouro Justin Hall mantinha um diário ou registro (*log*) de sites, dando início ao primeiro *weblog*. A página pode ser visitada em: http://www.links.net/vita/web/start/original.html. A contração "blog" surgiria apenas em 1998 (Garden, 2011).

Uma publicação de *The Economist* de 2013 alertava para a agonia dos jornais, ao mesmo tempo em que a classe média daria boas-vindas à mídia online (FOLDING PAPERS, 2013). Na mesma matéria, o então editor do *Estado de S. Paulo*[27], Ricardo Gandour, expressa sua preocupação quanto à queda de qualidade no jornalismo, em virtude do aumento de meios noticiosos viabilizado pela internet. Para ele, a extrema fragmentação das comunicações não pode ser saudável para a democracia. Entretanto, uma leitura mais atenta nos apresenta um outro lado da questão, que diz das transformações sociais e a forma como estas afetam a atividade jornalística enquanto negócio e atividade profissional. O fenômeno da migração de jornalistas para a blogosfera também se trata de uma questão mercadológica, de lugar para alocação da mão de obra em franca expansão, mas que não é absorvida pelas redações. E nesse mercado obtém-se sucesso, em geral, voltando-se para uma comunicação de nicho, seja social (atendendo, por exemplo, àquela que se popularizou chamar "nova classe média" entre a primeira e segunda décadas dos anos 2000) ou ideológico (como o segmento progressista). De todo modo, o aumento de mídias, viabilizado pela internet, gerou reações por parte de jornalistas e, sobretudo, das organizações noticiosas para defesa e manutenção de seu lugar de mediação. A principal seria apresentar a blogosfera como um território hostil, inseguro, em que é impossível confiar na informação a que se tem acesso (ALBUQUERQUE, 2007).

O papel desempenhado pelos blogs como elemento de tensionamento e renovação do jornalismo tradicional tem sido objeto de atenção frequente por parte de pesquisadores no Brasil e no exterior. A primeira geração desses estudos contemplava a questão principalmente do potencial de renovação dos blogs, em função das características tecnológicas do meio – geralmente em torno da hipótese de que a internet possibilitaria a "liberação do polo do emissor" relativamente aos meios de comunicação massiva e considerava o fenômeno de uma perspectiva fundamentalmente individualista, isto é, os blogs eram entendidos como mídia pessoal (BLOOD, 2000; QUADROS; ROSA; VIEIRA, 2005; RECUERO, 2003; SILVA, 2003). Progressivamente o foco dos estudos se modificou de modo a dar conta de outras questões. Uma que mereceu atenção considerável diz respeito ao modo como jornalistas (e blogueiros) reivindicam autoridade interpretativa para as suas atividades, em um contexto no qual a fronteira entre elas se torna crescentemente nebulosa

---

[27] Em 2016, após dez anos no *Estadão*, Ricardo Gandour assumiu a diretoria executiva da *CBN*, retornando ao *Grupo Globo*, onde havia trabalhado de 2000 a 2006.

(BAILEY; MARQUES, 2012; BENETTI, 2008; CARLSON, 2007; CHRISTO-FOLETTI, 2007; KARLSSON, 2011; LOWREY; PARROTT; MEADE, 2011; PRIMO, 2008; 2011; SINGER, 2005). Um terceiro conjunto de pesquisas se deteve especificamente sobre a relação que se estabelece entre os blogs políticos e o jornalismo tradicional (ALDÉ; ESCOBAR; CHAGAS, 2007; BORGES, 2011; CHIMENTO, 2008; 2010; DAVIS, 2009; GUAZINA, 2013; SINGER, 2005; SOUZA; PENTEADO, 2013; REESE et al., 2007). Entretanto, "enquanto a grande mídia resistiu a um ambiente midiático competitivo, blogs alteraram essa situação ao introduzirem uma arena largamente disponível de discursos políticos baseada em uma concepção alternativa a partir da imprensa tradicional" (CARLSON, 2007, p.269; livre trad.). Mas são realmente novos atores esses a entrar em cena?

No Brasil, começa a ganhar força em meados dos anos 2000 um movimento de migração de jornalistas em direção à blogosfera de modo a atuarem como "imprensa independente", com destaque para os blogs de política. Eram profissionais ainda descobrindo o território do jornalismo, mas, principalmente, profissionais de renome egressos de grandes redações, de forma nem sempre pacífica. O atrito com o antigo empregador é uma das características que marcam a mudança na trajetória profissional de alguns dos blogueiros progressistas mais expoentes, como Paulo Henrique Amorim (*Conversa Afiada*)[28], Luiz Carlos Azenha (*Viomundo*), Rodrigo Vianna (*Escrivinhador*), Marco Aurélio Mello (*Doladodelá*). Faz-se oportuno observar que todos eles comungavam o passado como "jornalistas globais" – apesar de nem todos possuírem formação universitária em jornalismo ("diploma de jornalista") – e, em decorrência de alguma postagem feita em seus blogs, já foram processados pelo diretor de jornalismo e esporte da *TV Globo*, Ali Kamel.

Ao migrarem para a blogosfera, com páginas independentes, esses jornalistas já carregavam sobre si certa aura de credibilidade, uma vez que atuaram nos principais meios noticiosos do país, alcançando posições de destaque. Entretanto, havia o desafio de se reforçarem enquanto "independentes", levando consigo o status de confiança junto à audiência que haviam conquistado. Uma das estratégias identificadas foi explicitar o currículo que haviam construído ao longo de sua carreira. Afinal, o ideal de contar a verdade salienta que o conteúdo jornalístico é produzido por especialistas

---

[28] O site, apesar de não estar mais em atividade, deixando de ser atualizado alguns meses após a morte de Paulo Henrique Amorim em 2019, permanece sendo uma referência para os estudos sobre a Blogosfera brasileira.

(KARLSSON, 2011), ou seja, não se trata de uma informação vinda de um intermediário "duvidoso", mas de alguém que já acumula credibilidade junto ao público. O blog *Conversa Afiada*, por exemplo, apresenta ao leitor a trajetória de sucesso de Paulo Henrique Amorim, desde a extinta revista *Manchete*, passando por *Veja, Exame, Jornal do Brasil, Rede Globo, Rede CNN, Band, TV Cultura* e *Record*. Rodrigo Vianna também se apresenta no blog *Escrivinhador*: "já trabalhei na *Folha*, *TV Cultura*, *TV Globo*, e hoje estou na *TV Record* de *São Paulo*". E Luiz Carlos Azenha, em uma postagem no *Viomundo* sobre a condenação sofrida em um processo movido por Ali Kamel, lembra seus leitores: "eu não era um qualquer, na Globo, então [à época da campanha presidencial de 2006]. Era recém-chegado de ser correspondente da emissora em Nova York..." (AZENHA, 2013a). Porém, por vezes, a trajetória profissional em veículos da mídia tradicional não é tão privilegiada, caso de Luis Nassif, em que a mesma apresentação que destaca seu pioneirismo no jornalismo virtual não menciona a passagem pela *Folha* como colunista e membro do conselho editorial do jornal.

    A atuação profissional e a formatação visual ou "física" de vários desses blogs progressistas se assemelham a um jornal regular; deixando de ser organizados de forma simples, obedecendo a uma cronologia inversa para a publicação das postagens, para emularem a divisão em seções ou cadernos encontrada em qualquer jornal e revista. E, sob o olhar de quem pertence a esse universo em que jornalismo e *blogging* se encontram, a questão do lugar ocupado por cada uma dessas identidades parece mais pacificada... até certo ponto. Paulo Henrique Amorim, por exemplo, perguntado se haveria uma diferença entre ser blogueiro e ser jornalista respondeu: "*Nenhuma diferença. É como você trocar a Vivo pela Tim [empresas de telefonia móvel]... O conteúdo da conversa é o mesmo*" (AMORIM, 2017, entrevista à autora). Ao passo que, para Azenha, o blogueiro seria alguém mais consciente da realidade e de suas limitações enquanto profissional que precisa trabalhar com a informação. "*Formalmente, o blogueiro tem maior 'licença poética' para lidar com a informação. Ele já não responde à lógica dos jornalistas tradicionais, que acreditam pairar sobre a sociedade, 'imparciais'. Blogueiro em geral tem lado e assume.*" (AZENHA, 2016, entrevista à autora)

    Com base nessas perspectivas, há indícios de que a questão diga menos sobre "jornalistas *versus* blogueiros" e mais quanto a jornalistas-blogueiros, numa fusão de identidades, em um contexto em que a mídia tradicional (ou "a grande mídia") atravessa um processo de forte crise de credibilidade.

O que fica bastante evidente no caso da condução coercitiva de Eduardo Guimarães em 2017, responsável pelo *Blog da Cidadania*, em que a justiça federal do Paraná afirmou que o blogueiro "não é jornalista, independentemente da questão do diploma, e que seu blog se destina apenas a permitir o exercício de sua própria liberdade de expressão e a veicular propaganda político partidária". A Blogosfera Progressista e outros agentes relacionados à imprensa brasileira saíram em defesa de Guimarães, afirmando que não cabe ao juiz federal Sergio Moro definir quem é jornalista ou não.

Para construção da credibilidade em torno do segmento progressista enquanto mídia alternativa, de modo a enfatizar a "autoridade jornalística" desses blogueiros, há um reforço coletivo das partes, por meio do uso de links e citações mencionando postagens presentes nas páginas uns dos outros, por exemplo. Como evidenciarei de forma mais aprofundada nos próximos capítulos, isso contribui para validar a notícia, bem como a perspectiva adotada e defendida como certa ou "a verdadeira" pelos blogueiros pertencentes a um determinado subgrupo. "O crescimento dos blogs como meio de comunicação política impacta na circulação da informação política mais amplamente na sociedade ao expandir as formas como a política pode ser coberta" (CARLSON, 2007, p. 275; em livre trad.). E, como já mencionei, essa expansão da blogosfera, não apenas no Brasil, se dá em meio ao colapso de um modelo normativo de jornalismo que tem, na queda de credibilidade, seu principal indicador – mas não o único. Porém, dizer da desintegração de uma forma normativa não significa o fim do jornalismo, pelo contrário.

> Por exemplo, onde o blogging foi uma vez em grande parte defenestrado do jornalismo como o trabalho dos amadores, nos últimos anos os limites do jornalismo expandiram-se para incluir blogging como uma forma aceitável para disseminar a notícia. Tal movimento não é um fracasso da matriz, mas sim um indicador da maleabilidade das fronteiras do jornalismo ao longo do tempo. As investigações longitudinais de expulsão e expansão devem ser encorajadas. (CARLSON, 2015, p.12. em livre trad.)

Em 2010, uma pesquisa feita pela Technorati com consumidores sobre confiança nos meios de comunicação apontou que 40% concordavam com o ponto de vista dos blogueiros, enquanto demonstravam queda na confiança na mídia *mainstream*. O estudo sobre o "estado da blogosfera" não é focado em jornalistas, mas busca entender a relação dos blogueiros com a mídia tradicional como um de seus objetivos. Repetida no ano seguinte, a pesquisa identificou "uma grande sobreposição entre blogueiros e mídia tradicional", apresentando nos dois anos números semelhantes quanto a essa relação: em torno de 1/3 dos que responderam à pesquisa (7.2000 blogueiros de 24 países em 2010 e 4.114 de 45 países em 2011) tinham passagem pela mídia tradicional, sendo mais comuns o trabalho em revistas mensais, seguido dos jornais diários e semanais; em torno de 70% desses blogueiros não estavam mais empregados na mídia *mainstream*. Outra pesquisa, esta nacional e com foco em blogs de política, apresentou dados que, a despeito do celebrado potencial democratizante dos blogs na rede, o que esse fenômeno configura é a "existência de uma nova elite de opinião, com influência política dentro da internet e formada por blogueiros homens, brancos, com curso superior e com renda mensal acima da média nacional" (PEREIRA; BRAGA, 2014, p. 186).

Os laços que se criam no interior da blogosfera passam a ser utilizados estrategicamente pelos blogueiros, de modo a buscar garantir vantagem competitiva de um subgrupo em relação ao outro; e, em alguns casos, em oposição à mídia *mainstream*. Entender a Blogosfera Progressista Brasileira é, portanto, mais que identificar atores e descrever páginas na *web*. Lançar luz sobre sua estrutura e estratégias de atuação coletivas pode revelar territórios pouco visitados do cenário midiático contemporâneo e, especificamente, dizer de um dentre os caminhos pelos quais a atividade jornalística avança e se adapta para sobreviver.

CAPÍTULO 3

A BLOGOSFERA PROGRESSISTA BRASILEIRA

> *Eu acho que isto, inclusive, é isso que dá força para a blogosfera [progressista]: a existência dessa diversidade. A vitalidade da blogosfera [progressista], a virtude da blogosfera [progressista] é exatamente a convivência com pessoas que pensam da forma mais diferente possível. Se você colocar em uma mesma sala esses principais blogueiros, cita um tema, "Venezuela". Vai sair o maior tiroteio na reunião. Cita outro tema, "Dilma", sai o maior tiroteio na reunião. Não tem unidade nenhuma, é ótimo! É divertidíssimo, inclusive. Cada um tem a sua forma de pensar. Eu costumo brincar que a única coisa que unifica a blogosfera [progressista] são três pontos, as únicas coisas: primeiro uma crítica muito forte a essa mídia monopolista; segundo uma defesa da liberdade de expressão; terceiro uma defesa dos direitos sociais. Não me pergunte o que significa essa terceira que eu não sei te responder, cada um fala uma coisa. (BORGES, 2016; entrevista à autora)*

A fala de Altamiro Borges, um dos fundadores da Blogosfera Progressista Brasileira (doravante BP) segundo uma perspectiva institucional, dá ênfase à "diversidade" abarcada pelo fenômeno. Borges é presidente do *Centro de Estudos da Mídia Alternativa Barão de Itararé* (doravante *Barão de Itararé*) – entidade representativa do movimento dos blogueiros progressistas –, jornalista e membro do Comitê Central do PCdoB. Papéis que contribuem para lançar luzes sobre a BP, principalmente quanto à sua composição e alteridade.

Mais que isso, o trecho citado aponta para a concretização de alguns ideais bastante relacionados ao jornalismo alternativo, entre os quais seu aspecto democrático. Ao contrário do que prega a cartilha tradicional, porém, a BP não é uma iniciativa democrática porque horizontaliza as relações entre seus agentes, mas porque é capaz de abarcar e lidar de forma produtiva com essas diferenças. Nesse sentido, o fenômeno não apenas contribuiu para "oxigenar" ou revitalizar o sistema midiático brasileiro, como reconfigurou em certa medida o jornalismo no país ao se tornar um projeto bem-sucedido de comunicação (de fato) em rede.

Originalmente constituída por blogueiros de esquerda, a BP agrega diversos meios de comunicação, inclusive alguns que existem fora do ambiente online, tais como publicações como a revista *Carta Capital*, e mantém uma relação próxima com entidades do campo político da esquerda (partidos e personalidades), movimentos sociais e mesmo agências do governo (observada em um período pré-*impeachment* da presidente Dilma Rousseff). A partir da segunda década dos anos 2000, a BP passou também a explorar as redes sociais online, o que incluiu tecer laços de reciprocidade com perfis e páginas nativos desse território. Relações estabelecidas em gradações de intensidade e estabilidade diversas e que possuem como característica poderem se reorganizar conforme o contexto. É justamente por não se limitar ao universo dos blogs que optei por considerar como "ampliada" a BP. Em particular, destaco a natureza orgânica do grupo, bastante organizado e solidamente vinculado a instituições do mundo social e político; seu empenho em se constituir como força anti-hegemônica frente à mídia tradicional; em paralelo a uma capacidade de fluidez que permite a seus agentes estabelecerem diferentes formas de associações agregativas no ciberespaço.

Um aspecto que não pode ser menosprezado acerca da BP é que ela não é formada primordialmente por um "novo conjunto de lideranças", diferentemente do que se identifica em outras iniciativas progressistas, como a blogosfera progressista norte-americana (cf. BOWERS; STOLLER, 2005); ao contrário, é um ecossistema midiático cujo vigor deve muito a instituições e outros agentes já tradicionais, existentes fora da internet. E, além de incorporar sites relacionados a entidades presentes no mundo "concreto" – como empresas midiáticas, partidos políticos, órgãos do Estado/Governo e movimentos sociais, também acabou por acompanhar a evolução da *web*, se fazendo presente por meio de vários de seus agentes também nas plataformas de mídias sociais.

A diversidade presente no seio dessa BP – ressalto, considerada de maneira ampliada, ultrapassando a categoria *blog* – não se restringe às diferenças em relação à "forma de pensar" de cada um de seus componentes. A alteridade engloba gradações ideológicas, de modelos de negócio (ou ausência deste), de maneiras de existir no ciberespaço e mesmo fora dele. Além de distinções identitárias, que vão desde o local de origem de cada blog ou blogueiro, passando por questões que demarcam territórios de atuação profissional (como se identificar como jornalista e/ou ressaltar o currículo profissional pregresso) e abarcando a forma como esses agentes se enxergam em relação à iniciativa progressista ou, como alguns preferem, "BlogProg", inclusive seus próprios "fundadores". Alguns de seus componentes nucleares rechaçam em absoluto a nomenclatura "blogosfera progressista" e a ideia de articulação entre blogs e páginas afins, enquanto outros a entendem como forma válida de identificação de um movimento que ganhou força *na* rede e *como* rede.

Elementos tão distintos, porém, possuem pontos de convergência que contribuíram, sim, para manter ativa uma rede entre esses agentes sociais, além de construírem uma identidade para ela. Em boa medida, aspectos "unificadores", ou melhor, amalgamadores, também estão presentes no trecho extraído da entrevista com Altamiro Borges utilizado na abertura deste capítulo, destacando-se a crítica ao poder da "grande mídia", a defesa de um ideal de jornalismo que tem como norteador a noção de "liberdade de imprensa" e uma perspectiva que aponta para a prevalência de uma *visão de mundo* mais afeita à tradicionalmente vinculada a segmentos "de esquerda" ou "progressistas".

Define-se a BP, portanto, como a articulação em rede, não-centralizada, de agentes predominantemente autônomos e independentes entre si; constituída, originalmente, por blogs de política e que, em sua evolução, ampliou-se envolvendo outras formas de existir digitalmente. Esse processo de expansão acabou por conjugar diferentes modalidades e graus de vinculação estabelecidos entre os agentes desse microcosmos. Alguns cujos laços se tornaram mais explícitos ao longo do tempo – e por vezes até adotando cores institucionais, como a adesão ao *Barão de Itararé* e a participação na organização das atividades promovidas pela entidade – virão a compor a estrutura da BP propriamente dita; relações estas caracterizadas, portanto, como "laços fortes" e das quais tratarei de modo mais aprofundado no capítulo 5. Ao mesmo tempo, o ecossistema BP se mostrou apto a incorporar – não em sua estrutura, mas como parte de sua rede de relações e que incluem também mídias estrangeiras que em determinado momento contribuíram para amplificar o discurso emanado pelos progressistas do Brasil – "laços fracos" com agentes que não podem ser considerados precisamente BP, mas que constroem com ela relações ocasionais e menos delimitadas – e, nem por isso, desimportantes.

Como antecipei, o foco central deste capítulo é apresentar o fenômeno, fornecendo desde uma conceptualização até um entendimento mais elaborado de como seus atores se organizam, amalgamam-se e distinguem-se dentro do ecossistema midiático que construíram coletivamente. Nesse sentido, o texto se organiza de modo a reconstituir a história geral da BP, apresentando um panorama geral de seu surgimento como vanguarda digital no cenário brasileiro, seguido da exposição de características comuns que lhe conferem a qualidade de ecossistema midiático, composto por diferentes elementos. A diversidade de agentes aponta para "unidades" constitutivas da BP, organizadas em "perfis" com o objetivo de demonstrar essa alteridade. Para tanto, acredito que uma breve exposição de alguns dos agentes que ilustram esses perfis será de grande valia. Por fim, será demonstrado como diferentes agentes mobilizam diferentes concepções sobre o que é a BP, promovendo a ideia de que há dissenso, pontos de tensão e disputas internas, os quais também contribuem para a construção de uma iniciativa cujos ideais democráticos se comprovam, menos por uma pretensa horizontalidade nas relações e mais pela tolerância no que tange à percepção e resolução dos pontos de disputas.

3.1 A formação da Blogosfera Progressista Brasileira

Como visto nos capítulos anteriores, foi um conjunto de circunstâncias específicas ocorridas no país nos últimos anos que possibilitou o desenvolvimento da BP. Dois aspectos em particular se destacam: o primeiro deles diz respeito às mudanças políticas que tiveram lugar a partir da eleição do candidato Luiz Inácio Lula da Silva à presidência da República em 2002; o segundo se refere à premissa, para os jornalistas brasileiros, de que o verdadeiro jornalismo só poderia ser realizado fora das organizações midiáticas tradicionais, em face das restrições que os compromissos políticos e econômicos destas apresentam à autonomia do trabalho dos jornalistas, cujas origens remetem à imprensa alternativa das décadas de 1960/70 (KUCINSKI, 2001; SILVA, 2007). Esse projeto de fazer jornalismo sem jornal (MAGALHÃES; ALBUQUERQUE, 2014) tornou-se viável com os avanços tecnológicos das últimas duas décadas, o que possibilitou computadores ligados em rede transmitindo mensagens para um vasto público, a um custo reduzido – e traduziu-se inicialmente por meio dos blogs.

O fenômeno de proliferação de blogs foi impulsionado no Brasil em paralelo à crise política de 2005, quando "blogs de política, especialmente os de jornalistas já conhecidos, tornaram-se lugar de discussões e tomada de posição pública" (ALDÉ; ESCOBAR; CHAGAS, 2007, p.29), em especial a partir da cobertura do escândalo do *Mensalão* (PENTEADO *et. al*, 2009). Entretanto, a BP é maior que o somatório dessas páginas surgidas durante a "febre de blogs", já que abarca a articulação – dinâmica e "proliferativa" – que estabelecem entre si e outros agentes. E possui sua trajetória marcada pelo compasso de momentos políticos que denotaram, se não maior mobilização popular, ao menos um aumento da procura tanto do cidadão comum quanto do militante político por informações que ajudassem a formar opinião ou a alimentar pontos de vista pré-existentes.

Assim, episódios como escândalos políticos, a exemplo do *Mensalão*, as corridas eleitorais que se seguiram, em especial as disputas à presidência da República de 2006 e 2010, e ações de mobilização popular, destacando-se os movimentos iniciados em junho de 2013 ("jornadas de junho") pelo país, também produziram um ambiente favorável para a busca de informações políticas "alternativas" às disponibilizadas pelos veículos *mainstream* – e, portanto, são marcos da história evolutiva da BP por isso e também por promoverem ambiente fértil à atividade dessa mídia alternativa. Note-se que esse tipo de informações já se encontrava disponível na *web*, alimentada inicialmente por uma rede composta majoritariamente por blogs – ao lado de "mídias alternativas" já "tradicionais" (ou mais relacionadas ao modelo tradicional de jornalismo), como a revista *Carta Capital* – e cujos agentes de maior potencial de atração de leitores à época eram jornalistas egressos de grandes empresas de jornalismo tradicional, em decorrência do prestígio e da visibilidade que conquistaram ao longo da carreira. Em paralelo, nesse período ocorre o desenvolvimento da BP institucionalmente, merecendo destaque, dentre os principais referenciais, a criação do *Barão de Itararé* e a entrevista concedida pelo presidente Lula "aos blogueiros progressistas", ambos em 2010. São processos que, como será melhor elaborado adiante neste livro, promoveram o reconhecimento da BP a) internamente, entre seus agentes, e que contribuíram para maior organização do ecossistema progressista e para recepcionar novos adeptos; e b) externamente, funcionando como legitimadores de uma identidade para a BP – esta repercutindo positiva ou negativamente.

A formação da BP teve início em meio a um movimento de migração de jornalistas em direção à internet, ainda nos primeiros anos do novo milênio, de modo a atuarem como "imprensa independente". Assim, falar da BP é, primeiramente, falar de jornalismo. Os blogs jornalísticos no início foram essencialmente blogs com vinculação relativa a empresas midiáticas. Em geral, o vínculo podia ou não ser empregatício, com o blogueiro trabalhando para algum veículo de imprensa tradicional. Mas, em geral, a relação se dava a partir do domínio da página, hospedada em um servidor de internet pertencente a uma empresa de mídia – como o pioneiro *ZAZ*[29], pela qual Paulo Henrique Amorim começou na internet (FREITAS, 2010) alguns anos antes de criar o *Conversa Afiada* no *IG*.

De todo modo, o blog era percebido como um meio em que jornalistas tinham maior autonomia para se expressar, ao menos em tese, sem os constrangimentos organizacionais (LIMA, 2015; MAGALHÃES; ALBUQUERQUE, 2014). Isso valeu principalmente para jornalistas que já tinham uma trajetória dentro de organizações jornalísticas e que, em busca de maior liberdade editorial, por desilusão ou demissão rumaram para a *web*, em que lhes seria possível desempenhar o papel de jornalistas autônomos e alternativos à mídia tradicional. Também é verdade que a atividade de jornalista-blogueiro se tornou alternativa de trabalho para profissionais formados em Comunicação que encontraram dificuldade em se inserir no saturado mercado das redações de jornais e assessorias de imprensa. Porém, seja qual foi o motivo que o levou ao campo progressista, esse jornalista-blogueiro possui como característica a produção/distribuição de conteúdo informativo cujo teor é primordialmente político, com cores de militância que podem ser mais ou menos tênues.

Dessa maneira, a BP é, por natureza, um espaço de jornalismo político. Além disso, desde o princípio ela amalgamou jornalismo e militância (política, social, profissional), sendo também composta por blogs de ativistas políticos, ligados ou não a partidos políticos, a movimentos sociais, ou à academia. É, portanto, um ambiente de midiativismo cujos valores compartilhados remetem, ideologicamente, à esquerda política. Entretanto, nem todos os seus agentes adentraram a *web* buscando se posicionar politicamente ou identificando-se com um lado do espectro político-ideológico. Quando falo de posicionamento político na BP, isso não se restringe a identificação partidária. Pelo contrário, me refiro a posicionamentos que apontam para a demarcação de territórios em campos tão distintos quanto inter-relacionados, como o econômico, o

---

[29] O ZAZ foi um portal e provedor lançado em 1996 pela Nutecnet, empresa de Marcio Lacerda e Sergio Pretto associado ao grupo Rede Brasil Sul de Comunicações (RBS) – conglomerado midiático da família Sirotsky cuja atuação se dá com maior destaque em estados do Sul do país (Rio Grande do Sul e Santa Catarina) e que possui, entre seus negócios, afiliadas à rede *Globo*, emissoras de rádio e jornais, como o *Zero Hora*. Segundo Paulo Henrique Amorim, ele procurou Marcio Lacerda, então presidente do ZAZ, com a proposta de fazer um chat em que Paulo Henrique Amorim entraria no minuto seguinte ao fechamento do mercado financeiro, "como autoridade de mercado", para falar sobre o assunto com quem participasse do diálogo. "Hoje o podcast faz um pouco isso. Essa minha ideia foi muito boa, mas não vingou. Talvez eu estivesse, como dizem os americanos, *ahead of the curve*, na frente da curva. E não adianta você estar *ahead of the curve* se você não progride" (AMORIM, 2008).

social e o do jornalismo – por exemplo, quando determinado blogueiro se declara contrário ao jornalismo *mainstream*, "manipulativo", por considerá-lo antípoda ao "verdadeiro jornalismo".

O primeiro blog dentre os do "núcleo duro" da BP a entrar em atividade foi o *Viomundo*, em 2003, quando Luiz Carlos Azenha ainda fazia parte do quadro de jornalistas de *TV Globo*, na qual trabalhava como correspondente internacional em Nova Iorque. Foi criado inicialmente para contar os bastidores das reportagens que Azenha fazia para o Jornal Nacional, como forma de enfrentar a "frustração criativa" que sentia ao ter que resumir em alguns segundos uma notícia internacional relevante, para que esta entrasse no telejornal. "Sentia uma insatisfação profissional com as reportagens de 45 segundos do Jornal Nacional. O site, portanto, nasceu como válvula de escape." (AZENHA, 2009, p.11). Como outros da blogosfera (**quadro 1**), o *Viomundo* inicia sua trajetória hospedado em um provedor de uma corporação midiática com a qual viria a romper relações, neste caso a *Globo.com*, na qual permaneceu até a saída de Azenha da organização, em 2006.

> *O blog já era muito ativo em 2006. Foi através dele que descobri a existência, nos Estados Unidos e no Brasil, de uma narrativa paralela ao noticiário das grandes corporações florescendo na internet. Podemos dizer que minha atividade como blogueiro foi me afastando crescentemente do que eram os clichês da Globo na cobertura internacional. Na campanha eleitoral de 2006, a minha primeira cobertura no Brasil numa campanha presidencial, narrei no blog, hospedado na Globo.com, um episódio que não era de interesse da Globo – a existência de uma gravação entre um delegado da Polícia Federal e repórteres que jogava luz num vazamento favorável a uma das campanhas, com potencial de mudar o resultado da eleição, como de fato mudou. O fato foi amplamente noticiado, mas como se deu o vazamento, não, pois era comprometedor tanto para o policial quanto para as empresas jornalísticas e revelador dos bastidores da mídia.* (AZENHA, 2016; entrevista à autora)

Foi justamente naquele ano de 2006, a partir da campanha eleitoral à presidência da República, que a BP começou a ganhar contornos, seja com a chegada de novos integrantes ou a potencialização dos acessos em páginas que já estavam na internet identificadas como meios de informação alternativa às grandes emissoras e demais veículos jornalísticos, fenômeno explicado por Luís Nassif: "Os jornais perderam a capacidade de gerar escândalos. Criaram anticorpos que agora são potentes na blogosfera. Com os blogs, há uma articulação fantástica. Em 2006, eram quatro ou cinco blogueiros atuando. Hoje há um universo de blogs [...]" (2009, p. 25). Nassif identifica naquele período uma "explosão" da demanda por seu blog por parte de um público que "não era atendido pela grande mídia", em virtude "de uma profunda desmoralização da mídia escrita" (NASSIF[30], 2008 *apud* FREITAS, 2010, p.140).

Quadro 1 – Blogs e respectivos provedores iniciais

Página	Provedor Inicial
Nassif Online	UOL
Viomundo	GLOBO.COM
Conversa Afiada	IG
Blog do Mino	IG

Fonte: elaborada pela autora

Em 2006, jornalistas dessa "grande mídia", em especial do segmento audiovisual cujo referencial era a *Rede Globo de Televisão*, como Azenha e Rodrigo Vianna, fizeram sua incursão pela blogosfera explicitando críticas ao jornalismo *mainstream* e suas respectivas empresas, cujo elemento central dizia respeito à autonomia profissional – ou à ausência dela, dentro das organizações noticiosas. É quando Azenha e o *Viomundo* rompem com a *Globo* e a *Globo.com*.

> Enojado com o que havia testemunhado ao longo de 2006, inclusive com a represália exercida contra colegas — dentre os quais Rodrigo Vianna, Marco Aurélio Mello e Carlos Dornelles — e interessado especialmente em conhecer o mundo da blogosfera — pedi antecipadamente a rescisão de meu contrato com a emissora, na qual ganhava salário de alto executivo, com mais de um ano de antecedência, assumindo o compromisso de não trabalhar para outra emissora antes do vencimento do contrato pelo qual já não recebia salário. (AZENHA, 2013a)

A partir daquele momento, e ao longo do final da primeira década dos anos 2000, vemos páginas de jornalistas adotarem caminhos diferentes dos inicialmente propostos. Por exemplo: As primeiras postagens do blog *Dola-*

---

[30] Entrevista concedida a Eduardo Luiz Viveiros de Freitas.

dodelá, de Marco Aurélio Mello, não remetiam a política. Mello trabalhou 12 anos na *TV Globo*, sendo editor de política do *Jornal da Globo* por três anos e editor de economia do *Jornal Nacional* durante outros quatro, posição que ocupava quando foi demitido em 2007. Em outubro de 2006, ele foi um dos jornalistas que não subscreveu um abaixo-assinado que teria sido divulgado por funcionários da *Globo* – a pedido, não declaradamente, da emissora – em defesa da cobertura da campanha presidencial feita pelo jornalismo global. Alguns anos mais tarde, ao escrever sobre as agruras sofridas pelos jornalistas da redação em uma "Carta aberta aos colegas da *Globo*", identificava-se com a BP de tal forma a ponto de assinar "Marco Aurélio Mello, jornalista e blogueiro sujo[31], com muito orgulho" (MELLO, 2013).

Atritos entre jornalistas e direção de jornalismo em algumas das principais redações do país deixaram a esfera particular das relações cotidianas de trabalho, circularam pela internet, tornando-se conhecidas do grande público e instrumento político de contestação da legitimidade e credibilidade de canais tradicionais de jornalismo como fonte fidedigna e imparcial de informação. Um dos casos mais exemplares foi o de Rodrigo Vianna, repórter da *TV Globo* de 1995 a 2006, ano em que foi desligado da empresa com a não renovação de seu contrato de trabalho. Sua carta de despedida, enviada a colegas, ganhou notoriedade e se mostrou reveladora não apenas por expor a manipulação política pela qual passa a informação durante o processo de produção da notícia, como também os constrangimentos vivenciados pelos jornalistas profissionalmente.

> Jornalismo comunitário, cobertura política – da qual participei de 98 a 2006. Matérias didáticas sobre o voto, sobre a democracia. Cobertura factual das eleições, debates. Pode parecer bobagem, mas tive orgulho de participar desse momento de virada no Jornalismo da Globo.
>
> Parecia uma virada. Infelizmente, a cobertura das eleições de 2006 mostrou que eu havia me iludido. O que vivi aqui entre setembro e outubro de 2006 não foi ficção. Aconteceu.
>
> Pode ser que algum chefe queira fazer abaixo-assinado para provar que não aconteceu. Mas, é ruim, heim!
>
> Intervenção minuciosa em nossos textos, trocas de palavras a mando de chefes, entrevistas de candidatos (gravadas na rua) escolhidas a dedo, à distância, por um personagem quase

---

[31] E expressão "blogueiro sujo" popularizou-se como referência aos blogueiros progressistas a partir de 2010. Voltarei a ela de forma mais aprofundada em um momento mais oportuno, ainda neste capítulo.

mítico que paira sobre a Redação: "o fulano (e vocês sabem de quem estou falando) quer esse trecho; o fulano quer que mude essa palavra no texto". (VIANNA, 2006)

A demissão de Rodrigo Vianna, que ainda no final da segunda metade dos anos 2000 viria a fundar o blog *Escrvinhador*, não foi caso isolado nem o primeiro por esses motivos em uma grande redação. Há exemplos de agentes que fazem ou fizeram parte da BP demitidos de grandes jornais antes do suporte blog começar a ser difundido como meio jornalístico no Brasil, como Leandro Fortes[32] (blog *Brasília, eu Vi* e repórter especial de *Carta Capital* em Brasília até 2013, colaborador do *DCM*), demitido d'*O Globo*, "com muito orgulho, por um chefete que foi colocado na redação de Brasília, em 1998, para impedir qualquer crítica à criminosa reeleição de FHC" (FORTES, 2012). A saída de Vianna, porém, deve ser entendida como um dos marcos de construção da BP enquanto projeto de jornalismo político articulado, pela visibilidade que ganhou na blogosfera e porque se inseria em um momento de desligamento de outros jornalistas – motivado por conflitos com a direção de jornalismo – que também viriam a compor e desempenhar papel relevante na BP ou relacionado a ela, como Franklin Martins, nomeado por Lula ministro-chefe da Secom, ocupando o cargo de 2007 a 2010.

> Trata-se do velho jornalismo praticado na gestão de Ali Kamel: as "reportagens" devem comprovar as teses que partem da direção.
>
> Foi assim em 2005, quando Kamel queria provar que o "Mensalão" era "o maior escândalo da história republicana". Quem, a exemplo do então comentarista Franklin Martins, dizia que o "mensalão" era algo a ser provado foi riscado do mapa. Franklin acabou demitido no início de 2006, pouco antes de a campanha eleitoral começar.
>
> No episódio dos "aloprados" e do delegado Bruno, em 2006, foi a mesma coisa. Quem, a exemplo desse escrevinhador e de outros colegas na redação da Globo em São Paulo, ousou questionar ("ok, vamos cobrir a história dos aloprados, mas seria interessante mostrar ao público o outro lado – afinal, o

---

[32] Fortes foi um dos nove que participaram da entrevista do presidente Lula aos blogueiros progressistas em novembro 2010, ao lado de Altamiro Borges (*Blog do Miro*), Altino Machado (*Blog do Altino*), William Barros (*Cloaca News*), Eduardo Guimarães (*Blog da Cidadania*), Pierre Lucena (*Acerto de Contas*), Renato Rovai (*Blog do Rovai*), Rodrigo Vianna (*Escrevinhador*) e Túlio Vianna (*Blog do Túlio Vianna*) e José Augusto (*Os Amigos do Presidente Lula*) (Fontes: *Vermelho.org* e *Jornal GGN*).

que havia contra Serra no tal dossiê que os aloprados queriam comprar dos Vedoin?") foi colocado na geladeira. Pior que isso: Ali Kamel e os amigos dele queriam que os jornalistas aderissem a um abaixo-assinado escrito pela direção da emissora, para "defender" a cobertura eleitoral feita pela Globo. Esse escrevinhador, Azenha e o editor Marco Aurélio (que hoje mantem o blog "Doladodelá") recusamo-nos a assinar. O resultado: demissão. (VIANNA, 2011)

O desenvolvimento da BP se deu em meio à campanha eleitoral de 2006 como iniciativa de mídia alternativa e contraponto ao viés anti-PT adotado sistematicamente por boa parte dos principais veículos de comunicação brasileiros, como apontado por Souza & Penteado (2013) e conforme descrito no capítulo 1 deste livro. Sua formação e expansão ocorreram com o estabelecimento de laços entre os blogueiros – característica da "ação coletiva" do grupo –, os quais foram se tornando mais fortes, a ponto de, em agosto de 2010, o I Encontro dos Blogueiros Progressistas reunir cerca de 300 blogueiros. A ideia do evento surgiu quando da fundação do *Barão de Itararé*, em maio daquele ano. "*O Azenha deu a ideia de um encontro presencial de blogueiros e ativistas digitais, já que ninguém se conhecia*" (BORGES, 2016, entrevista à autora). De 2010 a 2016 foram cinco encontros nacionais, com várias edições regionais, que tiveram como objetivo "fortalecer todos os tipos de mídias alternativas no Brasil".

> *Então você tem em geral blogueiros, mas não é só blogueiros, sabe? Tem muito ativista digital, aquele cara do Twitter, que fica tuitando o dia inteiro, o blog, o cara do Facebook ou mesmo o garoto que faz programação de site e ele vai lá porque ele tem curiosidade, então é um ecossistema mais amplo do que o blog tradicional. Eu me vejo como um dos caras, né?! Como o Azenha, o Vianna, o Miro, a Frô, a Conceição Lemes, o Paulo Henrique, o Nassif... Um dos que deu o pontapé inicial para que esse movimento existisse. Foram 10 pessoas ali que se reuniram algumas vezes para organizar o primeiro evento. Algumas só ficaram no primeiro e outras continuaram. Eu continuo ainda.* (ROVAI, 2016, entrevista à autora)

Os encontros BlogProg acabaram, também, por refletir mudanças na dinâmica da comunicação e na configuração da própria BP, passando a recepcionar não apenas blogueiros, como o nome original poderia indicar. Foi durante o I Encontro dos Blogueiros Progressistas, ocorrido entre os dias 21 e 22 de agosto de 2010 no Sindicato dos Engenheiros, em São Paulo, que os participantes votaram por se autodenominarem "progressistas" e lançaram bases para maior estruturação da iniciativa "com a finalidade de materializarem uma entidade, inicialmente abstrata, dita Blogosfera, a qual vem ganhando importância no transcurso desta década devido à influência progressiva que passou a exercer na comunicação e nos grandes debates públicos" (BORGES et al., 2010). Entretanto, o segundo encontro nacional BlogProg, em 2011, realizado em Brasília, atentava para a "dinâmica de redes sociais, que crescia muito": *"você tinha blogueiros, eram 20%. Oitenta por cento eram comentadores que já estavam indo pras redes sociais. Até porque é isso: Twitter é de 2006, Facebook é 2007, é recente, né?!"* (BORGES, 2016, entrevista à autora). A partir de então, o evento passou-se a chamar Encontro de Blogueiros e Ativistas Digitais, *"porque mudou a composição do encontro"*. O terceiro evento nacional, inclusive, *"passa a ser um encontro que tem mais ativistas digitais do que blogueiros propriamente, tanto que ser blogueiro é muito difícil, né?!"* (BORGES, 2016, entrevista à autora).

Fruto de uma conjuntura na qual se insere, o *Barão de Itararé* surge em decorrência de um processo deflagrado por movimentos sociais que tinham como objetivos o debate em torno da democratização da comunicação no país, da mídia livre e em rede, e a agregação de indivíduos em torno dessas causas ou de demandas que perpassassem esses eixos temáticos. São articulações que, em determinados momentos, não apenas tangenciam, como se confundem com a história de determinados agentes da BP, a exemplo do Fórum Social Mundial (FSM) de 2001 e suas edições subsequentes, vinculadas em essência à *Revista Fórum*, à rede *Brasil de Fato* e à extinta *Carta Maior*; e dos Fóruns de Mídia Livre, organizados desde 2008 no país, evento que recebeu patrocínio da *Revista Fórum* como concretização da "aposta em articulações coletivas", em "movimentos amplos e coletivos" em detrimento de iniciativas individuais, segundo Rovai (2016, entrevista à autora). O ano de 2009 foi profícuo para essas iniciativas. Em janeiro, a cidade de Belém recebeu o I Fórum Mundial de Mídia Livre e a nona edição do FSM. E uma série de encontros municipais, regionais e estaduais também preparou terreno para a Conferência Nacional de Comunicação (Confecom), ligada ao Fórum Nacional pela Democratização da Comunicação[33] (FNDC) e que propunha o diálogo entre sociedade civil e poder público com o objetivo de discutir

---

[33] Considerado o mais antigo movimento a priorizar a frente em prol da democratização da comunicação, nasceu nos anos 80 como movimento social e passou a existir, em 1991, como "associação civil FNDC, com atuação no planejamento, mobilização, relacionamento, formulação de projetos e empreendimento de medidas legais e políticas para promover a democracia na Comunicação". Tornou-se entidade em 1995. (Fonte: FNDC)

e propor políticas de comunicação para o país – muitas, em desagrado aos interesses das empresas do setor e amplamente defendidas por agentes da mídia alternativa, como a atualização do marco regulatório das comunicações e a implementação de políticas que possibilitassem o exercício de um controle social da mídia e regulação profissional da atividade de jornalismo no Brasil, a exemplo da proposta de criação do Conselho Federal de Jornalismo (CFJ).

> Isso [a Confecom] mobilizou um bocado de gente; a FENAJ faz um cálculo de que mobilizou cerca de 30 mil pessoas no Brasil pra discutir a questão da comunicação. Mobilizou muito blogueiro, então esses blogueiros que vinham de 2003, 2004, Azenha, Nassif, Paulo Henrique, Rodrigo, Rovai, essa galera que é desse período, participou muito ativamente do debate sobre democratização da comunicação. Encontrando essa galera o tempo inteiro, ficou a pergunta: tá, tudo bem, termina a Confecom e aí?! Aí pintou a ideia de criar uma coisa que agregasse tanto os movimentos sociais quanto essa área de jornalistas e blogueiros que participaram da Confecom. Então pintou a ideia de montar o Centro de Estudos [Barão de Itararé]. (BORGES, 2016, entrevista à autora)

Os ideais defendidos durante a Confecom, em 2009, ganharam continuidade na BP, materializando-se por meio de sua principal estrutura organizacional e organizativa, o *Barão de Itararé*. O primeiro documento assinado pelos "fundadores" da iniciativa, em 2010, a Carta dos Blogueiros Progressistas, reflete esse processo de luta por demandas comuns compartilhadas pelos blogueiros progressistas e outros ativistas digitais:

> Em busca de soluções para as dificuldades que persistem para que a Blogosfera Progressista siga crescendo e ganhando influência em uma comunicação de massas dominada por um oligopólio poderoso, influente e, muitas vezes, antidemocrático, os blogueiros progressistas se unem para formularem aspirações e propostas de políticas públicas e pelo estabelecimento de um marco legal regulatório que contemple as transformações pelas quais a comunicação está passando no Brasil e no mundo. (BORGES et al., 2010)

De acordo com o presidente do *Barão de Itararé*, o Centro tem quatro objetivos principais: 1) participar de todas as lutas por democratização da comunicação, o que engloba a regulação democrática da mídia, o debate em torno do marco civil da internet e questões mais específicas, como a luta por banda larga; 2) fortalecer todo tipo de mídia alternativa no Brasil, de rádio comunitária à blogosfera; 3) estudar a mutação que ocorre de forma acelerada na área de comunicação, produzindo, inclusive, conteúdo sobre isso – como a edição e publicação de livros. Como informa a página da instituição no *Facebook*[34]: o "*Barão de Itararé* pretende, em parceria com a academia e outros institutos de pesquisa, promover estudos sobre esta nova realidade da comunicação"; e 4) ajudar na formação de novos comunicadores. Cabe notar que, além do *Barão de Itararé*, outras iniciativas da BP possuem editoras vinculadas a suas atividades desempenhadas, como a *Publisher Brasil* (*Revista Fórum*) e a livraria e editora *Anita Garibaldi* (*Portal Vermelho*). Reflexo também do aspecto empresarial que permeia a atividade de um conjunto de agentes integrantes da BP. Com a intenção de reunir algumas dessas editoras, sites, blogueiros e outras iniciativas empresariais da área de mídia, foi criada Associação Brasileira de Empresas e Empreendedores da Comunicação (Altercom), em 2010.

> A Altercom é uma associação de empresários e empreendedores da área de comunicação que não se sentem representados pelas atuais associações que existem no setor, mais especificamente a Associação Nacional de Jornais (ANJ), a Associação Nacional de Editores de Revistas (ANER) e a Associação Brasileira de Emissoras de Rádio e Televisão (Abert). Estas são associações tradicionais que historicamente têm representado o interesse dos grandes grupos de comunicação existentes no país, tanto na área de radiodifusão quanto na área de impressos. [...]
>
> Essas associações que representam os grandes grupos funcionam, dentre outras coisas, como representantes dos interesses desses veículos inclusive na distribuição desses recursos que são públicos. E essa mídia alternativa, que tem uma escola comercial menor, trabalha com novas tecnologias e tem dificuldades de acesso à parte desses recursos publicitários, por várias razões. Uma delas é porque os anunciantes comerciais normais resistem e até mesmo desconhecem a penetração dessa nova mídia. Assim, essa nova associação vai disputar em nome desses pequenos empresários da mídia alternativa e representar seus interesses em relação ao bolo publicitário e exercer um papel educativo de mostrar que está havendo uma mudança muito grande nesse setor de mídia, assim como deve mostrar o crescimento importante da mídia alternativa.

---

[34] Último acesso feito em dezembro de 2023.

Do ponto de vista comercial, é absolutamente justificável que exista uma associação desse tipo. (LIMA, 2010)

Em comum com o *Barão de Itararé*, além do ano de criação, a inciativa é também um desdobramento da I Confecom. A Altercom, cuja fundação foi protagonizada por Joaquim Palhares (*Agência Carta Maior*) e Renato Rovai (*Portal Fórum*) reúne empresas e empreendedores individuais, como os blogueiros progressistas Eduardo Guimarães (*Blog da Cidadania*), Luiz Carlos Azenha (*Viomundo*), Marcelo Salles (*Fazendo Media*), Marco Aurélio Weissheimer (*RS Urgente*) e Rodrigo Vianna (*Escrevinhador*), e possui como objetivo "defender interesses políticos e econômicos das empresas e empreendedores de comunicação comprometidos com os princípios da democratização do acesso à comunicação, da pluralidade e da liberdade de expressão" (PALHARES, 2010).

Ainda no campo institucional, um dado interessante, e que diz de um traço da BP, se refere ao nome do Centro de Estudos, uma homenagem a Apparício Torelly (1895-1971), o "Barão de Itararé", "*considerado o pai do humorismo político no Brasil e pai da mídia, da imprensa alternativa no Brasil. [...] E ele bate muito com essa ideia da irreverência da internet porque ele era um gozador, era um frasista genial, então pintou o nosso Barão*" (BORGES, 2016, entrevista à autora). O deboche e a ironia são formas de atuação que caracterizam a BP. Em alguns casos, entretanto, a "estratégia" resultou em processos judiciais movidos contra blogueiros progressistas – como Rodrigo Vianna e Miguel do Rosário, por participarem da repercussão pela BP da história fantasiosa de que o diretor da *Central Globo de Jornalismo* (CGJ), Ali Kamel, teria participado como ator do filme pornográfico *Solar das Taras proibidas*, da década de 1980; ou o processo por uso indevido da marca, movido pelo jornal *Folha de S. Paulo* contra o blog *Falha de S. Paulo*[35], dos irmãos Lino Bocchini e Mário Ito Bocchini. Inclusive, uma expressão utilizada pelos blogueiros para se se referirem ao grupo, "blogueiros sujos", veio da reapropriação do termo utilizado pelo então presidenciável José Serra para desqualificar a BP. Ressignificado, o adjetivo "sujo" passou a compor o léxico de muitos progressistas, surgindo a partir de uma crítica do à época candidato do PSDB, às vésperas do primeiro encontro promovido pelos blogueiros, quando Serra acusou o governo federal de financiar "blogs sujos", durante um discurso ao 8º Congresso Brasileiro de Jornais. Num primeiro momento, o rótulo foi recebido com ironia...

---

[35] A *Folha de S. Paulo* perdeu essa ação no Superior Tribunal de Justiça em junho de 2017, que autorizou o funcionamento do blog por entender tratar-se de uma paródia.

> Ao discursar nesta quinta-feira, 19, no 8º Congresso Brasileiro de Jornais, o candidato do PSDB à presidência da república, Zé Chirico, afirmou que o governo federal financia "blogs sujos", recusando-se, no entanto a declinar os nomes dos beneficiários (Leia a notícia clicando aqui).
>
> Para que a verdade prevaleça sobre a detração e a maledicência, este humilde cafofo cibernético – que é "sujo", porém limpinho – representará na Justiça contra o indigitado político tucano para que este nomine as sujidades, revele o valor dos estipêndios e apresente os recibos dos pagamentos feitos pelo Tesouro público.
>
> Nossa douta banca de jurisconsultos está a postos. (CLOACA NEWS, 2010)

Como de costume e referendando a teoria da lógica de laços fortes que estruturam a BP, o assunto foi repercutido, compartilhado e ressignificado pelos blogueiros progressistas no mesmo dia. O *Viomundo* valeu-se da expressão para se referir à *Folha de S. Paulo* na postagem "Blog sujo publicou ficha falsa e denunciou contas falsas no exterior", na qual ainda faz menção à postagem do *Cloaca News*. No *Escrivinhador*, o assunto também apareceu como deboche: além da foto de Serra com um par de chifres na testa e em meio a chamas, há a manchete "Serra acusa 'blogs sujos' de receber grana do Lula. O Mainardi começou assim", seguida de textos copiados dos sites *G1* e da *Folha Online* que mencionavam o polêmico discurso de Serra. Em seguida, a expressão foi reapropriada pelos blogueiros, que passaram a utilizar a designação "sujos" para se referirem aos blogs que compõem a BP. "Nós somos blogueiros sujos e membros fundadores do *Centro de Mídia Alternativa Barão de Itararé*, que reúne blogueiros sujos e outros não tão sujos – ou futuros sujos" (AMORIM, 2017, informação verbal[36]). A questão do nome como autorreferência, porém, não é ponto pacificado entre esses agentes.

3.2 Um ecossistema midiático progressista

A rede progressista é, em essência, um ecossistema midiático dinâmico – portanto plural e mutável. Cabe observar antes mais nada que "ecossistema midiático" se distingue do conceito "ecossistema comunicativo", de Martín-Barbero (2014), o qual aponta para um cenário de convergência tecnológica

---

[36] Palestra ao *Seminário Intercom "Alternativas à Mídia Tradicional"*, em 24 de março de 2017; evento realizado no Centro Cultural José Marques de Melo, em São Paulo.

como um novo ambiente de interação e mediação. Apesar de os avanços tecnológicos se mostrarem essenciais para o desenvolvimento da BP como novo campo para o exercício do jornalismo político, nos interessa em particular entendê-la enquanto lógica de comunicação que articula experiências novas e tradicionais no ciberespaço, mas que também acontecem fora dele. Além disso, a perspectiva que adoto neste livro compreende "ecossistema midiático" conforme articulação em rede de diferentes agentes, possuidores de capitais simbólicos distintos – cujas relações são assimétricas e se passam em um cenário dinâmico, ficando os aparatos tecnológico-conectivos em um segundo plano de interesse.

Ao conversar com os entrevistados para minha pesquisa, um dado interessante que obtive foi perceber a adesão de alguns ao entendimento da iniciativa progressista brasileira como algo "orgânico" ou "biológico", sendo por eles bastante utilizada a expressão "fauna" para se referir aos agentes que integram a BP. O que acabou reforçando a percepção do fenômeno enquanto "ecossistema". Para defini-lo, portanto, optei por tomar emprestado das ciências naturais a inspiração para a cunhagem do conceito, definido "ecossistema midiático" como conjunto de agentes independentes, porém que compartilham de valores e/ou identidades, compondo determinados perfis (dentre os quais são mais evidentes as microcomunidades identitárias "jornalista", "militante", "intelectual" e "político"). Perfis esses que se expressam por meio de formas de comunicação online, sendo os blogs sua unidade básica, mas não se restringindo a esse formato. São mídias (blogs, sites, portais, páginas e perfis em redes sociais) que se combinam ou se ajustam para compor um todo maior que as partes, ao qual denomino "ecossistema midiático", ou seja, um conjunto de agentes midiáticos interdependentes dentro do espaço que ocupam, que se combinam e se ajustam para constituírem o todo organizado que é a BP. E cujo objetivo geral é viabilizar a prática do jornalismo em rede e na rede, apresentando-se como alternativa à imprensa *mainstream*. O conceito ainda me parece interessante por abarcar os dissensos e as disputas internas que permeiam o ecossistema, como atritos entre determinados agentes que, apesar de partilharem de uma mesma comunidade identitária, opõem-se – caso dos atritos que envolveram Paulo Henrique Amorim e um dos responsáveis pelo jornal digital *Brasil 247*, Leonardo Attuch. Cabe lembrar que, a despeito do viés biológico que conferi à definição, ela é indissociável de uma perspectiva humanística para entender as relações que ali se estabelecem – as quais, num sentido mais amplo, dizem dos sistemas de mídia em geral e seus cenários sociais e políticos.

O fenômeno brasileiro constitui, portanto, um ambiente formado, em um primeiro momento, por blogs de jornalistas, militantes políticos ou de movimentos sociais e intelectuais; um espaço marcado pela presença masculina, havendo pouca representatividade feminina na BP, uma vez que o número de mulheres é bem menor, em relação ao de homens (cf. LIMA, 2015). Observa-se, entretanto, que o termo "blogosfera" se tornou insuficiente para descrever o fenômeno progressista brasileiro *stricto sensu*. À medida que se firmava como "movimento midiático progressista", extrapolava o suporte "blog" característico do meio "blogosfera", bem como seu caráter aberto, não hierarquizado e não comercial (cf. HALAVAIS, 2016). E, assim como ocorre em outros países, a influência de culturas partidárias e posições ideológicas pré-existentes oferecem indícios de como a comunicação política irá se configurar, o que se estende à atividade desempenhada pelos blogs de política no sistema midiático e sua percepção como uma prática ideologicamente situada. Sendo assim, ideologia importa quando se trata de blog. A análise de Ăstrom e Karlsson sobre campanhas online na Suécia retratou os blogs políticos como uma atividade fortemente situada ideologicamente, sobre a qual as vivências partidárias e suas características particulares exercem grande influência. A despeito de ser uma forma de comunicação política individualizada, o blog "pode ser configurado para canalizar conteúdo individualista ou coletivista" (2013, p. 438) – sendo as atitudes individualistas mais escassas entre blogueiros de partidos de esquerda, que privilegiam o coletivismo. No Brasil, seria impreciso concluir que os blogs se desenvolvem "à sombra dos partidos políticos", como parece ser o caso da Suécia. Porém, o que se identifica é uma forte contribuição da tradição vinculada à esquerda que percebe na ação conjunta, força; que o coletivo se sobrepõe ao individual.

A convergência do posicionamento ideológico à esquerda com os ideais ligados à atividade jornalística promoveu os blogueiros progressistas brasileiros como "críticos à esquerda" dos governos petistas de Lula e Dilma Rousseff e defensores de uma democracia social. Reivindicando assim um papel de liderança moral e política, em muito herança do projeto leninista de liderança que tinha a crítica/autocrítica como princípio, cujo (bom) jornalista se apresenta como um "braço" do Estado e é inspirado a compor a *intelligentsia* responsável, inclusive, por fazer críticas ao governo (ROUDAKOVA, 2009). A BP se apresenta a preencher, portanto, lacunas deixadas junto à opinião pública, reivindicando atuar para além do aspecto informativo ao funcionar como fonte de produção de interpretações; operando, assim, como vanguarda digital (cf. GERBAUDO, 2016; NUNES, 2014) – conceito que será mais bem discutido no quinto capítulo.

Nesse sentido, os meios de comunicação progressistas foram particularmente requisitados em momentos dramáticos da recente política brasileira, sendo observados picos de crescimento desse ecossistema no que concerne ao ganho de novos componentes e de público leitor durante as grandes manifestações de rua de 2013, o acirramento da polarização política na campanha de 2014 e o processo de *impeachment* da presidente democraticamente reeleita, Dilma Rousseff, concretizado em 2016.

Assim, se posicionam ideologicamente enquanto movimento progressista ou "de esquerda". Esse espaço alternativo se insere na intercessão entre três dimensões, sendo composto por agentes que: 1) professam valores políticos "de esquerda"; 2) defendem a bandeira da "Democratização da Comunicação", adotando posição crítica à mídia tradicional e à respectiva concentração dos meios de comunicação no país, em conglomerados midiáticos pertencentes a poucas famílias; e 3) apresentam uma trajetória de aproximação aos governos do PT e de oposição ao governo que se seguiu, taxado "golpista". Esse posicionamento desdobra-se na demarcação de um "território de caça" dos blogueiros progressistas brasileiros, ou seja, "a reserva sobre a qual a organização estabelece os próprios direitos e em relação à qual é definida a identidade organizativa, seja 'externa' (aos olhos dos que não fazem parte da organização), seja 'interna' (aos olhos dos membros da organização)", terreno a partir do qual "se estabelecem as relações de *conflito* (disputa pelos mesmos recursos) e de *cooperação* (troca de recursos diferentes) com outras organizações" (PANEBIANCO, 2005, p. 25).

Além disso, a iniciativa reúne novos e velhos atores, que se comportam segundo uma lógica de atuação coletiva que deve muito de seu sucesso ao ambiente em que atua, a internet, apesar desta lógica não ser uma característica intrínseca a este universo. Ao mesmo tempo em que constroem redes de relacionamento de longo prazo, que acabam por conferir estrutura a essa fatia da blogosfera brasileira, os atores sociais que a compõem contrariam o entendimento de que a *web* constitui um espaço não hierárquico, transportando para o mundo virtual distinções de importância presentes em ambientes institucionais. Esse processo de institucionalização da BP abarca contradições, sendo entendido como

> [...] a consolidação da organização, a passagem de uma fase de fluidez estrutural inicial, quando a recém-nascida organização ainda se encontra em construção, a uma fase em que a organização se estabiliza, desenvolve interesses estáveis para

a sobrevivência e lealdades organizativas igualmente estáveis" (PANEBIANCO, 2005, p.36).

Desta forma, a BP, em expansão pelo ciberespaço, se organiza em torno de redes de relacionamento em que a atuação se dá sob parâmetros que amalgamam a lógica do jornalismo e da militância sindical, ambas atravessadas pelo modelo leninista (cf. ALBUQUERQUE & SILVA, 2009; FERREIRA, 2002). A lógica institucional do partidarismo, levada para a rede dos blogueiros, criou a base para a construção de alianças relativamente estáveis dentro desse ecossistema midiático, que se apresenta como "de esquerda" e "alternativa à mídia tradicional". Para a manutenção de relações de longo prazo seus componentes atuam de modo a reforçar a reciprocidade interna do grupo, desenvolvendo lealdades estáveis, reforçadas por citações e indicações recíprocas, compartilhamento de textos e a manutenção de links que direcionam para as páginas uns dos outros. Também há a realização de encontros periódicos, organizados prioritariamente pelo *Barão de Itararé*, para discussão de assuntos de interesse do grupo, recrutamento e formação de novos agentes, oferecendo cursos para orientar "a capacitação de jornalistas, blogueiros, ativistas digitais e comunicadores sociais, no sentido de fortalecer a mídia comunitária, sindical e alternativa", consoante informa a página da instituição.

Como será retomado ainda neste capítulo, sua formação deu-se a partir de um conjunto de blogs de política que, ao longo da primeira década dos anos 2000, foram não apenas amealhando seguidores como criando capilaridade na *web*, com a construção de uma rede que estabeleceu conexões entre esses blogs, mas também capaz de agregar, paulatinamente, outros blogs e outros atores, como portais, sites ligados a formatos mais "tradicionais" de mídia e, mais recentemente, perfis e páginas em redes sociais online, como *Twitter* e *Facebook*. Altamiro Borges (*Blog do Miro*) é um dos "fundadores" da BP, numa perspectiva institucional. Presidente do *Barão de Itararé*, entidade de referência para o movimento, ele foi um dos autores da Carta dos Blogueiros Progressistas, ao lado de Conceição Lemes (*Viomundo*), Conceição Oliveira (*Maria Frô*), Diego Casaes (*Global Voices*), Eduardo Guimarães (*Blog da Cidadania*), Luis Nassif (*Luis Nassif Online/ Jornal GGN*), Luiz Carlos Azenha (*Viomundo*), Paulo Henrique Amorim (*Conversa Afiada*), Renato Rovai (*Blog do Rovai/Revista Fórum/Portal Fórum*) e Rodrigo Vianna (*Escrivinhador*) – organizados na **quadro 2** por ordem de "fundação" de seus respectivos blogs. O documento foi fruto do 1º Encontro Nacional de Blogueiros Progressistas.

Quadro 2 – "Fundadores" da Blogosfera Progressista

Blog	Ano de fundação	Responsável
Viomundo	2003	Luiz Carlos Azenha/Conceição Lemes
Maria Frô	2005	Conceição Oliveira
Luis Nassif Online	2005	Luis Nassif
Blog do Rovai	2005	Renato Rovai
Conversa Afiada	2006	Paulo Henrique Amorim
Blog da Cidadania	2006	Eduardo Guimarães
Escrivinhador	2008	Rodrigo Vianna
Blog do Miro	2008	Altamiro Borges

Fonte: a autora

A BP se construiu sobre instituições e lideranças anteriores à existência da blogosfera. Alguns dos blogueiros mais proeminentes devem muito de seu prestígio à carreira construída anteriormente na grande mídia, pela militância em partidos de esquerda como PT e, principalmente, PCdoB, ou em movimentos sociais. No campo dos jornalistas, por exemplo, Paulo Henrique Amorim trabalhou como âncora na *TV Globo*, Luis Nassif já foi membro do conselho editorial da *Folha de S. Paulo* e Mino Carta trabalhou como editor em várias revistas de renome, como *Veja* e *IstoÉ*. Altamiro Borges, além de militante político do PCdoB, já atuava no campo do jornalismo no período de abertura política no Brasil e, assim como Renato Rovai, estabeleceu vínculos com movimentos sociais que se desenrolaram no país a partir daquele período, em especial o movimento sindical. Conceição Oliveira é ativista dos movimentos feminista e de democratização da mídia. Assim, essa "blogosfera de esquerda" se estrutura segundo uma lógica de laços fortes, abarcando, além de jornalistas, diversos outros agentes para a construção de um ecossistema midiático. O uso do termo "blogosfera" para nomear esses agentes, entretanto, não é de todo preciso. Do grupo também fazem parte meios de comunicação existentes apenas na internet – como os jornais *Brasil 247*, o site oficial do PCdoB *Vermelho.org* e blog *PT na Câmara*, da liderança do PT – ou fora dela – como as revistas *Fórum* e *Carta Capital*, que surgiram como mídia impressa antes de migrarem também para o ambiente virtual. E é por entender a BP enquanto ecossistema midiático complexo incapaz de ser explicado apenas a partir de um suporte (blog) e da comunidade formada por esses agentes (blogosfera) que optei por considerá-la de maneira ampliada para tratar do fenômeno.

Há duas formas complementares de se entender a BP, ambas convergindo para a caracterização do fenômeno como um ecossistema integrante do sistema midiático brasileiro contemporâneo. *Stricto sensu*, enquanto um conjunto de blogs, é possível dissecá-la a partir de camadas, às quais novos atores vão aderindo e modificando os contornos da BP[37]. A mais central, referente ao "núcleo duro" da iniciativa, é formada primordialmente pelos blogueiros que assinaram a Carta dos Blogueiros Progressistas, os quais são chamados aqui de "fundadores"[38] (**quadro 2**); ao lado desses, há um conjunto de blogueiros já atuantes desde meados dos anos 2000, mas que não ocuparam posição de protagonismo na formação da BP enquanto movimento – alguns já tendo inclusive deixado a atuação no ciberespaço quando da fundação do *Barão de Itararé* (**quadro 3**).

Quadro 3 – Blogosfera Progressista Brasileira, "Primeira Geração"

Mídia Progressista	Ano de fundação	Responsável
Carta Capital (impresso)	1994	Mino Carta
Revista Caros Amigos (impresso)	1997	Aray Nabuco (ed. Executivo)
Revista Fórum	2001	Renato Rovai
Carta Maior	2001	Joaquim Palhares (diretor); Marco Aurélio Weissheimer (ed. Chefe)
Vermelho	2002	José Reinaldo (editor)
Brasil de Fato (impresso)	2003	Nilton Viana (ed. Chefe)
Intervozes	2003	Coletivo
Óleo do Diabo	2004	Miguel do Rosário

---

[37] Convém ressaltar que a BP, assim como a internet em geral, é um ambiente dinâmico. Portanto, o surgimento de blogs, sites e portais se dá *paripassu* à extinção de agentes semelhantes. Algumas mídias listadas a seguir, portanto, podem não estar mais ativas ou terem entrado em manutenção, inclusive no período em que se dava a coleta de dados para a elaboração dos quadros 2, 3 e 4, ou posteriormente. Algo semelhante é possível dizer em relação aos responsáveis por essas mídias, tendo algumas sofrendo mudanças na direção ao longo dos anos.

[38] Uma referência direta à expressão inglesa *Founding Father*, que diz da pessoa que começa ou ajuda a começar um movimento ou instituição (cf. Oxford Dictionary).

Mídia Progressista	Ano de fundação	Responsável
Nota de Rodapé	2005	Thiago Domenici
RS Urgente	2005	Marco Weissheimer
Blog do Mello	2005	Antônio Mello
Por um novo Brasil	2005	Jussara Seixas
Doladodelá	2006	Marco Aurélio Mello
Revista do Brasil (Rede Brasil Atual)	2006	Paulo Donizetti de Souza (ed. Chefe) / Juvandia Moreira e Rafael Marques (diretores responsáveis)
Amigos do Presidente Lula	2006	Helena Sthephanowitz
De esquerda em esquerda	2007	Rudá Ricci
Jornalismo B	2007	Alexandre Haubrich
Blog da Militância/Desabafo Brasil	2007	Daniel Peral Bezerra
Blog do Zé Dirceu	2007	José Dirceu
Escrivinhador	2008	Rodrigo Vianna
Esquerdopata	2008	Forma de vida baseada no carbono.
Cloaca News	2008	Willians Miguel de Barros (sr. Cloaca)
Blog do Saraiva	2008	Daniel Peral Bezerra
Balaio do Kotscho	2008	Ricardo Kotscho
Blog da Dilma	2008	Daniel Pearl Bezerra (editor)
Jornal Pessoal (online)	2008	Lúcio Flávio Pinto
Blog do Magrello/marciolacerdapb	2008	Marcio Lacerda de Araújo
Somos Andando	2008	Cristina Rodrigues
Tijolaço	2009	Fernando Brito

Mídia Progressista	Ano de fundação	Responsável
Ouro de Tolo	2009	Pedro Migão
Pragmatismo Político	2009	Luis Soares (ed. Geral de conteúdo)
Opera Mundi	2009	Haroldo Ceravolo Sereza (ed. Chefe)
Outras Palavras	2009	Antonio Martins (ed.)
PT na Câmara	2009	Não identificado
Falapovo.com	2009	Ruth Mantoan
Cinema e outras artes	2009	Mauricio Caleiro
Blog do Protógenes	2009	Protógenes Queiroz
Centro de Estudos da Mídia Alternativa Barão de Itararé	2010	Altamiro Borges (Blog do Miro)

Fonte: a autora (dados coletados entre 2013 e 2017)

Todos esses agentes foram precursores de uma segunda geração de blogueiros que adentrou na *web* a partir da segunda década de 2000, já encontrando caminho mais pavimentado para a atuação na blogosfera, algo que inclui uma rede colaborativa relativamente estável e estruturada formando um campo de atuação de mídias situadas em um segmento mercadológico identificado como "de esquerda", "progressista" e/ou "anti-hegemônico" em que pudessem se inserir esses "novos" atores[39] (**quadro 4**). Nesta "segunda geração" já há um emaranhado maior entre blogueiros e portais de notícias progressistas, ou seja, uma forma de atuação digital cujo ponto de partida é coletivo (portais que reúnem colunistas, blogueiros, jornalistas...) em detrimento da geração anterior, que em geral adentrava a rede, marcadamente, de forma individual ou restrita a pouquíssimos indivíduos escrevendo um blog[40] – mesmo que o blogueiro começasse suas atividades ligado a um portal, este pertencia a grandes grupos ou empresas de comunicação.

---

[39] Novos, ao menos enquanto blogueiros progressistas. Cabe notar que alguns já haviam construído carreira em outros segmentos, inclusive atuando em veículos da "mídia tradicional".

[40] A principal exceção é Diego Casaes, que quando da fundação do *Barão de Itararé* e assinatura da Carta dos Blogueiros Progressistas era colaborador do *Global Voices*, projeto fundado em 2005 fruto de um encontro internacional de blogueiros nos EUA, em 2004, e que se tornou "uma comunidade de mais de 1400 escritores blogueiros, analistas, jornalistas, especialistas de media online e tradutores espalhados pelo planeta que trabalham

Quadro 4 – Blogosfera Progressista, "Segunda Geração"

Mídia Progressista	Ano de fundação	Responsável
Agência T1	2010	José Augusto Valente, Bruna Yunes, Danielle Sousa
Midiafazmal	2010	Marilene Felinto
Sul21	2010	Carmen Crochemore (Diretora Executiva); Ana Ávila (Editora-chefe); Milton Ribeiro (editor); Marco Weissheimer (reportagem especial), entre outros.
Portal Politikei	2010	Sergio Antiqueira
Desculpe a nossa falha/Falha de S. Paulo	2010	Lino e Mário Ito Bocchini
Enio Verri	2010	Enio Verri
Mingau de Aço	2010	Alexandre Figueiredo
Brasil 247	2011	Leonardo Attuch (editor-responsável)
O Cafezinho	2011	Miguel do Rosário
Leonardo Boff	2011	Leonardo Boff
Blog da Helena (Rede Brasil Atual)	2011	Helena Sthephanowitz
Agência Pública	2011	Marina Amaral e Natalia Viana (diretoras)
Mídia Ninja (Narrativas Independentes, Jornalismo e Ação)	2011	Bruno Torturra, Pablo Capilé, entre outros (Rede Fora do Eixo)
Socialista Morena	2012	Cynara Menezes
Diário do Centro do Mundo	2013	Paulo Nogueira (até 2017) e Kiko Nogueira
Marcelo Auler	2015	Marcelo Auler
Jornal Empoderado	2016	Anderson Moraes

Fonte: a autora (dados coletados entre 2013 e 2017)

juntos na cobertura de blogues e das redes sociais de toda a parte" (GLOBAL VOICES, 2016). No perfil de Casaes no *Global Voices*, cujas colaborações constam como "arquivo" (2009-2013) ele escreveu: "I was never a blogger... but I try! Oh, I try :)" (GLOBAL VOICES, 2009).

O envolvimento conjunto no campo da comunicação política, principalmente em busca de formas alternativas de jornalismo, foi potencializado nas experiências que se seguiram à chegada da "segunda geração", sob a forma dos "coletivos" ou redes colaborativas de produção e disseminação de conteúdo. Dentre as inciativas, identifica-se ainda bastante atual a busca por independência. Destacam-se a *Agência Pública*, que desponta em 2011 abarcando a proposta ser um modelo de jornalismo sem fins lucrativos; e as ações de "jornalismo cidadão 2.0" sintetizadas pela *Mídia Ninja – Narrativas Independentes, Jornalismo e Ação*, surgida pós-junho de 2013 e que também "nasceu de uma necessidade percebida de jornalismo independente, livre de interesses comerciais e das restrições que às vezes ocorrem com os conselhos editoriais" (WHITWORTH-SMITH, 2014, p.199, em livre tradução) compartilhando da visão de que o jornalismo *mainstream* não cumpriu seu propósito social de informar. Sobre o fenômeno Mídia Ninja, por si só uma rede de comunicação colaborativa, podemos dizer ainda que surge como "modelo do futuro", "uma forma vanguardista de um jornalismo alternativo emergente" e cujo alinhamento político-social de esquerda era pouco nítido em um primeiro momento (cf. PENTEADO; SOUZA, 2016, p.50; LOPES; ARAÚJO, 2017).

> *Você tinha um certo embate entre a Mídia Ninja e a blogosfera progressista, um embate meio surdo assim que nunca foi muito focalizado, mas era porque a Mídia Ninja surge, ela explode em 2013 com os protestos que apesar de inicialmente não ser encontra o governo Dilma, eles acabam criando uma atmosfera da política muito negativa para o governo Dilma. E aí então você tinha alguns blogueiros mais identificados com o governismo, no caso do Eduardo Guimarães e que acabaram polarizando um setor da sociedade que se insurgiu e se tornou muito crítico das Jornadas de Junho. Enquanto que a Mídia Ninja como ela é filha da Jornada de Junho, ela sempre achou muito bom, maravilhoso a Jornada de Junho. Essa diferença inicial se diluiu com o tempo. A Mídia Ninja se aproximou da blogosfera e a blogosfera se aproximou da Mídia Ninja e hoje em dia todas essas barreiras caíram e não é de agora não, elas foram caindo no processo eleitoral de 2014. A partir do momento que a Mídia Ninja faz uma escolha e ela faz uma escolha até arriscada e que é uma escolha que eles sabem disso. Quando o Capilé e aquele outro garoto vão lá para o Roda Viva da TV Cultura e os repórteres muito agressivos, eles confrontam:*
>
> *- Vocês apoiam o PSDB? Vocês têm relação como o PSDB?*

> *E aí o Capilé responde:*
>
> *- o PSDB não quer ter relações com a gente.*
>
> *Ele explicita, fala "a gente é do campo da esquerda", E, conforme ele vai se afirmando do campo da esquerda, aí você tem uma espécie de alívio de todos os setores da esquerda.*
>
> *- Não, o Mídia Ninja tá com a gente!*
>
> *Aí todos os atritos caem porque eles perceberam que o Mídia Ninja tinha feito uma escolha política...* (ROSÁRIO, 2017; entrevista à autora[41])

Cabe notar que me refiro, aqui, a uma formação geracional da BP, a qual continua a se desenvolver enquanto ecossistema, do qual alguns deixam de fazer parte, enquanto novas adesões são recepcionadas.

> *Eu tenho pra mim, posso tá enganado, que nós vivemos algumas fases, com camadas, como uma cebola: você teve uma primeira galera que tava na mídia tradicional que não sentia espaço e começou a produzir blogs. Aí você encaixa aqueles que você cita naquela sua tese [referência a Magalhães & Albuquerque, 2014). [Luiz Carlos] Azenha, Rodrigo [Vianna], Paulo [Henrique Amorim]... todos os jornalistas que você diz. Eu acho que você já teve uma segunda camada, que veio na sequência. Então você tem um Paulo Nogueira, que também foi de grande imprensa, o Kiko Nogueira [ambos Diário do Centro do Mundo]. Eu acho que nós já estamos tendo uma terceira camada. Tem muito jornalista descontente com o que ocorre com a mídia tradicional e que tá produzindo. Nessa terceira camada você encaixa aí, por exemplo, o mais famoso, o Sidney Rezende [SRzd]. É...são pessoas que não têm mais espaço na mídia tradicional e procuram outras formas de expressão.* (BORGES, 2016, entrevista à autora)

Além disso, nem todos os agentes relacionados à BP são amplamente entendidos ou aceitos, com algum consenso, como membros legítimos do movimento. Por ser muito plural, heterogêneo e dinâmico, é difícil não apenas estabelecer fronteiras para o fenômeno, mas também determinar sua composição de forma exata.

> *A blogosfera [progressista] é um termo abstrato, digamos assim. A gente, por exemplo aqui no Rio tem muitos poucos blogs consolidados. Tem eu, tem o Tijolaço [...] mas você tem as pessoas que são militantes da comunicação e que fazem parte do Barão*

---

[41] Entrevista realizada presencialmente, na cidade do Rio de Janeiro, em 3 de maio de 2017.

> *de Itararé e tudo isso é o campo da blogosfera [progressista]. Eu lembro que a definição que eu fiz da blogosfera era o blogueiro e os leitores. Esse é o campo que as pessoas que leem a blogosfera [progressista], que comentam, que compartilham – essas pessoas integram o sistema, integram a blogosfera [progressista]. O Mídia Ninja também. Então nesse sentido eles também são blogosfera [progressista]. O Agência Pública já é um pouco diferente, ela é um pouco diferente. Porque esse conceito da blogosfera [progressista], ele vem carregado, é uma expressão muito carregada, politicamente carregada. A gente, os blogs já estão aí mergulhados nesse magma. A Agência Pública, ela tenta uma pureza jornalística que a blogosfera [progressista] nunca se deu ao luxo de ter essa pureza. Até porque a Agência Pública conseguiu inicialmente, não sei se ainda tem, patrocínios muito fortes de fundações internacionais. Então ela pode se dar ao luxo de ter essa pureza, mas que é uma pureza que deixa ela também em uma espécie de limbo que não circula muito.* (ROSÁRIO, 2017; entrevista à autora)

É importante entender o processo de formação da BP não apenas buscando uma evolução "geracional" ou "cronológica", mas também enquanto aglutinamento a uma rede inicial de blogueiros, mas da qual já participavam outros tipos de atores (a exemplo da revista *Carta Capital* e seu fundador *Mino Carta*, que também chegou a manter um blog pessoal, o *Blog do Mino – direto da Olivetti*, em atividade de 2006 a 2009), de agentes que se "materializam" na *web* sob estratégias diversificadas de comunicação – tanto em relação ao meio utilizado quanto à forma como a mensagem é "embalada". Falo de formas de se expressar, cuja adesão (à rede progressista) está relacionada a avanços tecnológicos – haja vista o caso das redes sociais –, mas que não se restringem a questões técnicas, pois diz também de conteúdo. O ecossistema da BP, paulatinamente, agregou blogs, sites, portais, perfis e páginas de redes sociais online... e também conteúdo relacionado a diferentes modos de produção ou expressão, identificado com o modelo tradicional de jornalismo anglo-americano, outros de perfil mais publicista, militante ou humorístico. Há muitas formas de existir na BP, o que aponta para um forte potencial de renovação e adaptação do ecossistema, mas que também é permeável ao meio. Um exemplo foram as mudanças de curso na política brasileira a partir do *impeachment* da presidente Dilma Rousseff que, em certa medida, precipitaram o encerramento da atividade de sites progressistas. O governo Temer significou, para algumas mídias que conseguiram entrar no rol do financiamento público, o fim de contratos de publicidade com o governo federal, além de abrir flanco para um cenário de acirramento das disputas políticas no país.

Em paralelo, há uma pluralidade de frentes de ação, de formas de produzir e existir institucionalmente nesse ambiente. Do individual para o coletivo; de menos profissionalizadas a iniciativas que adotaram maior institucionalização e/ou se tornaram de cunho empresarial. De iniciativas que defendem um projeto de jornalismo independente àquelas vinculadas a partidos políticos, funcionando como mídia partidária.

> *Então você tem nesse nosso ecossistema de mídia livre, você tem aí as iniciativas individuais que você pode caracterizar isso aí como os blogs. Você tem as articulações mais vinculadas a projetos de coletivos, coletivos que se articulam para fazer comunicação. A gente pode falar do Mídia Ninja que é um dos precursores, não bem precursor... eles foram muito importantes para o salto que se deu ali, né, em 2013. Aí você tem entidades sindicais que começam a perceber que é importante fazer produtos de comunicação e passam a ter um espaço não mais conduzido propriamente para sua entidade, como você tem a Rede Brasil Atual, que tem uma rádio agora, tem a Revista do Brasil, tem o site vinculado a algumas entidades, mas produz comunicação com uma pegada. Você tem grupos de causas, vamos dar um exemplo: Geledés, que é uma mídia negra, o Intervozes... e eles passam a ter sites, blogs, enfim, a partir dessas causas dos movimentos deles. E você tem produtos organizados de uma maneira empresarial sem ser a lógica empresarial pura e simples do lucro, mas como produto, como uma causa. Então a gente trabalha nesse segmento. Eu tenho uma empresa, uma editora que faz a Fórum, então eu sei que por exemplo o Conversa Afiada, apesar de ser um blog lá do Paulo Henrique, ele tem uma empresa. Para fazer o Conversa Afiada ele contrata pessoas, paga salário. É um outro tipo de iniciativa, como a da Fórum.* (ROVAI, 2016; entrevista à autora)

3.3 Diferentes capitais simbólicos: principais unidades constitutivas da BP

A BP se organiza articulando um conjunto de diferenças em um sistema particular. Essas diferenças estão presentes nos agentes que compõem o ecossistema progressista, cada qual considerado uma unidade constitutiva da BP. Mas o que define especificamente cada um desses agentes? Como eles estabelecem iniciativas de construção de identidade? Em meio à alteridade, é possível identificar perfis que compartilham de certo capital simbólico em sua composição de território de atuação, valendo-se de elementos distintivos para "fazer a diferença" em meio ao caos do ambiente online. A alteridade inerente à BP, por sua vez, contribui para aumentar o potencial de alcance da rede, ao menos até um certo ponto. Apresentarei, a seguir, os principais perfis de componentes da BP que identifiquei, buscando contemplar as principais contribuições dessas unidades para a rede progressista. Descreverei alguns dos elementos que exemplificam cada um dos perfis, com o objetivo de demostrar a diversidade abarcada pela iniciativa, não havendo, para tanto, hierarquização de importância entre os agentes elencados. Convém, entretanto e antes de prosseguirmos, lembrar mais uma vez que a rede é um espaço de constante mudança. Assim, as descrições apresentadas alcançam com mais detalhes o ano de 2017, com raras atualizações chegando ao ano de 2023.

3.3.1 O perfil jornalista

O perfil "jornalista" se destaca na BP porque esse é um ecossistema que possui como um dos capitais simbólicos reivindicados e, ao longo do tempo, conquistado, o papel de imprensa - entendida enquanto intermediadora entre as fontes e os acontecimentos e o cidadão comum, mas também como elemento unificador da rede de blogueiros e demais agentes. Os blogueiros progressistas com maior visibilidade são, majoritariamente, jornalistas Desse capital simbólico compartilham alguns dos fundadores do movimento; entretanto, o perfil "jornalista" guarda diferentes facetas, sendo formado por agentes ligados a um modelo tradicional ou informativo de jornalismo, como o *Viomundo* de Luiz Carlos Azenha e Conceição Lemes, e outros de viés mais publicista, como o *Conversa Afiada* de Paulo Henrique Amorim. Entre os mais populares (**quadro 5**), além dos já citados estão os blogs de Cynara Menezes (*Socialista Morena*), Luís Nassif (hospedado no site *Jornal GGN*), Miguel do Rosário (*O Cafezinho*), Renato Rovai (*blog do Rovai* e *Portal Fórum*) e Rodrigo Vianna (*Escrivinhador*). Esse subgrupo da blogosfera distingue-se dos demais por ser composto por "jornalistas profissionais" – o que engloba o título de bacharel em jornalismo (diploma), mas principalmente a prática profissional forjada em anos de redação (o que configura "experiência"). Porém, não se trata de subgrupo homogêneo.

Dentre os blogueiros de maior destaque, estão profissionais egressos da grande mídia e que já eram considerados "jornalistas consagrados" antes de adentrarem a blogosfera. O currículo com passagens pelos principais jornais, revistas e emissoras de TV do país costuma ser evidenciado pelo blogueiro-jornalista, seja em seu perfil no blog, seja quando necessário para reafirmar seu lugar de "autoridade". São jornalistas que carregam certo capital simbólico para a blogosfera e se valem dele para demarcar um território de centralidade em meio às relações estabelecidas com os demais agentes. Caracterizam-se, portanto, por se apresentarem como intérpretes influentes dos acontecimentos, e fazem parte do "núcleo duro" da BP.

Quadro 5 – Histórico profissional de blogueiros-jornalistas expoentes

Blogueiro-jornalista	Vínculo profissional com a "grande mídia"
Luiz Carlos Azenha	Manchete, SBT, Folha de S. Paulo, Rede Globo e Record
Paulo Henrique Amorim	Manchete, Revista Realidade, Veja (prêmio Esso), Exame, Jornal do Brasil, Rede Globo, CNN, Band TV, Cultura e Record
Luis Nassif	Folha de S. Paulo, TV Cultura
Rodrigo Vianna	Folha de S. Paulo, TV Cultura, Rede Globo e Record

Fonte: elaborada pela autora com base nos dados fornecidos pelos Blogs

Ao lado de profissionais já conhecidos do público, habitam essa categoria jornalistas que, a partir de sua atuação como blogueiros, conseguiram "progredir dentro da hierarquia" da BP. São páginas pouco conhecidas nacionalmente, que a partir de um dado momento foram alçadas a uma posição de destaque e prestígio (não necessariamente se tornando campeãs de audiência, mas a que se conferiu status dentro do ecossistema progressista). Um bom exemplo é o blog *O Cafezinho*, que até 2013 participava de forma modesta da BP, mas foi levado à centralidade da rede ao dar início às denúncias sobre prática de sonegação fiscal envolvendo a rede *Globo* – caso que ficou conhecido como "*Globogate*" ou "*Globoleaks*". Foi quando as postagens da página passaram a ser mais compartilhadas pelos pares progressistas que já possuíam grande visibilidade, gerando ganho de capital ao blog dentro da rede. Naquele ano, Rosário também entrou para o rol de blogueiros progressistas processados judicialmente pelo diretor de jornalismo da *Globo* Ali Kamel[42]. Abaixo, apresento com mais detalhes algumas dessas páginas que exemplificam o perfil.

---

[42] Ali Kamel possui um site em que disponibiliza um espaço para elencar as "sentenças judiciais" contra a BP. Segundo consta na página, "a partir de 2009, blogueiros que se autointitulam de 'sujos' começaram a mover uma campanha difa-

a) Luiz Carlos Azenha e o Viomundo

Ao longo de seus 12 anos de história, completados em 2015, o *Viomundo* passou por duas "refundações" que ajudam a entender seu lugar na BP. Em certo sentido, talvez este seja o blog que mais tenha incorporado ideais de "imprensa alternativa" herdados dos anos 70 pelos jornalistas atuais (cf. KUCINSKI, 2001; ROXO, 2013). Porém, contrariando um pouco a lógica de que para se alcançar "independência jornalística" é preciso haver afastamento entre jornalismo e empresa jornalística, a página inicia sua trajetória, em 2003, atrelada a uma corporação midiática – as *Organizações Globo*, na qual Luiz Carlos Azenha trabalhava como repórter. Comandado pelo jornalista ao lado da também jornalista Conceição Lemes[43], o *Viomundo* aparece neste livro como complementar ao blog de Paulo Henrique Amorim na busca de apresentar ao leitor o perfil "jornalista" como capital simbólico de alguns dos agentes da rede progressista. Em comum, esses jornalistas-blogueiros possuem a experiência profissional, acumulando passagens por grandes veículos de comunicação. Azenha possui no currículo a extinta *Manchete*, e também *SBT*, *Folha*, *TV Globo*. E, assim como Paulo Henrique Amorim, também se tornou funcionário da *Rede Record*. Já a colega e "conselheira de todas as horas", Conceição Lemes, é a "repórter mais premiada do Brasil na área da saúde" (AZENHA, 2009, p.13).

A ênfase na experiência adquirida e acumulada ao longo da trajetória profissional, como se percebe, é um aspecto comum dentro desse perfil. E vale não apenas como forma de valorização dos jornalistas que migraram para a blogosfera, como também de artilharia contra alguns de seus principais oponentes fora dela, como o apresentador do *Jornal Nacional*, William Bonner. É o que faz, por exemplo, Luiz Carlos Azenha nesta postagem de agosto de 2014:

> Do casal 20 da Globo se dizia o seguinte, na minha segunda passagem pela Globo, no Rio de Janeiro, a partir de 1999:

---

matória contra Ali Kamel. Todos foram por ele processados" (SENTENÇAS JUDICIAIS, [s.d.]). A ação judicial contra Miguel do Rosário consta na listagem, explicando que "Miguel foi condenado a pagar a ele R$ 15 mil reais por danos morais, pela juíza Lindalva Soares Silva, da 11ª Vara Cível do Tribunal de Justiça do Rio de Janeiro. Em julgamento em segunda instância, os desembargadores do Tribunal do Estado do Rio de Janeiro não só mantiveram a condenação como a majoraram para R$ 20 mil, por considerarem que Miguel do Rosário desdenhou da justiça ao publicar que tinha dinheiro suficiente apra [sic] pagar a primeira ação e que isso não fazia mal a ele. Cabe Recurso ao STJ" (SENTENÇAS JUDICIAIS, [s.d.]). A sentença e o acórdão do processo também se encontram disponíveis no site, para serem baixados, e podem ser acessados em: http://www.alikamel.com.br/autor/sentencas.php.

[43] Em uma nota acrescentada abaixo da descrição "sobre o site" há um adendo em que se informa que, em novembro de 2021, o repórter Luiz Carlos Azenha afastou-se do site para cuidar de projetos pessoais, deixando o espaço sob a direção da jornalista Conceição Lemes.

> Fátima Bernardes tinha chacoalhado nas viaturas, amassado barro e subido morro. William Bonner, não.
>
> [...]
>
> No plano profissional, se estamos tratando exclusivamente de técnicas de entrevista, Bonner não deveria se preocupar com o fato de que se formou em Publicidade e Propaganda, não em Jornalismo na ECA.
>
> Não devemos ser preconceituosos quanto a diplomas.
>
> Talvez fosse o caso de Bonner revisitar os arquivos da própria Globo, para consultar todas aquelas entrevistas que fez como repórter de rua. A partir disso, de forma humilde, o imperador talvez reconhecesse que é possível melhorar. Ou será que ele nunca fez uma única e mísera reportagem de rua? (AZENHA, 2014)

Além do aspecto da "experiência jornalística", o texto de Azenha também evidencia a polarização existente entre a BP e a grande mídia, em especial a *Rede Globo* no caso em questão.

> No Brasil, o compromisso de Bonner é o de "render" credibilidade ao jornalismo de seus patrões. É uma espécie de 'caçador de marajás' da própria casa.
>
> Como escrevi anteriormente, Bonner faz isso para mascarar a verdade factual de que a Globo apoiou a ditadura militar, interferiu e interfere no processo eleitoral, atribui a si própria o papel de 'árbitro' da política brasileira — apesar de ter conspirado contra a democracia — e exerce um monopólio midiático praticamente desconhecido em qualquer parte do mundo. (Id., Ibid.)

Aqui, vale salientar que muito da animosidade existente entre os blogueiros progressistas e a "grande mídia" tangencia a esfera do privado, mesclando questões pessoais e profissionais, uma vez que se trata de ex-funcionários de empresas como *TV Globo*, revista *Veja* e jornal *Folha de S. Paulo*. No caso de Azenha, em particular, sua saída da *Globo* não resultou na criação do *Viomundo*, mas o levou a ocupar lugar de destaque em um ecossistema midiático que florescia na internet. O ocorrido se deu em 2006, e foi deflagrado por divergências entre jornalista e empresa quanto à cobertura política.

Os atritos com a *Globo*, particularmente com o diretor da *Central Globo de Jornalismo* (CGJ) Ali Kamel, tiveram repercussão bem maior que o desligamento de Azenha da empresa. Funcionaram como força motriz para o *Viomundo*, para o bem e para o mal. Em 2013, ele foi condenado a pagar 30 mil reais a Kamel em virtude de 28 postagens que fez no blog ligadas a críticas políticas ao diretor da CGJ relacionadas à campanha presidencial de 2006, quando Azenha ainda era repórter da *Globo*. No dia 23 de março daquele ano, o jornalista-blogueiro publicou uma postagem decretando o fechamento do *Viomundo*, cujo título era "Globo consegue o que a ditadura não conseguiu: calar imprensa alternativa" (AZENHA, 2013a). O ocorrido gerou a mobilização da BP em torno da página, discussão que será retomada no capítulo 5. Alguns dias depois da declaração, em primeiro de abril, motivado sobretudo pelo apoio vindo de seus leitores, o jornalista decidiu manter o blog, agora financiado coletivamente – via *crowdfunding* (AZENHA, 2013b). Desta maneira, o *Viomundo* foi, nas palavras de Azenha, "refundado", mas manteve independência editorial ao continuar não aceitando patrocínio público ou privado (no que diz respeito a dinheiro de corporações) – a página sobrevive por meio de doações dos leitores e da venda de assinaturas.

Assim, até março de 2015, o *Viomundo* destoava de boa parte dos principais blogs progressistas quanto a seu financiamento, tendo seu capital simbólico construído sobre um dos ideais herdados da imprensa alternativa brasileira, segundo o qual a lógica empresarial seria perniciosa ao exercício do "bom jornalismo". Mas a necessidade de enfrentar novos desafios, que inclui aumentar a produção de conteúdo próprio, levou os idealizadores do *Viomundo* a promoverem uma reforma que não se restringiu ao aspecto gráfico, com o blog se abrindo ao recebimento de recursos de publicidade a partir de *pageviews* oferecidas no mercado e parcerias com movimentos sociais, bem como o apoio de assinantes.

A organização gráfica do *Viomundo* manteve o aspecto que aproximava o blog visualmente de um jornal, sendo feitas adequações para acompanhar os recentes avanços tecnológicos. Algo identificado logo na página principal, cujo topo é dedicado a estreitar o relacionamento com o leitor: à direita, estão links que levam a um espaço onde o leitor pode assinar o blog, além de ícones que permitem acompanhar as atualizações da página via *rss* e nas redes sociais *Facebook*, *Twitter*, *Google+* e *Vimeo*; à esquerda, encontra-se disponível um número de *WhatsApp*, que proporciona "novo contato" com o blog. Aproximar o leitor tem sido uma preocupação do jornalismo em geral, com a abertura de espaços para a participação deste, seja por meio de comentários seja como "repórter cidadão". O projeto do blog em 2015 se mostrou bastante atento a isso, abarcando a proposta de publicar textos originais ou sugestões de internautas, na seção 'De Nossos Leitores'. Pode-se dizer que, em certa medida, o blog de Azenha é condizente com o "espírito de seu tempo".

b) *Paulo Henrique Amorim e o Conversa Afiada*

O blog *Conversa Afiada* (*Caf*, apenas dentro desta seção) entrou em atividade em 2006, sendo hospedado pelo portal *IG* até o ano de 2008, quando teve seu contrato rescindido pela empresa. A notícia foi repercutida por agentes da blogosfera, como o blog *Maria Frô* e o portal *Vermelho*. A partir daí a página apresentou-se como site independente – até o ano de 2020, quando parou de ser atualizada em virtude do falecimento de Paulo Henrique Amorim (PHA) alguns meses antes, em julho de 2019. Antes do blog, *Conversa Afiada* era o nome de um programa de economia coproduzido, editado e ancorado por Amorim na *TV Cultura*, no final dos anos 90, tendo reportagens premiadas em 2001.

Como mencionei, uma estratégia de legitimação dentre os blogueiros-jornalistas que compõem a BP é evidenciar o currículo, destacando as passagens pelos principais jornais, revistas e emissoras de TV do país. No *CAf* há uma seção dedicada a essa tarefa. Em "Sobre Paulo Henrique Amorim" encontra-se um resumo de sua trajetória profissional. Formado em Sociologia e Política, começou a atuar como jornalista em 1961, ainda estagiário no jornal *A Noite* no Rio, quando "participou da cobertura da renúncia de Jânio e a resistência de Leonel Brizola, como rádio escuta e repórter" (CONVERSA AFIADA, 2015a). A página destaca ainda passagens pelo *Grupo Abril* (que inclui o recebimento de um Prêmio Esso por uma reportagem feita na revista *Veja*), pelo *Jornal do Brasil*, pelas redes *Manchete*, *Globo*, *CNN*, *Bandeirantes*, portais *Terra* e *UOL* e *TV Record*, na qual o jornalista passou a atuar a partir de 2003.

Em relação ao formato, o *CAf* assemelha-se a um jornal online, com divisões que remetem a editorias: "política"; "economia", "Brasil"; "PIG" (notícias negativas e/ou sarcásticas relacionadas aos principais veículos da "grande mídia"); "TV Afiada" (espaço para postagens de vídeo variados, relacionados a política, economia ou ao "PIG". Abarca desde paródias enviadas por colaboradores e montagens satirizando algum político ou jornalista "rival" a trechos da propaganda política do PT à presidência); "não e sim com PHA" (enquetes ironizando algum acontecimento recente, com respostas "sim" ou "não"); "Bessinha" (galeria de charges e *cartoons*); "ABC do CAF" (dicionário de verbetes utilizados nas páginas do blog criado, a pedido de leitores, "para ajudar o navegante a entender a secreta essência dos textos aqui publicados"). De modo geral, o *CAf* vale-se de elementos do jornalismo impresso em sua composição, como o uso de "olho" para destacar alguma frase de efeito. As matérias seguem a formatação básica, com título manchetado, acompanhado de "bigode" ou "sutiã" – como é chamado o subtítulo nos periódicos. Ainda na primeira página, como na capa de um impresso, abaixo da(s) manchete(s) encontram-se outros destaques. Geralmente são imagens acompanhadas do nome da editoria seguido do título da notícia.

O *CAf* conta também com *blogroll* em que há indicação de elementos da BP: "Blog do Azenha" (*Viomundo*), *Blog do Miro*, "Blog do Rodrigo Vianna" (*Escrivinhador*), *Carta Capital, Instituto Goulart, Teletime, Tijolaço*; e uma coluna, "Não me calarão", em que há apenas a imagem linkada "PHA – não me calarão", que leva a um espaço dedicado à publicação de processos judiciais envolvendo o jornalista-blogueiro, a exemplo da página de Ali Kamel. Nas palavras de Amorim, uma "tentativa inútil de me calar pelo bolso. É a tentativa inútil de fechar um meio de expressão novo, revolucionário e independente." (Conversa Afiada, 2015b).

O jornalista colecionava desafetos e críticos, rol que inclui colegas de profissão como o colunista de *Veja* e blogueiro Rodrigo Constantino, que questiona o profissionalismo e a coerência política de Paulo Henrique Amorim. A "virada à esquerda" do jornalista-blogueiro durante os anos em que o PT conquistou e permaneceu à frente da presidência da República, com a ocupação do cargo por Lula em 2002, foi alvo de críticas e questionamentos. Amorim chegou a ser processado por Lula, em decorrência de série de reportagens veiculadas no *Jornal da Band* – pelo qual ele era um dos responsáveis – durante a corrida presidencial de 1998 sobre o então candidato. O petista ganhou direito de resposta na justiça. Reinaldo Azevedo é um dentre os que levantam a questão: "Na *Veja* de então [anos 70], sob a orientação de [Mino] Carta, trabalhava o editor de Economia Paulo Henrique Amorim. A cooperação entre os cortesãos do regime militar renovou-se, décadas depois, com a adesão de ambos ao lulismo" (AZEVEDO, 2012).

Além dos acirramentos exógenos, a própria BP constitui-se num ambiente de disputas e conflitos, como os recorrentes atritos entre Amorim e um dos responsáveis pelo jornal *Brasil 247*, Leonardo Attuch, que sugere que Amorim abusava "indevidamente da liberdade de expressão", sendo "descrito como um empresário que usa a atividade jornalística para alavancar os negócios de quem o remunera e fulminar a reputação dos desafetos de seus clientes".

> Na entrevista que o ex-presidente Lula deu ontem aos chamados "blogueiros sujos" Amorim não estava entre os perguntadores. É que Lula não o perdoa por ter sido chamado de "ladrão" quando o apresentador, que apoiava o governo Fernando Henrique Cardoso, trabalhava na Rede Bandeirantes. Pouco tempo depois, Lula só concordou comparecer a um debate na emissora mediante pedido de desculpas formal do dono da emissora — o que encerrou o contencioso judicial que já estava em curso. (BEZERRA, 2014)

Com seu viés polêmico, o blog de Amorim esteve entre os mais acessados do país até a morte do jornalista, em 2019. A página foi mantida por mais alguns meses, tendo o fim de suas atualizações anunciado em agosto de 2020, embora ainda continue podendo ser acessada pelos internautas. Ao longo de sua trajetória, o *CAf* uniu polêmica e credibilidade validada por um currículo que remete à construção da carreira de Paulo Henrique Amorim em grandes empresas de jornalismo; o formato do blog emula um jornal tradicional (com suas divisões em seções ou editorias); e abusa do uso de imagens como charges e *cartoons*, mesclando jornalismo de opinião, denúncia e sarcasmo à cobertura política. Além do planejamento visual, o *CAf* possui como identidade recursos de linguagens bastante particulares, e que são compartilhados por uma parcela da BP. Políticos, veículos pertencentes à mídia tradicional e outras personalidades do jornalismo, se desafetos de Amorim e da blogosfera de esquerda de modo geral, tendendo a ganhar nova alcunha no blog. Como já visto, uma expressão própria da rede dos blogueiros sujos, PIG (Partido da Imprensa Golpista, forma crítica de referência à "grande mídia", corporificada pelas *Organizações Globo*, os jornais *Folha de S. Paulo* e *Estado de S. Paulo* e a revista *Veja*), foi bastante disseminada por Amorim, para quem em "nenhuma democracia séria do mundo, jornais conservadores, de baixa qualidade técnica e até sensacionalistas, e uma única rede de televisão têm a importância que têm no Brasil. Eles se transformaram num partido político – o PiG, Partido da Imprensa Golpista".

c) Miguel do Rosário e O Cafezinho

O blog de Miguel do Rosário é um caso interessante da blogosfera, que aponta para como esse ecossistema midiático pode ser dinâmico e capaz de se reorganizar. Dentre as centenas de blogueiros, alguns poucos já adentraram a BP com forte capital simbólico, principalmente aqueles pertencentes à categoria dos blogueiros jornalistas. Não por acaso, eles vieram a constituir o "núcleo duro" da BP desde a sua formação, em meados dos anos 2000. Entretanto, este não é o caso d'*O Cafezinho*, que até 2013 participava de forma modesta da BP. Naquele ano, dois episódios colocaram o blog em evidência: Rosário entrou para o grupo de blogueiros progressistas processados pelo diretor de jornalismo da *Globo* Ali Kamel; e o blog se tornou central no debate em torno do caso que ficou conhecido como "*Globogate*" ou "*Globoleaks*" ao dar início às denúncias sobre sonegação fiscal envolvendo a *Rede Globo*. A partir da exposição do caso pelo blog de Miguel do Rosário, outros blogueiros, como Luiz Carlos Azenha, também participaram do trabalho de apuração e viralização da notícia negativa em torno da emissora carioca. *"Nossa, eles se apaixonaram! Porque o Paulo Henrique Amorim, o Azenha, o pessoal vem da Globo, né?! [...] Ali [com o Globogate] deu um status para a blogosfera inteira na realidade. O status de jornalismo investigativo que, na verdade, a gente não tinha conseguido atingir."* (ROSÁRIO, 2017; entrevista à autora).

Segundo uma série de denúncias do blog *O Cafezinho* (O CAFEZINHO, [s.d.]; ROSÁRIO, 2013a; ROSÁRIO, 2013b), a *Rede Globo* teria disfarçado a compra dos direitos de transmissão dos jogos da Copa do Mundo de 2002 como investimentos em participação societária no exterior, o que teria resultado na sonegação de R$ 183,14 milhões, em valores não atualizados; somando juros e multa, já definidos pelo fisco, o valor que a *Globo* devia ao contribuinte brasileiro em 2006 remontava a R$ 615 milhões. Suspeita-se que a emissora, por intermédio de terceiros, tenha subornado uma servidora pública da Receita Federal para atrapalhar a investigação. Ela responde a processo judicial em que foi condenada a quatro anos e onze meses de prisão pelo Justiça Federal do Rio de Janeiro, em primeiro grau de jurisdição, por extraviar o processo administrativo fiscal que apurava a sonegação da *Rede Globo*. Segundo o Ministério Público, com o desaparecimento, a *Globo* ajudou a recompor os autos cedendo cópia dos documentos. Depois disso, a Receita não aceitou a defesa da emissora que, em 2009, aderiu ao Refis (Programa de Recuperação Fiscal) e parcelou seus débitos. A partir da exposição do caso por *O Cafezinho*, outros blogueiros, como Carlos Azenha, também participaram do trabalho de apuração e compartilhamento da notícia negativa em torno da emissora carioca, chegando o *Globogate* a entrar na pauta de jornais de grandes empreendimentos jornalísticos concorrentes, como a *Record*.

O Cafezinho é um blog de política e análise de mídia que estreou em 2011. Contudo, Miguel do Rosário atua na blogosfera desde o início dos anos 2000, por meio do blog de viés mais jornalístico-cultural *Hell Bar* e do blog *Óleo do Diabo*, lançado em 2004 e cujas últimas postagens datam de agosto de 2013 (apenas duas naquele ano: "2 poemas" e "conto de protesto"[44]). Além do trabalho nos blogs, Rosário possui experiência, como explicita em sua página, "de mais de quinze anos como jornalista especializado em café" (O CAFEZINHO, 2011) e manteve sociedade com Fernando Brito no *Tijolaço* até 2016. Mais recentemente, passou a integrar também a equipe de blogueiros/colunistas do jornal online *Brasil 247*. O período do "fim" do *Óleo do Diabo* coincide com a ascensão d'*O Cafezinho* como blog de política. O conjunto de denúncias contendo relatório vazado da Receita Federal sobre o processo envolvendo denúncia de sonegação da *Rede Globo* ao fisco brasileiro foi divulgado em primeira mão por Miguel do Rosário e seu blog. E logo se expandiu para além dos limites d'*O Cafezinho*, sendo republicado e/ou repercutido pela BP, alcançando a adesão de blogueiros já expoentes, como Paulo Henrique Amorim, Fernando Brito, além de páginas que se aproximam mais do jornalismo empresarial convencional, como a do jornal *Brasil 247*. A partir desse momento, de figura marginal, Miguel do Rosário foi alçado à centralidade na BP.

Desde a sua criação, *O Cafezinho* já passou por algumas mudanças de *layout*. Possui visual limpo, com o título do blog em formato de logomarca (composta pelo nome "O Cafezinho" sobreposto por uma xícara de café "quente"). O conteúdo é organizado em editorias e colunas, sendo a página inicial composta por títulos manchetados – que funcionam como links para os textos completos das postagens –, geralmente sobrepostas às primeiras linhas do texto da matéria ou comentário. Para além da formatação visual, talvez esta tenha sido a principal alteração sofrida por *O Cafezinho*: o blog alternou períodos em que dividia seu conteúdo em "livre" e "para assinantes" com momentos em que não era necessário pagar para ler todas as postagens. Em 2015, é preciso ser assinante para ter acesso a todo o conteúdo do blog, sendo-lhe permitido assinar mensalmente (R$ 30,00), trimestralmente (R$ 80,00) ou anualmente (R$ 190,00), política que se manteve em 2016; e que, em 2017, mudou radicalmente, com o fim de cobrança para acesso a determinados conteúdos. Ao leitor da página

---

[44] Os posts estão disponíveis em: http://oleododiabo.blogspot.com.br/search?updated-min=2013-01-01T00:00:00-02:00&updated-max=2014-01-01T00:00:00-02:00&max-results=2. Acesso em: 16 fev. 2024.

também é possível colaborar com o blog por meio de doações em dinheiro ou *Bitcoins*. Ainda na seara fiduciária, cabe mencionar que, em fevereiro de 2015, Miguel do Rosário foi condenado judicialmente em segunda instância a indenizar Ali Kamel.

> Pois bem, diante de tal situação, o que posso fazer diante da ofensiva covarde da *Globo* contra o meu trabalho?
>
> O dinheiro que ganho serve para pagar meu custo de vida, ao qual tive que acrescentar agora os honorários do meu advogado.
>
> Como posso entrar numa batalha judicial com o diretor de jornalismo da *Globo*, cujos proprietários têm uma fortuna maior que a de Rupert Murdoch, o magnata australiano dono de um império midiático nos EUA, maior que a de Berlusconi, proprietário de vários canais de TV na Itália e um dos principais expoentes da direita europeia?
>
> O valor imposto, R$ 20 mil mais custos judiciais, equivale ao valor que o Judiciário costuma impor à revista Veja, que pertence também a uma das famílias mais ricas do país. E isso quando a Veja perde na justiça, o que é raro.
>
> Não falta aqui um senso de proporção?
>
> Depois de judicializarem a política, agora partirão para a judicialização da censura?
>
> Qual o objetivo da *Globo*? Reduzir o já diminuto pluralismo político do país?
>
> E ela ainda quer se vender como defensora da liberdade de expressão?
>
> Ainda quer acusar a esquerda de pretender promover a censura por querer estabelecer uma regulamentação que evite esse tipo de aberração, na qual a grande mídia pode destruir reputações, e a pequena mídia não pode falar nada? (ROSÁRIO, 2015)

A ação contra Miguel do Rosário começou depois que este saiu em defesa do colega Rodrigo Vianna (*Escrivinhador*), também processado por Ali Kamel. Em janeiro de 2013, o blog *Escrivinhador* havia sido condenado a indenizar Kamel por danos morais, por ter relacionado o diretor da *Globo* a um ator pornô homônimo, que nos anos 80 participou do filme *Solar das Taras proibidas*, cujo nome "Ali Kamel" aparece nos créditos do elenco. Em 16 de janeiro daquele ano, Rosário publicou "As taras de Ali Kamel", em que se solidariza a Vianna e argumenta que a ação judicial em torno do colega mais parecia "perseguição política", "um ataque hediondo ao humor político e à liberdade de expressão". O texto d'*O Cafezinho* ainda comparava o trabalho da *Globo* ao do magnata Rupert Murdoch, cujos jornais no Reino Unido são acusados de grampear telefones para conseguir furos jornalísticos de forma criminosa. A postagem termina com um trecho em que o ator Ali Kamel aparece no filme, disponibilizado a partir de outro blog da BP, o *Cloaca News*; juntamente com o convite ao leitor para que este assista ao vídeo: "relaxem assistindo a ardente performance do nosso querido Ali Kamel! O verdadeiro, o ator; não o sacripanta reacionário e golpista" (ROSÁRIO, 2013c). Ali Kamel levou o caso à justiça, que considerou o texto ofensivo e difamatório, condenando o blogueiro responsável pelo *O Cafezinho* a indenizar o diretor global por danos morais.

Até 2013, Rosário havia integrado as atividades institucionais de âmbito nacional promovidas pela BP de forma discreta. Regionalmente, participou em 2011 como mediador do I Encontro Estadual dos Blogueiros do Rio de Janeiro. Já em maio de 2014, Rosário foi um dos convidados para participar do IV Encontro Nacional de Blogueir@s e Ativistas Digitais promovido pelo *Barão de Itararé* (entidade da qual já fazia parte do Conselho Consultivo, ao lado de outras dezenas de blogueiros). No mesmo ano, também fez parte do seleto grupo de componentes da BP que entrevistaram com exclusividade o ex-presidente Lula, em 08 de abril, e a presidente Dilma Rousseff, em 26 de setembro.

Quando entrou em atividade, em 2011, tem-se a sensação de que o blog procurava se aproximar mais do formato de um jornal, com uma das postagens sendo destacada entre as demais, como se fosse "a manchete principal" da página. Além disso, ela sobrepunha um conjunto de abas que faziam referência a editorias de um jornal: "política", "internacional", "mídia", "humor", "economia". Também havia a relação expressa a "blogs seletos", através de links que levavam às páginas dos blogueiros Azenha e Luis Nassif, entre outros. O slogan d'*O Cafezinho*, com o tempo, foi se tornando mais leve - de "Análise diária da mídia, por Miguel do Rosário" (entre 2011 e 2012); para "blog de análise política, por Miguel do Rosário" (2013 e 2014) -, a ponto de desaparecer na versão de janeiro de 2017.

Em 2016, Miguel do Rosário lançou o projeto *Brigada Herzog* (brigadaherzog.com), cuja função é construir uma narrativa internacional sobre os acontecimentos políticos no Brasil. O site disponibiliza textos em alemão, espanhol, francês, inglês, italiano e em português. Em 1º de agosto de 2016 a página no *Facebook* da *Brigada*, cuja descrição curta é "o que o mundo fala do Brasil", contava com 14.352 curtidas.

3.3.2 Perfil ativista

Os blogueiros-ativistas caracterizam-se por possuírem um histórico de militância política ou social; ou por assim se definirem. Algumas páginas já nasceram com a proposta de fazerem crítica e serem alternativa à cobertura política feita pela "imprensa golpista" ("opositora do governo do PT"), como o blog *Por 1 novo Brasil*, da enfermeira Jussara Seixas, criado em 2005. Outros, por sua vez, carregam para a BP a força da instituição "partido político" amalgamada à do jornalismo. É o caso de Altamiro Borges (*Blog do Miro*), jornalista, presidente do *Barão de Itararé* e militante do PCdoB filiado desde o fim dos anos 70, onde ocupa o principal cargo da Secretaria de Mídia, braço do partido que prioriza a luta por democratização da comunicação[45]. Seu *Blog do Miro* está online desde novembro de 2008, passando a atuar efetivamente a partir 2010. "Ele é o blog de uma pessoa que eu faço quando dá" (Borges, 2016; entrevista à autora). Altamiro Borges é formado em jornalismo, autor do livro *A ditadura da mídia*. Foi colunista do site *Carta Maior*. Outros blogs trazem para a rede progressista perfis diversificados de ativismo, como demonstrado a seguir.

a) Conceição Oliveira e o Maria Frô

Conceição Oliveira assim se apresenta em seu blog: "historiadora, educadora, formadora, autora de coleções didáticas (Prêmio Jabuti 2005 e 2008), ativista da educação para igualdade étnico-racial, feminista e feminina" (MARIAFRÔ, [S.d.]). Quando contatada para a marcação de uma entrevista, que acabou não se realizando, a blogueira fez questão de informar que sua formação não era na área do jornalismo: "*sou historiadora e educadora*" (OLIVEIRA, 2016; correspondência com a autora[46]). *O Maria Frô* surgiu em 2005; mas, antes de ser um blog de política, as primeiras postagens a aproximavam do conceito mais tradicional de blog, sendo organizado como um "diário

---

[45] Segundo Borges (2016), o "*PCdoB foi o primeiro partido a colocar, a destacar esse problema da democratização da mídia como uma questão estratégica. Isso foi um documento que eu escrevi de 2006, mostrando que ou se enfrentava essa questão da mídia ou as coisas iam se complicar na narrativa, na sociedade, na subjetividade da sociedade e na própria democracia. O PC do B foi o primeiro partido a incluir no seu programa a questão da democratização da comunicação em 2009*".

[46] Troca de mensagens por e-mails, entre novembro de 2016 e janeiro de 2017.

pessoal", com textos que versavam sobre assuntos de foro mais "íntimo", como viagens em família. Ainda naquele ano começaram as postagens ligadas ao ativismo político-social, e durante a corrida presidencial de 2006 passou a participar de forma mais ativa de uma incipiente BP, principalmente por meio do compartilhamento de textos de colegas como Altamiro Borges e Luiz Carlos Azenha. O blog, que começou suas atividades de modo "independente", no *wordpress*, potencializou sua visibilidade hospedando-se no *Portal Fórum*; e assim compartilha do capital simbólico desta organização midiática que também participa da BP. Além do *Maria Frô*, Conceição Oliveira é colaboradora do *Viomundo* e atua em outros blogs ligados à área literária, refletindo uma característica marcante dentro da BP: em geral, seus agentes dedicam-se a mais de um projeto simultaneamente, sendo um principal, como protagonista, e em outros como colaborador.

Conceição Oliveira é uma das fundadoras da BP enquanto movimento institucionalizado e manteve seu prestígio em meio aos militantes da iniciativa ao longo dos anos: *Maria Frô* foi uma das convidadas para a entrevista com a então presidente Dilma Rousseff, em setembro de 2014, e com o ex-presidente Lula, em abril daquele mesmo ano e em janeiro de 2016. Quando da primeira entrevista com o ex-presidente, o jornal *O Globo* dedicou espaço para falar sobre os blogueiros convidados e, sob o título "A entrevista dos camaradas: saiba mais sobre os 'blogueiros progressistas'", explicava que o *Instituto Lula* informara que "os blogueiros foram selecionados por sua atuação na internet" (MARCOLINI; LOBO, 2014). Diferentemente das duas outras entrevistas, naquela a responsável pelo *Maria Frô* não pudera comparecer.

Na versão da página hospedada no *wordpress* (fonte: Internet Archive Wayback Machine[47]), em 2010 começava a haver menção a outros blogueiros, recomendados por meio de uma lista disponibilizada pelo blog, a qual em 2011 já se subdividia em categorias que remetiam à rede formada pelos blogueiros progressistas: "blogosfera humor" "blogprog", "blog prog jornalistas", "mídia esquerda", "movimento social", "mulherada" e "visita também". No endereço hospedado no *Portal Fórum* não há *blogroll*; em 2017, por exemplo, havia apenas um banner do *Barão de Itararé* ("campanha seja amigo do Barão") e outro para a versão mais recente da *Revista Fórum* (que deu origem ao portal onde o *Maria Frô* está hospedado). Entretanto, para além das duas "publicidades", não se identificou à época espaço vendido

---

[47] É possível acessar essa versão da página por meio do site *Wayback* Machine, no link: http://web.archive.org/web/20140701000000*/http://www.mariafro.com.br

no blog, sendo este, aparentemente mantido por meio de assinaturas e/ou doações (para "uma blogosfera livre, ajude a manter o Maria Frô").

b) *Eduardo Guimarães e o Blog da Cidadania*

O blogueiro Eduardo Guimarães e seu *Blog da Cidadania* estiveram em evidência em 2017, com Guimarães sendo alvo de um mandado de condução coercitiva para prestar depoimento na Polícia Federal acerca do vazamento de informações em seu blog sobre a *Operação Lava Jato*, em que antecipou sobre a condução coercitiva do ex-presidente Luiz Inácio Lula da Silva. A condução coercitiva, assim como um mandado de busca e apreensão em sua casa, quando teve computadores, documentos e celulares levados pela polícia, foram determinados pelo juiz Sérgio Moro e contribuíram de forma bastante dramática para mais um ato em defesa da liberdade de expressão por parte da BP. O episódio gerou manifestações em favor de Guimarães por parte de agentes mais distantes da rede de blogueiros, como a jornalista Helena Chagas, que em seu site *Os Divergentes* escreveu que "não cabe à Justiça, nas circunstâncias, dizer se a informação postada num blog é jornalística ou não, e se o sujeito, que faz o Blog há mais de dez anos, é jornalista ou não" (CHAGAS, 2017); e da ong internacional *Repórteres Sem Fronteiras*, que classificou o ocorrido como "clara tentativa de quebra do sigilo da fonte" e "um grave atentado à liberdade de imprensa e à Constituição brasileira, que garante esse direito" (FERNANDES, 2017).

Antes disso, Guimarães já era um blogueiro de destaque, parte do núcleo duro da BP, apesar de seu blog não estar entre os de maior popularidade considerando-se o número de visitantes e *pageviews* (fonte: Alexa.com) e de ser pouco conhecido do grande público, em especial quando comparado com o de jornalistas como Luís Nassif (2016), para quem "o amigo Eduardo Guimarães" é "um fenômeno tipicamente da internet e desses novos tempos de ativismo". No ar desde 2006 com o *Blog da Cidadania*, Guimarães foi vendedor de autopeças, sem militância partidária anterior. Acumula com o blog a função de colunista do *Brasil* 247, autodefinindo-se como ativista político presidente do "Movimento dos Sem Mídia", uma forma de se insurgir "contra os abusos da mídia", recorrendo às representações ao Ministério Público de suspeitas de abusos como instrumento de luta.

Sua participação na BP aponta para dois aspectos principais. Primeiramente, a fluidez dos perfis aqui expostos, uma vez que também poderia ser classificado como "político", pois em maio de 2016 se filiou ao PCdoB, partido pelo qual concorreu a um cargo do legislativo (vereador) em São Paulo, recebendo apoio político de Lula. Assim, além de ser um agente de prestígio dentro da BP, Eduardo Guimarães o é também no universo político – sendo um dos poucos convidados para as coletivas dadas por Lula e Dilma (participou de duas entrevistas exclusivas dadas a blogueiros progressistas pelo presidente Lula, em 2010 e 2014; e pela presidente Dilma Rousseff, 2014). O que aponta para um segundo aspecto: o estabelecimento de redes como elemento-chave de atuação bem-sucedida na *web*, como será mais bem analisado no quinto capítulo deste trabalho. Aqui, interessa mencionar que o *Blog da Cidadania* possui explicitada uma extensa rede de relações com outros agentes da BP, compondo o *blogroll* do blogueiro. Além disso, possui apresentação mais vinculada ao formato tradicional de blog, com poucas notícias manchetadas, sem divisão em editorias, e o acesso aos demais textos da página acessível por meio de "links-arquivo", organizados por mês e ano.

3.3.3 Políticos

No perfil "políticos", encontram-se blogs protagonizados por políticos ou mesmo por jornalistas, reconhecidos não pelo diploma na área ou experiência na imprensa, mas pela atividade política que exercem. É o caso do *Tijolaço*, criado por Brizola Neto (PDT) em 2009, com a colaboração do jornalista Fernando Brito. A BP também agrega a seu capital relações com páginas de outras personalidades ligadas à política, como Enio Verri, Protógenes Queiroz, José Dirceu, Dilma Rousseff, Jean Wyllys e Jandira Feghali.

a) Tijolaço e a herança brizolista

O *Tijolaço* foi criado em 2009 por Brizola Neto (PDT), com a colaboração do jornalista Fernando Brito. Blog de política, possui como característica a combatividade, sobretudo em relação à "grande mídia empresarial", uma vez que esta teria se convertido "numa espécie de partido único, onde – lembrando as palavras de Leonel Brizola sobre o poder de Roberto Marinho e da *Globo* – aqueles que ousam dissentir são mandados para 'a Sibéria do esquecimento', do silêncio e da ridicularização" (TIJOLAÇO, 2013?). As *Organizações Globo*, em especial, personificam esse antagonismo, que está ligado ao passado político que o *Tijolaço* pretende manter vivo. Logo que se abre a página, o mote "A política, sem polêmica, é a arma das elites" junto ao nome do blog explicitam a relação com o líder trabalhista: "tijolaço" deriva do termo utilizado para designar os longos e combativos textos que Brizola publicava como matéria paga nos jornais, particularmente entre os anos 80 e 90, quando esteve à frente do governo do Rio de Janeiro por dois mandatos (1983-1986 e 1991-1994). "Não por acaso, eles passaram a ser conhecidos como tijolaços ou tijolões, em função da maneira desabrida e desassombrada com a qual seu autor intervinha na cena política" (FREIRE; AZEVEDO, 2011, p.17).

Se Brizola Neto já possui no nome a identificação com o avô, Leonel Brizola (PTB-PDT), Fernando Brito também tem sua história de vida e profissional fortemente ligadas à figura do político gaúcho, estando desde o início de sua carreira ao lado de Brizola, do qual foi secretário de imprensa até 21 de junho de 2004, quando faleceu o líder trabalhista. O jornalista é o autor do histórico direito de resposta de Brizola no Jornal Nacional, lido por Cid Moreira em 15 de março de 1994. À época, Brito era secretário de Imprensa de Brizola, então governador do Rio.

> Lá fui eu fazer o texto [em 1992, quando Brizola entraria na justiça pedindo o direito de resposta contra uma reportagem exibida pelo JN]: tinha que ter três minutos, não podia ter "compensação de injúria" – isto é, devolver na mesma moeda os impropérios – e tinha de sair rápido, porque era uma sexta-feira (7 de fevereiro) e havia prazo judicial.
>
> Chamei dois companheiros de velha cepa, que me auxiliavam na Assessoria de Comunicação do Governo, o Luiz Augusto Erthal e o Ápio Gomes, para cumprirem uma dupla função: anotar o que eu ditava e "segurar" a minha "viagem".
>
> Porque – começo aqui as difíceis confissões, que não são um segredo porque uma boa meia-dúzia de companheiros sabem disso – quando eu tinha de escrever pelo Brizola, eu não escrevia, "incorporava". Parece coisa de doido? Não, e ele próprio sempre dizia: o bem escrito é o bem falado. E, na hora destes textos carregados, era assim que eu fazia, ditando, falando no ritmo dele, com o milhar de vírgulas e os períodos longos com que se expressava.
>
> Era um exercício extenuante, massacrante, do qual não raro eu saía às lágrimas, mal conseguindo falar, de tão embargada a voz.
>
> Qualquer redator publicitário jogaria fora o que saía disto, e com razão.

> Porque não era um texto jornalístico ou publicitário.
>
> Era o Brizola, não eu. (BRITO, 2014)

O *Tijolaço*, portanto, nasce já carregando um forte capital simbólico, vinculado à memória de Leonel Brizola acionada por seus principais agentes, ou seja, os responsáveis pelo blog: o neto e aquele que por anos foi "voz" do político trabalhista, quando este ainda era vivo. Entre 2012 e 2013, a página esteve fora de atividade, depois que Brizola Neto foi nomeado ministro do Trabalho do governo Dilma Rousseff. Quando foi retomada, em 22 de maio de 2013, ficou sob a responsabilidade exclusiva de Fernando Brito, que ressaltou a herança "brizolista" no parágrafo que abre a descrição do perfil da página, apesar de esta não mais contar com a participação de Brizola Neto: "O Tijolaço nasceu, em 2009, como blog do então Deputado Federal Brizola Neto, como forma de retomar, agora na rede, a polêmica que Leonel Brizola sustentava com os seus famosos "tijolaços", textos que publicava, como matéria paga, nos jornais." (BRITO, [s.d.]a).

A "reestreia" do *Tijolaço* foi noticiada pelo jornal virtual *Brasil 247*, com o título da nota "Tijolaço volta sob o signo da polêmica" fazendo menção ao slogan do blog. Entre 2014 e 2016 o blog também contou com a contribuição de Miguel do Rosário (do blog *O Cafezinho*) – segundo Fernando Brito ele "participa, aos finais de semana e sempre que preciso de socorro, fora deles, da redação deste blog" (BRITO, [s.d]b) –, sócio da página que, em 2014, se tornou uma microempresa ("Blog Tijolaço Comunicação Ltda."). O blog possui como característica mesclar a estrutura de um blog com a de um jornal tradicional. O cabeçalho traz o nome "tijolaço" sobreposto ao slogan. Logo abaixo, estão cinco abas: 1) "home", que conduz à página principal, com últimas postagens; 2) "eu quero ajudar", para o financiamento do blog, por meio de assinaturas ou doações via *paypal* ou depósito e conta bancária. De acordo com seu principal responsável, não é patrocinado pelo governo federal –"nestes tempos em que a gente é acusado pelos adversários de ser sustentado pelo Governo mesmo sem receber um tostão de publicidade oficial, tudo deve ser feito 'certinho', da maneira mais correta e à prova de intrigas" (Brito, [s.d.]b); 3) "regras de uso", que define normas para comentários e pré-produção de textos relacionados ao blog; 4) "voltamos", uma espécie de editorial permanente do blog, situando não apenas o *Tijolaço*, mas o papel da BP no cenário brasileiro ("Se está além de nós, blogueiros progressistas, sem recursos e meios, fazer isso [o enfrentamento político] em ponto grande – embora, creio, já fosse tempo de uma experiência assim – isso não nos desobriga, a cada um de nós, de fazermos a nossa parte."); 5) "fale conosco", que possibilita ao leitor enviar uma mensagem aos responsáveis pelo blog.

Como se percebe, há poucas abas, sem uma divisão clara do conteúdo noticioso em "editorias" que poderiam ser facilmente acessadas pelo leitor. A postagem principal é centralizada sobre uma série de outros textos dispostos em duplas e que podem ser visualizados parcialmente à medida que o leitor desce o cursor pela tela do computador. O conteúdo é organizado cronologicamente e, para textos mais antigos, é preciso mudar de página (em 5 de janeiro de 2016 o blog contava com 441 páginas, com a postagem mais antiga datando de 22 de maio de 2013). Todas as publicações contêm título, retranca ("política"), são datadas e, quando acessadas por completo, vê-se a assinatura do responsável pelo texto (majoritariamente o jornalista Fernando Brito). Boa parte das postagens é em primeira pessoa e se vale de ironia como recurso de linguagem.

3.3.4 Intelectuais

A construção da BP brasileira dá-se não apenas no campo político, do ativismo político-social e do jornalismo; ela se apresenta também como grupo de elite, colocando-se como crítico e analista "à esquerda" da cena política. Parte desse capital simbólico é proveniente do campo acadêmico, obtido por meio da incorporação de "perfis intelectuais" à BP – seja organizados coletivamente, contribuindo para um portal, site ou revista (caso de *Carta Maior* e da publicação de esquerda *Caros Amigos*[48]); seja individualmente, por meio de blogs, como o doutor em ciências sociais Rudá Ricci (*De esquerda em esquerda*) e o também doutor Leonardo Boff. Além disso, a BP contribuiu para dar visibilidade a um público para além da academia, a esses agentes – que não necessariamente se encontram reunidos em um site voltado para o nicho acadêmico ou têm um veículo próprio de comunicação. Nesta seara, se fazem presentes na mídia alternativa como colunistas, cujos textos são compartilhados por outros agentes da BP, potencializando seu alcance para além de contribuições pontuais em veículos da imprensa tradicional. Um exemplo interessante dessa simbiose entre jornalismo alternativo e capital simbólico proveniente da academia se dá no *Jornal GGN*, de Luis Nassif, que recepciona como colunistas professores, como o doutor em Comunicação Weden Alves e o doutor em Ciência Política Aldo Fornazieri – cuja parti-

---

[48] Para um relato mais aprofundado sobre a relação histórica da revista *Caros Amigos* com a intelectualidade, consultar Fiorucci (2007).

cipação no programa *Globonews Painel*, das *Organizações Globo*, foi bastante repercutida pela BP, em que o cientista político afirmou que o Ministério Público Federal, assim como o juiz Sérgio Moro, apresentam uma tendência política que compromete a isenção no caso da *Operação Lava Jato*[49]. Neste episódio em particular, não apenas foi dada voz ao professor Fornazieri intermediada pela imprensa, como este também possui um espaço próprio de expressão, dentro do *GGN*, em que inclusive havia escrito sobre o tema alguns dias antes da entrevista ao canal a cabo. Para melhor apresentarmos esse perfil, alguns exemplos serão expostos de forma um pouco mais detalhada a seguir.

a) Carta Maior

Como exemplo do primeiro caso temos *Carta Maior*, portal online cujas atividades foram encerradas em 2022 e que reunia "nomes de destaque da intelectualidade brasileira e internacional" (CARTA MAIOR, [s.d.]), sendo reproduzida por veículos de entidades e organizações sociais e acadêmicas.

> Entre os colunistas e colaboradores da Carta Maior, estão nomes de destaque da intelectualidade brasileira e internacional, como Antonio Lassance, Boaventura de Sousa Santos, Dario Pignotti, Eric Nepomuceno, Emir Sader, Erminia Maricato, Flávio Aguiar, Francisco Carlos Teixeira da Silva, Francisco Fonseca, Ignacio Ramonet, José Luís Fiori, José Roberto Torero, Laurindo Leal Filho, Leonardo Boff, Marcio Pochmann, Maria Inês Nassif, Mauro Santayana, Martin Granowsky, Michael Löwy, Pascual Serrano, Paolo Gerbaudo, Paulo Nogueira Batista Jr, Raquel Rolnik, Reginaldo Nassar, Samuel Pinheiro Guimarães, Saul Leblon, Theotonio dos Santos Júnior, Venício Lima, Wanderley Guilherme dos Santos, entre outros. (Id, ibid.)

Dentro desse escopo, estão referências acadêmicas utilizadas pela BP para pensar a si própria e o lugar das novas mídias, como Ignácio Ramonet, diretor do *Le Monde Diplomatique*, que teve o livro *A explosão do jornalismo* lançado pela editora *Publisher Brasil* (Renato Rovai/*Portal Fórum*) – obra que conta com texto de Luis Nassif na contracapa. O site surge, como outros da BP, a reboque da primeira edição do Fórum Social Mundial de Porto Alegre,

---

[49] O site *Pragmatismo Político*, por exemplo, repercutiu material sobre o assunto feito pela *Revista Fórum*, podendo ser consultado em: https://www.pragmatismopolitico.com.br/2016/09/a-indigesta-participacao-de-aldo-fornazieri-na-globo-news.html. Acesso em: 17 jul. 2017.

em 2001. A organização da página se aproximava do formato tradicional de jornal, com divisão de editorias em abas que muito lembram a distribuição de conteúdo presente nos periódicos diários impressos: "política", "economia", "movimentos sociais", "cidades", "internacional", meio ambiente", "mídia", "cultura", "direitos humanos", "educação". Contando com textos mais longos e analíticos, o que fazia bastante sentido dentro da proposta da publicação eletrônica, que era a cobertura e a análise jornalística crítica de acontecimentos "ignorados ou distorcidos pela chamada grande mídia".

b) Leonardo Boff

Um dos intelectuais de destaque que contribuíram com *Carta Maior* é Leonardo Boff, doutor em teologia, também responsável pelo blog *Leonardo Boff*. Em 2012, o teólogo foi considerado uma das vozes mais influentes da política no *Twitter*, ficando na 5ª posição do ranking estabelecido pelo estudo "Influenciadores do G20", feito pela consultoria de relações públicas e comunicação corporativa Burson-Marsteller (ROCHA, 2012). Talvez uma das principais contribuições de Boff, além do peso que seu nome carrega, seja levar para a BP a densidade acadêmica de modo a lidar com os dilemas que se apresentam no cenário político brasileiro contemporâneo, seja por suas próprias palavras – ancoradas em seu *background* – seja traduzindo para o público pensamento de outros intelectuais, como Karl Marx ou do contemporâneo Thomas Piketty. Diferentemente dos blogs encabeçados por jornalistas, no de Boff não se identifica o objetivo de emular um jornal. Simples, com postagens cronologicamente organizadas; arquivos dispostos conforme mês e ano de publicação no blog; endereço *wordpress*: um formato bastante característico de blog *stricto sensu*.

3.4 Blogosfera Progressista, uma nomenclatura: dissenso e polifonia

> *Esse negócio, ele é muito plural. A única coisa que garante que essa turma se reúna é a unidade na diversidade, é o respeito à horizontalidade, cada um faz o que quer da sua vida. Então mesmo num nome nunca teve consenso. Nunca teve. Porque tinha gente que propunha blogueiros progressistas, tinha gente que propunha blogueiros de esquerda. Tinha gente que propunha mídia alternativa. Nunca houve consenso no nome. [...] Eu não esqueço com*

> *essa questão do nome. É que acabou que o nome ficou. Ficou, foi ficando...* (BORGES, 2016, entrevista à autora).
>
> *Veja bem, essa questão de blogueiros progressistas ou blogs sujos, essa caracterização fez muito mal pra definir o que é... surgiu em 2010, com o Serra, o pessoal até que achou engraçadinho repetir, mas é uma bobagem porque enfraqueceu muito o discurso, porque hoje em dia se caracteriza tudo como blog progressista ou blog alinhado. [...] Então por isso que eu também não gosto dessa caracterização, não, de blogueiro progressista... que pegou, infelizmente né?! Enfraqueceu, enfraqueceu o discurso.* (NASSIF, 2016, entrevista à autora).
>
> *Eu era contra esse nome, mas sabe que eu aprendi que essas coisas, essas definições, elas têm menos importância do que os movimentos em si, né?! Eu não gosto da palavra progresso, já começa por aí, pelo que ela enseja... eu lembro da [Maria] Frô indo lá fazer discurso em nome de alguns que são contra, entendeu? [...] O Nassif é mais cismado com isso do que eu. Isso não é uma questão pra mim. BlogProg, ponto! Não precisa nem por mais progressista. O evento em si é BlogProg. "Ah, mas vão associar a isso, associar àquilo". Cara, numa boa, qualquer coisa que você for os caras vão estigmatizar você. Quando se organiza um movimento, não tenha dúvida que o lado de lá vai se movimentar pra te estigmatizar, pra te carimbar e vai te associar ao que talvez tenha de pior nesse movimento do qual você participa. Em todo movimento vai ter gente mais radical, gente mais dura, gente mais mal-educada. "Tá vendo o Rovai, o Nassif, eles são iguais `aquele fulaninho lá! Ó o que o fulaninho diz!". Nem eu sou igual ao fulaninho, nem o Nassif, nem eu sou igual ao Nassif, nem o Nassif igual a mim. Isso faz parte de um coletivo que tem, em alguns momentos, alguns entendimentos comuns. É por isso que eu não abandono.* (ROVAI, 2016, entrevista à autora).

A falta de consenso em relação ao nome é reveladora de alguns aspectos que traduzem, em boa medida, a essência da BP e que também dizem de sua longevidade na *web*: a autonomia e liberdade que cada um de seus agentes dispõe dentro do movimento, aliadas às distintas maneiras de enxergarem seu papel na blogosfera, sua identidade e o lugar relativo que nela ocupam. O nome aponta para um lócus conquistado no sistema midiático brasileiro, que a distingue dentre as demais iniciativas do ciberespaço. Ao nomear, dá-se uma identidade ao fenômeno. Entretanto, como se pode inferir por meio dos trechos das entrevistas acima, nem todos os agentes reconhecem a nomenclatura... ou melhor, não se sentem identificados por ela. E isso se dá por alguns motivos, entre os quais a preocupação em ser estigmatizado como veículo "chapa-branca" ou "cooptado por um partido". Aproximação que fica mais limítrofe quando se usa a denominação "de esquerda" para falar dos blogs ou desse nicho da blogosfera, uma vez que há uma tendência em se confundir identificação com a esquerda, ideologicamente, com filiação partidária – o que, sabemos, não é a mesma coisa.

Para Nassif, por exemplo, considerar-se de esquerda significa a identificação com valores que a família dele sempre abraçou, como a proteção aos mais fracos e o combate à intolerância. É uma aproximação que acontece no plano das ideias, que abarca posicionamento político, mas não necessariamente remete a uma forma de militância vinculada a partidos identificados como de esquerda. Quando perguntado como via a relação do *Viomundo* com a esquerda, em especial o governo do Partido dos Trabalhadores, Azenha respondeu:

> *A gente se coloca à disposição de todas as correntes de esquerda. Não temos e nunca tivemos nenhuma relação com governos, nem do PT, nem do PSDB. Nossa denúncia de que o PT vem sendo atacado pela mídia corporativa desde ao menos o episódio do mensalão, no primeiro governo Lula, é um fato histórico, não reflete necessariamente preferência ideológica.* (AZENHA, 2016, entrevista à autora).

De acordo com o jornalista, o que existe em relação ao *Viomundo* é uma "*identidade ideológica com aqueles da esquerda que defendem o interesse público*"[50], e que um pretenso "*movimento de aproximação*" com os governos do PT "*é preconceito*", incentivado pela reprodução das "*baboseiras disseminadas pela direita em relação à blogosfera*" (AZENHA, 2016, entrevista à autora). Azenha deixa claro que não tem como falar sobre outras iniciativas da BP; refere-se apenas ao próprio blog. Posicionamento que se justifica e, como já mencionado, ajuda a explicar as dinâmicas internas do movimento progressista, uma vez que se trata de um ecossistema midiático e, portanto,

---

[50] Azenha cita como exemplos dessa relação 1) a publicação de uma "*entrevista com a professora Lena Lavinas, em que ela considera que o Bolsa Família tem aspectos positivos mas serve essencialmente à financeirização, ou 'banqueirização' dos pobres*"; 2) a publicação de "*uma entrevista com o professor Celio Berman em que ele denunciou que a construção de Belo Monte servia essencialmente à manutenção da aliança entre Lula e o ex-presidente Sarney*"; 3) "*entrevista com Ruy Braga em que ele diz: 'Embora os governos Lula e Dilma tenham tomado algumas medidas de caráter progressista, o fato de que grande parte do orçamento federal — 44% — ainda é destinado ao pagamento de juros da dívida interna impediu a adoção de políticas públicas que pudessem atender às demandas da fração jovem do 'precariado'*"; 4) a denúncia da "*captura do Estado brasileiro pelos banqueiros, inclusive sob Lula e Dilma, em entrevista com Maria Lucia Fattorelli*"; e 5) a publicação da "*entrevista com a Raquel Rolnik, em 2013, na qual ela denunciou que 'segregação urbana aceita na ditadura segue sendo o padrão'*".

plural. Como explicou Altamiro Borges, a respeito da reação do então diretor do *Le Monde Diplomatique*, Ignácio Ramonet, quando este esteve no Brasil para o seminário internacional realizado pelos blogueiros em Foz do Iguaçu. Ramonet teria não apenas se impressionado com a presença de centenas de ativistas digitais reunidos em um mesmo lugar, como achado "esse negócio" de fazer encontro de blogueiros uma loucura, *"porque não existe em nenhuma outra parte do mundo [...]; até porque blogueiro, cada um dá tiro pra um lado, atrás de um computador cada um tem suas ideias, né?!"* (BORGES, 2016, entrevista à autora).

Uma iniciativa tão complexa, ao reunir atores com perfis bastante distintos, se faz polifônico. Nesse sentido, várias vozes simultâneas, porém predominantemente independentes entre si, se desenvolvem em relativa harmonia formando o ecossistema midiático que é a BP – lócus de alteridade. Assim, temos nesse ecossistema midiático sujeitos em que não se identificam realmente qualquer filiação ou relação de maior proximidade com partidos políticos ou entidades afins. Atuando ao lado de outros, tradicionais militantes políticos com vínculo partidário claramente estabelecido, como Altamiro Borges, cuja filiação ao PCdoB data dos anos 1970; e alguns que possuem ligações menos rígidas que a de uma filiação partidária, mais tênues com essas ou outras instituições políticas, estabelecidas ao longo da trajetória de vida.

> *Eu criei vínculos com movimento social, movimento sindical por uma vinculação ideológica. Eu acredito na transformação social, na busca de inclusão, de justiça etc. E como um cidadão que se construiu na década de 80, 90, acabei criando vínculos com o partido que mais expressava de alguma forma aqueles sentimentos naquele momento histórico que era o PT. Esses vínculos, muito menos diretos do que as pessoas imaginam. As pessoas acham que tem relação com PT, que o PT ajudou a fazer a Fórum... é piada que essas pessoas acabam falando. Governo Lula, governo Dilma... só basta pegar aí as matérias do Fernando Rodrigues e verificar o quanto a revista Fórum recebeu de recursos naqueles anos, comparado com outros produtos. E eu sempre tive vínculo, sim, com a esquerda, com o pensamento progressista. Isso independentemente de partido. Então, tenho muitas relações com gente do PSOL, do PCdoB, mesmo com as pessoas da REDE, que depois acabaram saindo e outras ficaram, enfim... mas no começo da REDE tinha boas relações ali com alguns articuladores, gente do movimento social, até tenho bons amigos na força sindical, tem um sindicato que apoiou por boa parte da história da Fórum, é... a revista que é do sindicato dos metalúrgicos de Osasco*

> *que era da Força, o pessoal dos comerciários, que nunca foi ligado à CUT. Então, assim, é muito mais amplo do que o espaço, do que um único partido político. Agora, tenho amigos tanto no PT como em outros partidos, isso não significa que a gente, por exemplo, não tenha feito muitas críticas, mas não poucas, muitas! E muitas em todos os anos de governo petista.* (ROVAI, 2017, entrevista à autora)

Em verdade, uma crítica recorrente à BP dá-se em virtude de um "movimento de aproximação" com os governos petistas, que se delineou de forma diferenciada e em graus distintos entre seus agentes, seja: a) por meio de uma identificação ideológica com movimentos de esquerda, no qual o PT se encaixava; b) por já fazer parte de uma rede de militância que abarca partidos políticos e outras entidades identificadas com o espectro ideológico "de esquerda"; c) por meio de financiamento, em geral a partir de publicidade do governo ou de instituições públicas – o que também ocorre em veículos da mídia *mainstream*. Neste último, o problema se verifica quando a fronteira entre o "jornalístico" ou "editorial" e o "comercial", tão bem demarcada em teoria, mas nem sempre de fácil identificação na prática, é ultrapassada. O que é alvo de julgamento não apenas de agentes externos e críticos às atividades da BP, mas internamente. "*Quando começou essa questão de blogueiros progressistas e tudo, houve uma instrumentalização por parte dos partidos políticos aí. Nós tivemos aqui os nossos...*" (NASSIF, 2016, entrevista à autora).

3.5 Categorização da Blogosfera Progressista Brasileira

As vanguardas digitais contempladas nesta obra configuram um fenômeno complexo, envolvendo uma pluralidade de formas de existir no ecossistema midiático brasileiro, compondo, elas próprias, um microcosmo (ou ecossistema de esquerda) dentro desse universo. Penteado, Pimentel dos Santos e Araújo (2009), na esteira de trabalhos seminais (como os de ALDÉ; CHAGAS, 2005; ALDÉ; ESCOBAR; CHAGAS, 2006; PENTEADO; SANTOS; ARAÚJO, 2006; entre outros), buscaram desenvolver uma metodologia de pesquisa de blogs de política, identificando-os como parte relevante da blogosfera, "que envolve jornalistas políticos, ativistas, acadêmicos, candidatos a cargos públicos e pessoas de forma geral com interesse em política" (p.164). Entretanto, a BP ultrapassa o suporte blog, sendo composta não apenas por diferentes formas de existir na *web*, como também de múltiplas possibilidades de realização de atividades relacionadas ao jornalismo e à política, de vinculações, participações no movimento progressista e expressões identitárias. Sob esse prisma, a BP é composta por agentes que carregam para a rede capitais simbólicos distintos, enriquecendo e complexificando esse ecossistema midiático. Foi no intuito de buscar descrever melhor a complexidade desse fenômeno no Brasil que elaborei uma classificação própria, apresentada a seguir, composta por uma tipologia que busca contemplar características estruturais da BP que convivem com a fluidez comportada pela rede – que, como o próprio termo sugere, está relacionada à existência online.

3.5.1 Grau de participação ou: quem escreve?

A mais básica das caracterizações diz de quem faz o blog, site ou portal; e já "descola" a BP de uma blogosfera *stricto sensu*. Isso porque, em geral, blogs são espaços de opinião escritos por uma ou poucas pessoas. O movimento progressista, por outro lado, tem em sua gênese o protagonismo dos blogs; porém, ao longo de sua evolução, agregou diferentes meios de comunicação possíveis de serem concretizados por poucos agentes, ao mesmo tempo em que outros são, em essência, formados por um conjunto de integrantes – sejam eles ligados a uma forma já tradicional de fazer jornalismo, como sites, jornais (mesmo que digitais) e revistas; ou aos modernos coletivos de comunicação, como *Mídia Ninja* e *Agência Pública*.

Cabe mencionar que mesmo essa característica, relativamente estável nesse ecossistema, possui certo grau de fluidez. É bastante usual blogueiros responsáveis por um determinado blog contribuírem também em outros espaços, sejam eles blogs de colegas ou outras modalidades comunicativas. Miguel do Rosário, por exemplo, trabalhou e foi sócio do *Tijolaço* concomitantemente ao trabalho n'*O Cafezinho*, de 2014 a 2016; e ainda consta na lista de colunistas do jornal digital *Brasil 247* – ao lado de colegas progressistas, como Altamiro Borges (*Blog do Miro* e *Barão de Itararé*), Breno Altman (*Opera Mundi*), Eduardo Guimarães (*Blog da Cidadania*) e Leonardo Boff (*leonardoBOFF.com*). Além disso, a atividade individual também passa a contar com um ou mais colaboradores a depender da situação financeira da página. O próprio *O Cafezinho* possuía, em junho de 2017, 12 colunistas, além de Rosário.

A BP é composta por pessoas com as mais diversas formações profissionais. O blog *Maria Frô* é escrito pela historiadora Conceição Oliveira. O autor do *Blog da Cidadania*, Eduardo Guimarães, apresenta-se como "comerciante, blogueiro, ativista político". A escritora e ex-colunista da *Folha de S. Paulo* e da *Caros Amigos*, Marilene Felinto, do inativo *Mídia faz mal*, explicava no blog que é formada em letras e no blog exerce "atuação jornalística". As identidades são as mais diversas, e incluem "forma de vida em carbono", modo como o autor do blog *Esquerdopata* se apresentava aos leitores; e "Senhor Cloaca", como se tornou conhecido o blogueiro do *Cloaca News*. Parte considerável da rede é composta por profissionais com formação em jornalismo, tendo como alguns exemplos o militante filiado ao PCdoB Altamiro Borges, do *blog do Miro* – também presidente *Barão de Itararé*, ao lado do jornalista e também blogueiro Rodrigo Vianna, do *Escrivinhador* –; Fernando Brito, do *Tijolaço*; Paulo Henrique Amorim, do *Conversa Afiada*; Luiz Carlos Azenha e Conceição Lemes, do *Viomundo*; Marco Aurélio Mello, do *Doladodelá*, entre outros. Essa heterogeneidade apresenta-se como vantagem competitiva, uma vez que a pluralidade de agentes ocupando lugares os mais variados, profissional e institucionalmente, tendem a ser complementar uns aos outros.

Atuando ao lado de anônimos, alguns dos blogueiros mais proeminentes devem muito de seu prestígio à carreira construída anteriormente na grande mídia, pela militância em partidos de esquerda como PT e PCdoB ou em movimentos sociais – e aí reside seu capital simbólico dentro da BP. Com base nesse aspecto, procurei construir perfis com vistas a melhor compreender o papel desses blogs no todo da BP, subdividindo-os em agrupamentos que apontam para uma diversificação do "território de caça" dos blogueiros progressistas.

Grosso modo, há um conjunto de agentes que atuam sozinhos ou que contam com poucos colaboradores para a feitura de suas páginas, em geral blogs. Esses "cavaleiros (quase) solitários" podem ser classificados como: "jornalistas", "ativistas", "políticos" e "intelectuais". Ao lado deles, há páginas mais robustas, que agregam mais agentes em sua feitura, podendo ser identificadas como a) institucionais (que abarcariam desde sites relacionados a partidos políticos até movimentos sociais) e de b) organizações noticiosas. A partir desses perfis, pretende-se apresentar a diversidade do ecossistema BP, um ponto de partida para entender suas estratégias de ação e seu impacto no sistema de comunicação como um todo.

3.5.2 Grau de institucionalização

Bastante relacionado à questão "quem faz a página?", essa tipologia relaciona-se a um processo de profissionalização e institucionalização naturais ao desenvolvimento de empreendimentos em geral. À medida que se desenvolve, a tendência é que haja maior distribuição e divisão de trabalho entre seus responsáveis e, talvez, contratação de pessoal para a realização do trabalho. Nota-se, porém, que o desenvolvimento institucional/empresarial não pode ser vinculado estritamente à quantidade de pessoas a trabalhar escrevendo as postagens. Blogs como *Viomundo* e *Conversa Afiada*, por exemplo, se aproximam em termos de grau de participação, sendo o primeiro escrito por Luiz Carlos Azenha e Conceição Lemes (até a saída de Azenha do *Viomundo*, em novembro de 2021), e o segundo por Paulo Henrique Amorim (até sua morte, em 2019) e uma pequena equipe. O *Viomundo* pode ser caracterizado como um blog autônomo, enquanto *Conversa Afiada* contava com dois editores, uma estagiária e uma diretora administrativa em seu staff. Já a *Revista Fórum* não apenas participa da rede, como hospeda em seu portal blogs outros progressistas, como o *Maria Frô* da historiadora e ativista Conceição Oliveira e o *Escrivinhador*, de Rodrigo Vianna.

Além disso, há empreendimentos que já surgiram na BP dispondo de maior complexidade, contando com uma estrutura institucional já estabelecida, a exemplo da entidade representativa dos blogueiros progressistas, *Barão de Itararé* e de portais e mídias mais vinculados ao modelo tradicional de jornalismo, como *Carta Maior* e *Carta Capital*.

3.5.3 *Grau de envolvimento com a BP*

São diferentes elementos que apontam para um grau maior ou menor de envolvimento de um determinado agente com o movimento progressista brasileiro. O mais basilar deles ("grau zero") diz de um fator estruturante da BP: são os laços de solidariedade que os agentes desse ecossistema tendem a construir entre si, formando uma rede que abarca compartilhamentos de postagens, links e citações mútuas, além de indicações uns das páginas dos outros (*blogroll*). A participação ou não em eventos promovidos pela ou relacionados à BP – com maior ou menor protagonismo e frequência – também são indícios de maior envolvimento ("grau um"). O estabelecimento de redes é um elemento-chave de atuação bem-sucedida na *web*. *Eduardo Guimarães*, por exemplo, é um blogueiro de destaque, apesar de seu blog não estar entre os de maior popularidade. Colunista do *Brasil 247*, é um dos autores da *Carta dos Blogueiros Progressistas*, participou de duas entrevistas exclusivas dadas aos blogueiros pelo presidente Lula, em 2010 e 2014; e pela presidente Dilma Rousseff, em 2014. E, a exemplo de outras tantas iniciativas do universo da

BP, possui explicitada uma extensa rede de relações com outros agentes dessa blogosfera.

Tão importante quanto o descrito acima, é como o próprio agente se define em relação ao movimento, em especial se incorporou à sua identidade a caracterização "blogueiro progressista" ("grau dois"). Afinal, ele se classificaria como blogueiro progressista ou parte do ecossistema progressista? Como enxerga sua relação com o fenômeno? Há que se mencionar que, no início da segunda década dos anos 2000, não é necessário o vínculo com a "blogosfera" *strictu senso* (ou seja, ter/ser um blog/blogueiro) para fazer integrar a BP, uma vez que dela também passam a participar páginas e perfis nativos das redes sociais, como perfis de *Facebook* ou *Twitter*. E isso gerou um novo dilema para as pesquisas sobre esse campo: afinal, quais são os limites desse ecossistema? Existem limites? O que se percebe é a possibilidade de ocupar lugares diferentes simultaneamente, em um estado de "superposição" de envolvimento com a BP – uma espécie de Gato de Schrödinger concretizado a partir da experiência digital, se me permitem uma alusão imprecisa à mecânica quântica. Assim, páginas como *Dilma Bolada*, *Sensacionalista*, ora estreitam ora afrouxam relações com o movimento progressista. A própria *Mídia Ninja* já estabeleceu uma relação de envolvimento com a BP mais fronteiriça que a que passou a ocupar pós-2016. Dessa forma, são demarcações não estáticas, que se movimentam e redefinem tanto posições dentro desse ecossistema midiático particular como seus contornos. Também em uma zona fronteiriça estão meios de comunicação pertencentes a setores da mídia tradicional (como as redes *Band* e *Record*, esta representada na *web* pelo portal *R7*) e mesmo veículos internacionais (como a venezuelana *Tele Sur* e a versão brasileira do jornal *Le Monde Diplomatique e do The Intercept*). O conceito de agentes periféricos da rede progressista ainda será trabalhado no último capítulo.

3.5.4 Grau de identificação

Os agentes da BP estabelecem relações e/ou identificações, em diferentes graus, com ideais e entidades de referência para a rede. Apesar de o movimento progressista brasileiro se situar no segmento cuja perspectiva ideológica defendida vincula-se à noção de esquerda política, privilegiando uma perspectiva social-democrata, usualmente é feita uma distinção entre identificação ideológica e partidária – apesar de cientes de que alguns partidos específicos representam essa tradição política no país. No que tange à BP, estabeleci como principais demarcadores "jornalismo" e "partido político", ocupando polos opostos. Assim, no grau zero encontram-se agentes cuja identificação dá-se com o ideal de neutralidade do jornalismo independente e, no outro extremo, agentes cujas páginas apresentam relações estreitas e mais claramente identificáveis com partidos políticos. Entre um polo e outro há toda uma gama de relações de militância que envolvem movimentos políticos e sociais, concretizados em causas como a defendida pelo movimento negro, por movimentos sindicais, de direito à comunicação ou contra o neoliberalismo, o imperialismo e desigualdades sociais; e cujos vínculos são estabelecidos de formas mais ou menos estreitas com blogs, sites ou portais.

Cada uma dessas marcações, em si, possui suas peculiaridades, uma vez que lhes é difícil estabelecer limites fixos – haja vista o caso da "esquerda" em que dependendo de onde se olha determinado partido no espectro político, pode-se caracterizá-lo como mais ao centro ou mais à esquerda, com PT e PCdoB, por exemplo, ocupando gradações distintas. Além disso, é uma escala construída artificialmente, com vistas a explicar a diversidade presente no seio do ecossistema midiático progressista, mas incapaz de contemplá-la em sua totalidade, uma vez que em vários casos o que ocorre é um amalgamamento desses traços de identificação.

Além disso, a vinculação – mesmo que apenas no campo das ideias, e não dos partidos – com movimentos e agentes de esquerda contribui para o estabelecimento de uma rede de relações com esses atores políticos. O que "carrega" para a BP movimentos sociais os mais diversos, que abarcam tanto causas étnicas e em defesa de igualdade racial como organizações sindicais, algumas fortemente identificadas com determinados partidos políticos, como o PT. Mas não apenas ele. A propensão à organização, ao estabelecimento de entidades associativas e representativas – como a *Altercom* e o *Barão de Itararé* – relacionam-se em muito à lógica de organização "centralizadora" adotada por entidades de viés "comunista-leninista".

Apresentar a diversidade desse ecossistema é um ponto de partida para entender suas estratégias de ação. Porém, a presença de páginas como o *Blog da Cidadania*, de Eduardo Guimarães – que se autodefine como ativista político presidente do Movimento dos Sem Mídia – e da *Revista Fórum* na BP aponta para a fluidez das categorias aqui expostas, ou "superposição" destas, uma vez que também o blog de Eduardo Guimarães pode ser percebido como de lastro partidário, considerando-se que em maio de 2016 ele se filiou ao PCdoB, partido pelo qual concorreu a vereador em São

Paulo. E, no caso da revista, esta possui uma forte ligação com movimentos sociais, tendo sido inspirada no *Fórum Social Mundial* e lançada durante a cobertura da primeira edição do evento, em janeiro de 2001 em Porto Alegre; mas também está bastante identificada com ideais relacionados usualmente à prática jornalística.

CAPÍTULO 4

A POLÊMICA EM TORNO DO FINANCIAMENTO

O financiamento das iniciativas pertencentes ao ecossistema progressista é voltado para viabilizar a manutenção da existência desses agentes no sistema midiático, seja provendo algum retorno para o sustento de seu responsável, garantindo a periodicidade das postagens, o pagamento de colaboradores ou funcionários – no caso de empreendimentos mais elaborados profissionalmente – ou a realização de trabalhos jornalísticos que exigem mais recursos, como reportagens de cunho investigativo. Em certa medida, a escassez de recursos está relacionada à baixa atividade jornalística no âmbito da reportagem, tendo a BP se especializado inicialmente na produção de opiniões bem mais que na de conteúdo jornalístico próprio, ocorrendo muitas vezes uma "releitura crítica" de reportagens feitas pela mídia *mainstream*. Basicamente, identificam-se financiamentos de duas naturezas: 1) externos ao blog, site ou outro tipo de iniciativa midiática – ou seja, recursos provenientes de verbas públicas ou da iniciativa privada, seja ela empresarial ou fruto de subvenção concedida por instituições de fomento, em geral, internacionais; e 2) relacionados a estratégias de autofinanciamento, a partir de esforços do próprio veículo de comunicação em gerar recursos para se manter economicamente viável. As principais fontes de recursos[51] dos agentes relacionados à BP são obtidas por meio de: a) publicidade; b) patrocínio; c) editais de fomento; d) doações provenientes de instituições privadas sem fins lucrativos; e) movimentos sociais/sindicais ou partidos políticos; f) "vaquinhas coletivas" (*crowdfunding*); g) assinatura (cobrança de assinatura sobre conteúdos); h) oferta de serviços, como cursos de formação; e i) venda de material editorial (**quadro 6**).

---

[51] Busquei contemplar as principais fontes de financiamento que identifiquei ao longo de minhas pesquisas sobre a BP, algumas mais expressivas que outras. As que se encontram listadas no **quadro 6** e ao longo do texto, porém, não excluem outras formas passíveis de serem adotadas.

Quadro 6 – Financiamento da mídia alternativa progressista no Brasil

Origem do Financiamento	Fontes/Especificidades	
Externa	Publicidade	Administração Pública
		Setor Privado ("mercado")
		Big Techs (plataformas digitais, como Google)
	Patrocínio	
	Editais	
	Doações (*funding/grants*) – via instituições privadas sem fins lucrativos	
	Partidos/Sindicatos	
Autofinanciamento	*Crowdfunding*	
	Assinaturas	
	Serviços/Realização de eventos	
	Venda de material editorial	

Fonte: a autora

Apesar de a cobrança de assinatura para acesso a conteúdo ser questionável no âmbito da BP por ir de encontro ao ideal midialivrista, as iniciativas de autofinanciamento (as quatro últimas) não costumam ser fonte de polêmicas. Em particular, o *crowdfunding* está muito relacionado ao ideal de jornalismo independente, de serviço de interesse público financiado pelo povo – neste caso, a própria audiência do veículo (cf. CARVAJAL; GARCIA-AVILÉS; GONZALEZ, 2012). Em geral, geram mais controvérsias as origens externas de financiamento, cujas fontes de recursos são passíveis de serem associadas a ameaças em potencial à verdadeira liberdade de imprensa, via controle financeiro exercido por governos ou entidades ligadas ao modelo liberal de economia. O principal ponto em questão é a busca por independência e autonomia profissional que, historicamente, fazem parte do *ethos* profissional do jornalismo no Brasil.

Em linhas gerais, se o verdadeiro jornalismo possui como finalidade principal a defesa do interesse público, essa vocação poderia ser ameaçada pelo poder econômico exercido por grandes empresas (grandes anunciantes e, mais recentemente, grandes empresas de tecnologia ou *big techs*, que passaram a controlar o fluxo de comunicação via plataformas digitais) ou outras expressões institucionais, como governos (principalmente via publicidade pública) e mesmo entidades sem fins lucrativos, como fundações (por meio de doações – *funding* ou *grants*). Apesar de contribuir para tornar viável a atividade jornalística, esse tipo de fonte de recursos esbarra em questões éticas e apresenta dilemas para os empreendimentos jornalísticos, como ficar em "débito" para com os anunciantes, sejam eles públicos ou privados (DOWNIE JR.; SCHUDSON, 2009); ou o risco de se tornarem parte de programas ideológicos de grandes fundações (em particular *think tanks*), agindo como expressões de *soft power* de entidades sem fins lucrativos como *Fundação Ford* e *Open Society*. Em outras palavras, a oposição e/ou crítica "ao sistema" com vistas à defesa do interesse público, a que caberia o jornalismo alternativo – e tão necessária ao desenvolvimento das democracias –, seria esvaziada sob essa perspectiva, com os financiados se tornando o tipo de oposição "tolerável" pelas elites, cães que "ladram mais que mordem" (SALTER, 2002 *apud* FELDMAN, 2007).

As grandes empresas de tecnologia também são consideradas agentes relevantes no tocante ao financiamento midiático. Do recebimento de recursos com base nos cliques obtidos a partir de anúncios nos blogs e sites a contratos de parceria entre empresas como Google e organizações de notícias, a plataformização da comunicação impõe dilemas à produção jornalística contemporânea (cf. GROHMANN; QUIU, 2020; HELMOND, 2015; NIEBORG; POELL, 2018; POELL; NIEBORG; VAN DIJCK, 2020). As plataformas digitais alteraram rotinas produtivas e o espaço de atuação jornalística, funcionando como mercados cuja arquitetura é desenhada a partir de uma dinâmica algorítmica opaca, estabelecida pelas próprias empresas de tecnologia e capazes de intermediar e interferir nos processos comunicativos (ALVES, 2020; DANIELS, 2018; KLEIS NIELSEM; GANTER, 2018; DEUZE, 2018). Mais recentemente, a questão dos direitos autorais e da remuneração do trabalho jornalístico que circula por plataformas como *Facebook* e *Instagram*, debate que durante o primeiro ciclo dos governos petistas ainda não era pauta de destaque, tem sido incorporado às discussões, no Brasil e em outras partes do mundo, inclusive do ponto de vista legislativo e jurídico.

Entretanto, a forma mais debatida de financiamento da BP pelo próprio ecossistema, e que também foi capaz de promover o maior volume de críticas em relação à cobertura política desempenhada por seus agentes no período analisado, diz da participação dos governos na promoção de um ambiente economicamente viável para o desenvolvimento de blogs e outras iniciativas do segmento progressista. Em especial, enfatiza-se o papel das administrações do PT, enquanto partido à frente da presidência da República entre 2003 e 2016, na promoção (ou não) da pluralidade e democratização do sistema de comunicação brasileiro.

4.1 Os embates em torno do financiamento público

Uma das principais bandeiras da BP – a democratização das comunicações – também diz respeito a questões relativas a financiamento. Em linhas gerais, a concentração midiática no Brasil historicamente se traduziu, também, em concentração de investimentos, via recursos públicos, em poucos grupos de mídia, que em geral se vinculam a posições conservadoras, mas economicamente liberais. O governo[52], em particular a administração pública federal, é um grande financiador de mídia no Brasil, fazendo-se bastante presente no mercado da comunicação do país (cf. ABREU, 2002; AZEVEDO, 2006; DE MAGALHÃES CARVALHO, 2020).

A principal forma de alocação de recursos em empreendimentos jornalísticos se faz via publicidade – sendo também possível obter financiamento público via patrocínio proveniente de entidades da administração pública

---

[52] Para um melhor entendimento da relação entre financiamento público e sistema midiático brasileiro em geral, e a BP em particular, realizei uma extensa coleta de dados públicos, disponíveis em sites do governo, como a Secretaria Especial de Comunicação Social/Presidência da República (Secom), ou solicitados por mim a órgão do Executivo federal. São informações disponibilizadas em atendimento à Lei de Acesso à Informação (LAI – lei 12.527/11), que regulamenta o acesso dos cidadãos a informações públicas. Conforme informado pela Secom, são disponibilizados dados de valores investidos em veiculação de todos os órgãos fornecidos pelo Instituto para Acompanhamento da Publicidade (IAP), que considera os valores constantes nos Pedidos de Inserção (PI) fornecidos voluntariamente pelas agências de propaganda contratadas por integrantes da administração direta e indireta do Poder Executivo Federal. Note-se, portanto, que as informações fornecidas pela entidade são oriundas dos pedidos de inserção encaminhados pelas agências de publicidade e não correspondem necessariamente aos gastos efetivamente executados, representando expectativas de gastos. Cabe, assim, ressaltar que os dados fornecidos pelo IAP se relacionam a uma previsão de utilização de espaços publicitários em determinado período – neste livro contemplados principalmente os anos de 2000 a 2016. Os valores de investimentos em mídias (em especial: televisão, jornal, rádio, revista, internet, cinema, mídia exterior) disponibilizados pelo governo federal no período analisado são indexados pelo IGPM-FGV (Índice Geral de Preços do Mercado) e, portanto, corrigidos periodicamente. Isso justifica alterações encontradas entre valores de um mesmo período apresentados em tabelas disponibilizadas em anos distintos. Para evitar distorções busquei, na medida do possível, trabalhar com os valores mais recentes (ou seja, aqueles mais próximos de 2016), já corrigidos/atualizados conforme o indicador.

indireta, por exemplo, ou por meio da participação em concorrências via edital. Assim, além dos anúncios, dentre eles os oficiais, financiamentos advindos de bancos públicos, subsídios e isenções fiscais fizeram parte da trajetória da imprensa brasileira. Ao longo dos anos, a administração pública se consolidou como grande investidora do mercado brasileiro de publicidade, com os governos federal, estaduais e municipais subsidiando, por esta via, a atividade jornalística. No último mandato de Fernando Henrique Cardoso (1999-2002), período em que começa a haver disponibilidade de dados sobre o assunto, o governo federal passa a ser considerado "o maior anunciante do país" (RODRIGUES, 2005). É quando, portanto, se pode começar a mensurar de fato o peso que a verba publicitária governamental - ou seja, o que as administrações públicas gastam na veiculação de anúncios em diferentes canais de comunicação, como televisão e jornais – tem no sistema midiático do país. Nas administrações que se seguiram, os critérios de distribuição da verba de mídia oficial foram formalizados. Durante as gestões do Partido dos Trabalhadores (PT), houve aumento de investimentos em publicidade governamental em mídia; entretanto, a redistribuição dessas verbas não acompanhou o processo de renovação do sistema midiático brasileiro.

De modo geral, o movimento BlogProg reivindicou o desenvolvimento de uma política pública de fomento a novos produtores de conteúdos durante as administrações petistas, capaz de incentivar maior diversidade e pluralidade no cenário midiático brasileiro.

> *Falei em público a respeito no I Encontro de Blogueiros, em 2010, em São Paulo. Alertei então os colegas sobre o risco de criar dependência de verbas de publicidade exclusivamente de governos, sejam quais fossem. Na ocasião, sugeri que se formasse uma cooperativa de blogueiros para vender publicidade coletivamente no mercado. Porém, eu ingenuamente não tinha me dado conta de dois fatos: 1. há um tremendo preconceito ideológico do 'mercado' brasileiro contra a opinião de esquerda; 2. as verbas de publicidade no Brasil não migraram para a internet com a rapidez que eu tinha visto migrarem nos Estados Unidos. O que sempre defendi é que haja política pública para incentivar novos produtores de conteúdo, o formato é algo a discutir.* (AZENHA, 2016; entrevista à autora)

Para os blogueiros, incentivo que se concretizaria não somente – ou necessariamente – a partir de financiamento público, mas de uma série de medidas que poderiam ter sido adotadas com o fito de promover uma real democratização do sistema de mídias no país.

> *Por exemplo, você ter um programa de internet barata. Para a gente isso seria fantástico, a internet barata. Você criar leis que estimulassem empresas de publicidade a anunciar na internet. O Brasil até hoje, o seu percentual de publicidade na internet é muito aquém do que é a internet brasileira porque você tem um mercado de publicidade sequestrado por grandes grupos de mídia. Então o percentual que vai para a televisão no Brasil é superior ao que existe em outros países.* (ROSÁRIO, 2017; entrevista à autora)

A expectativa dos blogueiros progressistas jamais chegou a se consolidar plenamente. Na segunda metade dos anos dois mil crescia a participação das grandes empresas de tecnologia (*Big Techs*) na dinâmica relativa aos fluxos de comunicação e investimentos em mídia em escala global, cujo impacto não se restringiu à esfera econômica, podendo também ser configurado como político. No Brasil, a democracia sofreria um duro golpe e, com ela, a expectativa dos blogueiros, com os cortes do financiamento a mídias consideradas "progressistas" ou "de esquerda" promovidos por Michel Temer logo que assumiu a presidência da República, em 2016 – sendo o repasse de recursos do governo federal a sites e blogs considerados pró-governo petista zerado a partir de junho daquele ano.

> *Primeira coisa que o governo Temer fez foi suspender a publicidade dos blogs, primeira coisa. Impressionante! Ele não só suspendeu, como também suspendeu os pagamentos. Ele quis atacar diretamente a gente porque você tinha uma espécie de contrato até o final do ano final de 2016. Ele suspendeu e cancelou. Foi tão violento que, como ele não encontrou o instrumento jurídico para fazer isso, ele cancelou a publicidade de toda a internet brasileira para atacar uma dúzia de blogs. Toda a internet brasileira! Tanto que a verba para a internet zera para o governo durante alguns meses, primeiros meses de governo Temer. Mas aí voltamos à normalidade, que alegria de pobre dura pouco.* (ROSÁRIO, 2017; entrevista à autora)

Ao longo dos anos, o investimento público em internet acompanhou relativamente a tendência de desenvolvimento do meio, englobando tanto mídias tradicionais que migraram ou apresentaram versões para o ambiente virtual como novas mídias. Entretanto, esses gastos se traduzem em um percentual pequeno em um primeiro momento, quando comparados ao volume destinado a outros meios: em 2005, apenas 1,43% da receita total do poder executivo em mídia (somadas administração direta e indireta) vinculava-se ao universo online, enquanto 23,52% iam para mídia impressa nacional e 60,27% eram empregados em televisão. Ao longo de dez anos, a previsão de investimentos em internet cresceu gradualmente (**gráfico 1**). Proporcionalmente, o ano de 2015 apresenta um panorama de mudanças significativas no cenário de gastos em mídia do governo federal, com a internet ocupando 12,54% e veículos impressos tendo as provisões reduzidas a mais da metade em relação a 2005 (jornal, 4,78%, e revista, 3,56%) – reflexo de mudanças mercadológicas que impactaram as redações e causaram também o enxugamento das equipes formadas por jornalistas, cenário já discutido em outros momentos neste livro. Entretanto, o investimento em televisão continuou ocupando o primeiro lugar isolado, apesar de também apresentar queda, conquistando naquele ano quase 66% de um orçamento total de R$ 1.864.600.814,63 (fonte: Secom/PR).

Gráfico 1 – Investimento em mídia (Governo Federal)

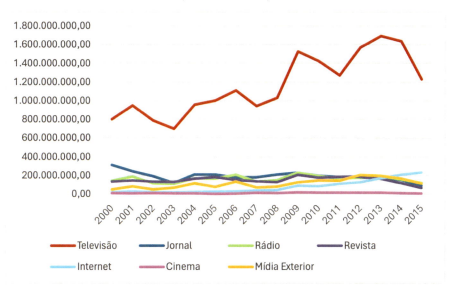

Fonte: a autora; dados: Secom/PR (Ano base para cálculo do IGPM-FGV: 2015)

De 2000 a 2015, o governo federal investiu 30 bilhões em mídia, somados os gastos de todos os órgãos (administração direta) e empresas (administração indireta). Dos recursos investidos em internet, as iniciativas vinculadas a grandes portais ou empreendimentos de comunicação foram os principais destinatários. Apenas em 2015, *Facebook*, *MSN*, *UOL*, *Globo.com*, *Twitter*, *Yahoo!*, *IG*, *R7*, *Folha* e *Terra* concentraram 55% dos investimentos do governo no meio, somando R$ 129.120.989,02 – isso não contabilizado o montante total destinado às *Organizações Globo* que, além da *Globo.com* (provedora de serviços e plataformas tecnológicas para as empresas do grupo na internet), incluem *TV Globo, Globo Internacional, Globo Filmes*, canais fechados do sistema *Globosat* (*Globonews, GNT, SporTV, Telecine, Multishow...*), jornais (via *Infoglobo: O Globo, Extra, Expresso*), rádios (*Rádio Globo, CBN*) e revistas (*Editora Globo: Época, Marie Claire* e outras 14 revistas); área musical (*Som Livre*) e o portal *ZAP*, de classificados. Dos cerca de 234 milhões de reais provisionados pelo governo federal para internet em 2015, em torno de 10 milhões podem ser considerados efetivamente investimentos expressivos em "mídia progressista" ou vinculada a um posicionamento "de esquerda", não necessariamente BP, mas podendo possuir com ela relações voláteis ou menos instáveis. Entre os 50 veículos que integraram o topo da lista de investimentos de recursos da Secom naquele ano, apenas seis podem ser considerados como agentes atuantes da BP à época: *Brasil 247, Ópera Mundi, Carta Maior, Carta Capital, Conversa Afiada* e *Dinheiro Vivo*, somando R$ 6.904.178,14. Dentre os demais destinatários identificados com o segmento progressista e que potencialmente mais receberam recursos do governo, destacam-se outros empreendimentos de Luis Nassif além da *Dinheiro Vivo* (*Jornal GGN* e o *blog do Nassif*), as versões online de *Brasil de Fato* e *Caros Amigos* e as iniciativas relacionadas ao *Portal Fórum* (*Revista Fórum* e editora *Publisher*) – todos constando nas previsões de gastos com internet do governo desde 2009. São mídias expoentes na BP em número de acessos e que possuem, ainda dentro dos limites do ecossistema, um grau maior de profissionalização e institucionalização, podendo ser configuradas como verdadeiros empreendimentos midiáticos do campo da esquerda a fazerem parte da rede progressista na *web*.

Aqui, cabe uma ressalva: apesar de durante muito tempo constar no *Viomundo* que o blog "não aceita verbas publicitárias de governos, empresas estatais ou públicas", foi-me informado por Luiz Carlos Azenha que, a despeito dele e de Conceição Lemes nunca terem batido "na porta de anunciante, nem público nem privado", eles foram *"incluídos, junto com dezenas de outros meios, inclusive da mídia corporativa, em algumas campanhas publicitárias do governo federal, nada próximo dos R$ 500 milhões anuais da TV Globo"* (AZENHA, 2016; entrevista à autora). De fato, conforme os dados de investimento em mídia disponibilizados pelo governo federal (administração direta e indireta) a que tive acesso, o *Viomundo* recebeu recursos do governo federal apenas em 2011 e 2012, respectivamente R$ 20 mil e R$ 25.125,00.

> *Se você fizer a conta pelos 15 anos de existência do blog, dá menos de 10 mil reais por ano, isso mesmo, menos de 10 mil reais por ano! Por que, no entanto, vemos colegas que receberam quantias mais significativas serem denunciados como "chapa-branca" pela mídia corporativa, que recebe em publicidade oficial bilhões e bilhões? Porque o objetivo é calar as vozes dissidentes do discurso único. É impedir que elas produzam conteúdo próprio. Conteúdo próprio, para além da opinião, é a verdadeira liberdade na blogosfera: poder pagar a um repórter e a um fotógrafo por uma reportagem investigativa, por exemplo.* (AZENHA, 2016; entrevista à autora)

O recebimento de maiores fatias de recursos de fato se relaciona a uma política de distribuição orçamentária da Secom, nas administrações petistas, que adotou como parâmetro o alcance estimado de cada meio, principalmente quando sob a chefia da jornalista Helena Chagas (2010-2014). Na internet, tecnicamente isso se relaciona ao número de acessos/tráfego de dados promovido pelo meio de comunicação. Portanto, as mídias que se destacam em termos de alcance estimado fazem parte de um rol de veículos relativamente consolidadas no ambiente online. Cabe observar, porém, que outros agentes cujas trajetórias se desenvolveram em períodos mais recentes na rede também entraram no radar do governo e, ao que os dados indicam, poderiam começar a se tornar recebedores habituais de recursos, a exemplo do jornal *Brasil 247*, que que obteve em 2015 valor estimado em cerca de dois milhões de reais (R$ 2.232.486,00); *Diário do Centro do Mundo* (*DCM*), destinatário de um previsão em torno de 667 mil reais; e *O Cafezinho*, que naquele ano recebeu 55 mil.

> *Eu nunca ganhei dinheiro com publicidade com exceção dos últimos seis meses do governo Dilma, em que eles abriram, porque sempre você sempre tinha só uns dois ou três que tinham publicidade, blogs pertencentes a jornalistas famosos que tinham acesso, digamos assim, tinham um acesso à Secom de alguma maneira. [...]*
>
> *Eles [os governos petistas] nunca fizeram uma política pública que ajudasse a blogosfera. Pelo contrário, meio que jogou em cima dos blogs uma responsabilidade que nunca foi nossa, como se coubesse aos blogs fazer um contraponto à grande imprensa ou produzir mais. Os blogs nunca tiveram tamanho, escala para fazer um contraponto real à grande imprensa. A gente fazia esse contraponto só que ele atingia um setor social específico que era a classe média progressista. A gente nunca conseguiu atingir o povo, o povão e era evidente que o governo tinha que ter adotado políticas públicas próprias para isso e deixado a gente tranquilo.*

> *Porque a gente fazia o trabalho de politizar setores da intelectualidade, setores da classe média; e o governo lançasse uma coisa grande de massa para atingir o povão. Aí as coisas dariam certo, dariam muito certo e não teria vindo o golpe, não estaríamos na crise que estamos hoje.* (ROSÁRIO, 2017; entrevista à autora)

Em outras palavras, a BP seria destinatária de uma fatia bastante modesta do orçamento total de mídia online do governo, somando algo em torno de 4% do total de investimentos de 2000 a 2015. O que fragiliza o argumento de que a BP seria um movimento "chapa-branca", cooptada pelo PT por ser "patrocinado" pelos governos petistas. Além de serem poucos os agentes que ao longo da segunda década dos anos dois mil efetivamente receberam recursos federais dentro do universo progressista, estes não se destacam quando o que se compara são os valores destinados a corporações vinculadas à grande mídia – embora convenha observar que há estudos que apontam a redução no investimento especificamente destinado à *TV Globo*, em particular no último ano do primeiro mandato de Dilma Rousseff, como observado em Marinoni (2015).

4.2 A crítica ao "republicanismo" petista: da cooptação ao critério de mídia técnica

Em parte, duas anedotas que se tornaram bastante popularizadas pela rede dos blogueiros progressistas brasileiros ajudam a elucidar a política de comunicação federal entre 2002 e 2015, sob a ótica da blogosfera. A primeira delas, a de que o então ministro-chefe da Casa Civil José Dirceu acreditava que o governo Lula havia conquistado, com a eleição para o primeiro mandato, o domínio sobre a principal rede de televisão do país, a *TV Globo*. O episódio, de acordo com o senador Roberto Requião (PMDB/PR), ocorreu durante uma conversa entre ele e Dirceu. Narrativa que ilustra e aponta para uma expectativa de que a emissora viesse a se tornar aliada do governo petista, a partir de uma relação que envolveria poder político e dinheiro – elementos sobre os quais o PT passava, a partir de 2002, a desfrutar.

> O Lula não deu atenção a essa questão da democratização dos meios de comunicação. Talvez ele esteja começando a entender que não fez o que devia ter feito. O governo não assumiu esse movimento de democratização da mídia. No governo do Paraná reforcei uma televisão pública, a TV Educativa, e quando propus isso ao Lula me disseram que não precisavam porque já tinham a Globo. Quem me disse isso foi

o José Dirceu, eles achavam que a Globo se submeteria à pressão com a possibilidade de subsídio econômico do governo. Isso não aconteceu, foi um erro. Achavam que dominavam a comunicação, e no primeiro momento dominaram, mas logo depois ela abriu e está até hoje combatendo qualquer política e medida social e nacional. (REQUIÃO, 2016)

No segundo mandato de Lula, entretanto, houve uma tentativa de redirecionamento da política de comunicação pública. A criação da *Empresa Brasil de Comunicação* (EBC) em 2007, medida que contemplava a implantação de uma rede de comunicação pública da qual fazia parte a *TV Brasil*, sinaliza nessa direção. A ação, como descrito no capítulo 1, contribuiu para aumentar as críticas feitas por grandes órgãos da imprensa tradicional às decisões da Secom, então comandada pelo ministro Franklin Martins. E, a despeito delas, as verbas públicas para gastos com mídia, em especial publicidade, continuaram sendo destinadas a esses veículos: estima-se que apenas a *Globo* (*TV Globo*, *Rede Globo* e *Globonews*, desconsiderando-se outros canais do sistema *Globosat* e emissoras regionais ou locais) tenha recebido do governo federal em 2007 algo em torno de 300 milhões[53]. Para os blogueiros progressistas, "foi talvez seu maior erro de cálculo. Na prática, o PT se tornou o primeiro partido no poder a pagar para apanhar da *Globo*. Em boa parte, a *Globo* financiou seu jornalismo de guerra com recursos oriundos dos dois governos petistas" (NOGUEIRA, 2016a).

No caso da BP, pode-se menos dizer que o recebimento de financiamento público significou um impacto profundo e transformador, que sugerir que os efeitos foram pontuais, circunscritos a uns poucos agentes contemplados. Para Miguel do Rosário, foram medidas paliativas, incapazes de mudar o sistema midiático brasileiro estruturalmente. *"Esses valores que distribuíram para alguns blogs, isso aí evidentemente não apaga fogo. Você consegue pagar uma conta aqui, outra ali. A Secom na época do governo Lula se caracterizou muito por isso, por distribuir quantias muito irrisórias"* (ROSÁRIO, 2017; entrevista à autora). Para além dos segmentos atuantes na internet, a democratização foi, na visão do blogueiro, relativa e longe de ser plena. "Democratizou; mas, assim, R$ 200,00 para uma rádio do interior, R$ 1.000,00 para um jornalzinho ali. Isso aí não muda estruturalmente nada! A estrutura fica a mesma. A produção de notícias continua na *Globo*, *Folha*".

---

[53] Segundo o relatório 2007 Secom/Instituto para Acompanhamento da Publicidade – IAP, o montante foi de R$ 301.056.384,21.

Existe a negativa veemente por parte de todos os entrevistados que receberam financiamento federal (Luiz Carlos Azenha, Luis Nassif, Miguel do Rosário, Paulo Henrique Amorim e Renato Rovai), reverberada por outros componentes da rede, de que a verba destinada pela Secom teria influenciado ou interferido na cobertura dada pelas páginas aos governos do PT. É claro que, dentro do universo progressista, a distância é abissal entre os agentes que mais e aqueles que menos recebem recursos públicos. Mas o grupo dos que nada receberam dos governos petistas predomina em absoluto na BP. Além disso, o que se compartilha é uma forte crítica à política de comunicação adotada por essas administrações, sobretudo porque passaram ao largo de conseguir promover uma real democratização dos meios e a desconcentração midiática no país.

> *[...] o PT tinha uma preocupação muito grande com uma questão que, ao contrário do senso comum, a impressão que eu tenho, apesar de não ter muita intimidade com o PT, nem com os dirigentes, é que ele desenvolveu o que a gente chama ironicamente "republicanismo", que era uma ética em relação a políticas públicas e ao uso do dinheiro público, uma ética ao contrário do senso comum, exagerada. Era tipo assim: a gente está no governo e a gente não pode usar o dinheiro para financiar a mídia alternativa porque a mídia é nossa. Então é o republicanismo às avessas, em que ele dava o dinheiro para a Globo. Então além de não dar dinheiro para a blogosfera, o que ele tentava cooptar, ironicamente, era a grande mídia, enchendo essa mídia de dinheiro. E a mídia não era cooptada, então ele dava mais... e na realidade uma coisa meio doentia, uma relação doentia.*
> (ROSÁRIO, 2017; entrevista à autora)

Paulo Henrique Amorim resume da seguinte maneira a questão do financiamento à mídia tradicional e às novas mídias alternativas em relação aos governos Lula e Dilma Rousseff: "*Foi um desastre ferroviário, como diz o Mino Carta. Eles adotaram uma assim chamada 'mídia técnica' que foi tudo o que a Globo quis! Lula e Dilma engordaram a Globo*" (AMORIM, 2017, entrevista à autora). O que sistematicamente se percebe ratificado pelo ecossistema progressista, entretanto, é o posicionamento, reivindicado por esses agentes, de "críticos à esquerda" do governo petista e fiéis da balança no equilíbrio da cobertura política dentro do sistema midiático brasileiro, buscando minimizar o impacto do desequilíbrio proporcionado pela visibilidade potencial alcançada pelos principais veículos de mídia tradicional e suas narrativas em torno das administrações petistas.

> *Eu acho que ali no mensalão pra te ser sincero, a Fórum parecia um veículo de oposição ao governo Lula... praticamente, fazia muitas críticas à política ortodoxa econômica, à falta de iniciativas. [Inaudível] Quando vem o mensalão, não desconhecendo os erros ali do governo, e a gente sempre apontou isso, entendeu que aquilo era muito mais fruto de uma tentativa de desmoralização de um espectro da política do que de uma ação moralizadora de fato crucial como a gente entende a mesma coisa agora.* (ROVAI, 2016; entrevista à autora)

O que se pode afirmar é que, passados mais de doze meses após o corte de verbas para a mídia progressista, a BP ainda era composta em sua maioria por páginas que se opunham ao governo Temer, que denunciavam a ocorrência de um golpe parlamentar apoiado pela mídia e pelo judiciário no país - minando, com isso, expectativas em torno do recebimento de financiamento por parte da administração federal. "*Os governos Lula e Dilma perderam uma oportunidade histórica de tentar equilibrar um pouco o jogo da disputa da comunicação no Brasil. Nos outros países você tem mídias de direita e mídias mais progressistas; no Brasil não, você só tem um lado*" (ROVAI, 2016; entrevista à autora).

Já a segunda anedota ilustra isso que muitos progressistas chamam de "republicanismo" dos presidentes petistas, "oco, míope e suicida", segundo o finado Paulo Nogueira (2016b), do *DCM*. Nesse contexto, tornou-se bastante conhecida e repercutida pelos blogueiros uma expressão utilizada por Dilma Rousseff durante uma entrevista ao programa *3 a 1* da *TV Brasil*, apresentado por Luiz Carlos Azedo e com a participação de Tereza Cruvinel (à época *TV Brasil*) e Valdo Cruz (jornal *Folha de S. Paulo*), quando candidata em 2010, em que fala sobre liberdade de imprensa e de seu posicionamento contrário a qualquer forma de controle ou censura a esta por parte do governo no Brasil. "O único controle que existe, Valdo, é o controle remoto na mão do espectador e ele mudar de canal. [...] Não existe controle social no Brasil que não seja público" (ROUSSEFF, 2010; comunicação informal[54]).

Com efeito, se num primeiro momento após a chegada do PT ao poder pode-se ter cogitado obter ingerência sobre "a mídia", representada pela *TV Globo*, utilizando-se para tanto o financiamento público – dentro dos limites democráticos, cabe ressaltar –, na prática o programa de governo de Rousseff ia a outro extremo, abraçando a liberdade de imprensa irrestrita

---

[54] Entrevista disponível em https://www.youtube.com/watch?v=Lj4Sz1IkFJE&t=181s. Acesso em: 12 maio 2017. O trecho citado da fala de Dilma Rousseff pode ser encontrada aos 9'23" do vídeo.

e dando as costas para qualquer forma de regulação nesta seara. O que se justifica, entre outras coisas, pela influência do passado de militante política em prol da democracia a moldar a figura de Rousseff ainda como candidata à presidência da República, cuja memória dos tempos de ditadura militar incluíam denúncia a perseguições políticas e violações de direitos humanos. Isso não apenas fazia parte do histórico de Rousseff como fora trazido à baila antes mesmo da campanha de 2010. Em maio de 2008, em audiência da Comissão de Infraestrutura do Senado, a então ministra-chefe da Casa Civil fora provocada pelo senador Agripino Maia (DEM/RN), que questionara sua credibilidade ou comprometimento com a verdade, uma vez que era sabido que ela havia mentido para seus interrogadores durante a ditadura.

> Eu me orgulho muito de ter mentido, senador, porque mentir na tortura não é fácil. Agora, na democracia se fala a verdade. Diante da tortura, quem tem coragem, dignidade, fala mentira. E isso [aplausos]... e isso, senador, faz parte e integra a minha biografia, que eu tenho imenso orgulho. E eu não estou falando de heróis. Feliz do povo que não tem heróis desse tipo, senador, porque aguentar a tortura é algo dificílimo. [...] E esse país, que transitou por tudo isso, que transitou, que construiu a democracia, que permite que hoje eu esteja aqui, que permite que eu fale com os senhores, não tem a menor similaridade, esse diálogo aqui é o diálogo democrático. A oposição pode me fazer perguntas, eu vou poder responder, nós estamos em igualdade de condições humanas, materiais.
> (ROUSSEFF, 2008, comunicação informal)

Cabe lembrar que, mesmo no período de abertura, além da censura e mesmo da autocensura adotada pelos principais e maiores veículos de imprensa da época (cf. DANTAS, 2014; DIAS, 2012, entre outros), permanecia o interesse dos militares em manter as organizações midiáticas sob controle do regime. O ministro da Justiça do presidente Geisel, Armando Falcão, era inclusive favorável a utilizar a contrapartida financeira para esse fim, valendo-se do conhecimento das dívidas das empresas jornalísticas com o governo e bancos como forma de pressão sobre a mídia (ABREU, 2002). O "republicanismo" de Dilma Rousseff se relacionaria, por sua vez, a um controle dos meios não pelo Estado, mas pelo povo. E, portanto, a destinação das verbas de publicidade da Secom seria feita segundo "critérios técnicos", baseados em audiência/alcance dos veículos contemplados no orçamento. Eis aí o ponto nevrálgico para a BP: a "lógica de mercado" faria com que os grandes continuassem grandes, dominantes; a pluralidade informativa[55], a partir da multiplicidade de meios, não seria devidamente contemplada, inviabilizando a concretização da demanda de uma real democratização da mídia no país – pauta permanente do movimento progressista.

A crítica ao "republicanismo petista" feito pelos blogueiros progressistas recai com maior severidade sobre Dilma Rousseff, mas tem suas origens ainda na administração Lula, com a publicação no Diário Oficial da União da Instrução Normativa Secom-PR nº2, de 16 de dezembro de 2009, assinada por Franklin Martins. Ironicamente, Martins defendia a regulação econômica da mídia; entretanto, a Instrução Normativa (IN) nº2, cujo objetivo era disciplinar "as ações de publicidade dos órgãos e entidades integrantes do Poder Executivo Federal", foi reinterpretada por sua sucessora à frente da Secom, Helena Chagas, enfatizando-se o prisma mercadológico.

O principal ponto do documento destacado pela BP foi o artigo 6º da IN, que se refere às propostas de ações de publicidade referentes a mídia compreenderem uma "estratégia tática", com "apresentação de critérios de distribuição dos investimentos por meio, considerados os objetivos da ação; indicação dos períodos de veiculação; defesa da programação de veículos e respectiva distribuição de peças, de acordo com os objetivos de alcance e audiência" (BRASIL, 2009). A medida se popularizou como "critério da mídia técnica" que, segundo a ministra-chefe da Secom em entrevista concedida a Conceição Lemes (*Viomundo*), "tem como base audiência e o que agregamos a ele, a regionalização, que estamos intensificando cada vez mais" (LEMES, 2013). Ainda de acordo com Helena Chagas, a lógica que faz com que haja maior concentração de recursos nos grandes jornais difere da do mercado, sendo o governo levado a investir mais nesses meios por motivos não comerciais, mas "de responsabilidade social".

A relação entre as verbas governamentais e alcance/audiência dos veículos, abordada como diretamente proporcionais pelo governo de

---

[55] A pluralidade de pontos de vista, sobretudo aqueles provenientes de mídias que se apresentam como alternativas, desafiando percepções de mundo divulgadas pela grande mídia, tem a capacidade de estimular o debate público (cf. DOWNING, 2001; FUCHS, 2010), favorecendo, potencialmente, a qualidade das democracias. Logo, em uma perspectiva democrática, assim como a diversidade de agentes de comunicação, é importante haver diversidade de conteúdo em circulação, de visões de mundo capazes de estimular as condições para a troca de argumentos entre os cidadãos. Sob este prisma, podemos encarar como central o papel da imprensa de proporcionar diversidade de perspectivas políticas (HABERMAS, 1984). Tal discussão inclui, a meu ver, o Estado e sua função de fomentar e garantir a existência de um sistema midiático plural (cf. ALBUQUERQUE, 2018; COOK, 2005; HALLIN e MANCINI, 2004 e 2012; WAISBORD, 2013) dentro de preceitos democráticos.

Dilma Rousseff, porém, tornou-se alvo de inúmeras críticas por parte dos blogueiros e também da associação que congrega pequenas empresas e empreendedores individuais de comunicação, a Altercom, presidida por Renato Rovai. Críticas que foram rebatidas pela Secom e repercutiram na BP. Um exemplo foi o texto do secretário-executivo do órgão, Roberto Bocorny Messias, publicado originalmente no site especializado em crítica de mídia *Observatório da Imprensa*, em abril de 2013. Nele, Messias afirma que a adoção do critério de mídia técnica, o que incluiu um cadastro de veículos de abrangência nacional que, naquele ano, contava com cerca de 9 mil veículos cadastrados (e que, de fato, apresentou crescimento ao longo dos anos), contribuiu para pôr em prática diretrizes do governo federal relacionadas à desconcentração e à regionalização de suas ações de comunicação.

> Em 2012, a programação de veículos em ações publicitárias do governo federal atingiu marca expressiva: ao longo do ano, cerca de 5 mil veicularam peças de campanhas dos diferentes órgãos. Não há registro no mercado publicitário de programações de anunciantes tão abrangentes. Este número é resultado das diversas ações realizadas pela Secom com o objetivo principal de aproximar do cidadão, em todos os cantos do país, as mensagens de utilidade pública, institucionais e de prestação de contas. A desconcentração de ações em veículos e praças, com destaque para valorização das mídias regionais, a partir de critérios técnicos de planejamento, é uma das diretrizes de atuação da Secom. (MESSIAS, 2013)

4.3 A expansão do universo progressista e o fortalecimento de conglomerados midiáticos tradicionais

O cadastro de veículos do governo federal somente começou a contemplar a internet como meio relevante, não incorporado à categoria "outros", em 2013 – e ainda em 2015 era modesto, se comparado a rádio e jornal; e relativamente equivalente ao número de revistas. Há de se notar, entretanto, que a economia de recursos (financeiros, materiais, humanos e de tempo) viabilizada pela internet proporcionou um crescente de meios de comunicação virtuais integrando o sistema midiático brasileiro e mundial, principalmente a partir dos anos 2000. Um ambiente dinâmico, em que sites e blogs são criados com a mesma velocidade em que são desativados – ou seja, é relativamente fácil colocar uma página no ar; porém, prosperar, conquistar longevidade, visibilidade, capilaridade e, no caso de produções de cunho jornalístico, credibilidade na *web*, já é algo mais difícil de ser alcançado. De todo modo, o saldo é positivo para as mídias online: apenas em 2013, a internet cresceu mais de um terço globalmente, passando de cerca de 630 milhões de sites no início do ano para mais de 850 milhões em dezembro, dos quais 180 milhões estavam ativos (Fontes: Internet Live Stats e Netcraft).

Em 2012, houve um pico de páginas ativas, ultrapassando 190 milhões. Número que, nos anos seguintes, flutuou entre 167 e pouco mais de 180 milhões. Em setembro de 2014 havia 1 bilhão de sites conectados à internet, o maior número registrado até então[56] e, em janeiro de 2017, chegava-se a 1 bilhão e 800 milhões de páginas; destas, pouco mais de 172 milhões ativas. No Brasil, o número de pessoas conectadas à internet também aumentou: estima-se o montante de 118 milhões de usuários individuais em 2014, 132 milhões em 2015 e pouco mais de 139 milhões em 2016, o que colocou o país em quarto lugar no ranking mundial, atrás da China, na primeira posição, seguida da Índia e dos Estados Unidos[57].

O crescimento do segmento progressista no sistema midiático brasileiro reflete esse processo de expansão do universo online. Em 2017, apenas o site do *Barão de Itararé* listava 229 blogs compondo a rede progressista. Relação que, segundo o presidente da instituição Altamiro Borges (2017, em correspondência com a autora), não está atualizada.

Para os agentes da BP, entretanto, os dados de investimentos em mídia disponibilizados pela Secom, presentes no texto de Messias, apontavam no sentido oposto ao publicizado pela Secretaria. Em nota assinada por Renato Rovai, em 2013, na posição de presidente da Altercom, a instituição reivindicava que "se estabeleça como política a destinação de 30% das verbas publicitárias às pequenas empresas de comunicação" e defendia a "tese de que a política atual do governo federal está fortalecendo os conglomerados midiáticos, não garante a pluralidade informativa e mais do que isso não reflete os hábitos de consumo de comunicação e informação do brasileiro", possuindo "como única referência os parâmetros das grandes agências de publicidade e seu sistema de remuneração onde o principal elemento é a Bonificação por Volume (BV)" (ROVAI, 2013).

---

[56] Netcraft registrou 1.022.954.603 sites em 2016, dos quais 177.831.433 ativos.

[57] As tabelas com as estimativas de usuários de internet por país estão disponíveis em: http://www.internetlivestats.com/internet-users-by-country/. Acesso em: 17 jan. 2024.

Cabe explicar que existem dois tipos de verba governamental, uma administrada pela Secom e outra negociada diretamente com as empresas públicas, empresas de mercado como *Banco do Brasil* e *Caixa Econômica Federal*, que possuem autonomia para definir a destinação dos recursos em publicidade[58]. E que, portanto, deveriam ser negociadas por iniciativas dos blogueiros com essas instituições. Como resume Nassif (2017; comunicação informal[59]), "não é só o governo Dilma que é ruim de comunicação. Os blogs também são ruins de comunicação". O que se justifica, porque muitas vezes se trata de iniciativas bastante amadoras no sentido administrativo/empresarial – algumas negando essa esfera de relações, inclusive. De todo modo, o legado do que seria "má administração da política de comunicação dos governos petistas" recai, em boa medida, sobre a presidente Dilma Rousseff e a ministra-chefe da Secom durante o primeiro mandato, Helena Chagas – que anos após ter deixado a secretaria continuava a ser questionada quanto às decisões tomadas quando ministra-chefe à frente da pasta.

> Eu penso e continuarei pensando da mesma maneira: a verba, a distribuição da verba publicitária oficial, nunca haverá uma concordância em torno do critério. Todo mundo acha que tá levando pouco. Mas, quando eu estive no Ministério, eu que mandei fazer pela primeira vez uma pesquisa, uma ampla pesquisa, contratamos o Ibope pra fazer uma inteligência, fizemos licitação, pra fazer uma ampla pesquisa sobre os hábitos de mídia do brasileiro. Como o brasileiro consome mídia. Justamente pra poder nortear o nosso projeto de passar mais recursos pra internet. Para você ter uma base, né, de dados mostrando como aumentava, como aumentou e como continua aumentando. Eu fiz só uma dessas pesquisas. Quando eu saí do ministério ela não estava nem pronta completamente. E nos anos subsequentes, eu acho que meus sucessores fizeram também. Então o que eu tenho visto é que é cada vez maior o público que se informa pela internet, mas você ainda tem uma grande parte do público que se informa pela televisão, pelos outros meios. Enfim. Então essa briga aí, esse critério, mídia técnica ou não técnica, isso aí é uma grande briga. O que eu procurei fazer no meu período lá foi tentar aclarar essa questão, com dados de

---

[58] O investimento total em mídia, incluindo administração direta e indireta (neste caso, incluídas todas as empresas), está contemplado nas estimativas de gastos do governo federal aqui apresentadas.

[59] Palestra ao *Seminário Intercom "Alternativas à Mídia Tradicional"*, em 24 de março de 2017; evento realizado no Centro Cultural José Marques de Melo, São Paulo.

> pesquisa, com dados de realidade, para que a gente pudesse ter embasamento legal, né, pra investir cada vez mais na internet. Eu não sei como tá lá agora. Não tenho acesso mais a esses números. (CHAGAS, 2017; comunicação informal[60])

A despeito disso, o resultado da política de comunicação do PT enquanto esteve à frente da presidência da República foi duramente criticado pelos blogueiros progressistas, que ressaltam que as medidas adotadas teriam alimentado a manutenção e o fortalecimento de conglomerados midiáticos aliados à desestabilização democrática.

> Infelizmente, nos três primeiros anos do mandato, Dilma, por falta de orientação ou ensejada por Helena Chagas, embarcou na mentira defendida pela velha mídia, que, até hoje, por má-fé insiste em dizer que a regulação é "censura" e "atentado à liberdade de expressão".
>
> Resultado: na recente campanha eleitoral de 2014, o "controle remoto" virou "bumerangue atômico", que, por pouco, não devastou a reeleição de Dilma. (LEMES, 2014)

O saldo final de todo esse processo seria a grande imprensa – fortalecida e bem nutrida financeiramente, em boa parte pelos governos petistas – assumindo papel relevante no processo político que levou ao *impeachment* de Dilma Rousseff em 2016. Essa narrativa foi protagonizada por movimentos sociais e militâncias políticas ligadas à esquerda; no campo do jornalismo, foi promovida e impulsionada, ganhando capilaridade na rede, pela BP. Tratou-se de um golpe parlamentar, apoiado pela imprensa e pelo judiciário, orientado pelo mercado financeiro.

> *A imprensa, ela teve um lado. Ela apostou pesado nisso, um processo que muita gente chama de golpe parlamentar, inclusive eu. E agora tá em um momento em que a imprensa, ela assumiu um papel absolutamente chapa-branca; e os blogs, eles estão com um papel de resistência espetacular. Resistência contra tudo e todos. Contra o judiciário, contra o governo, contra a grande mídia, contra o sistema econômico. Então os blogs se tornaram mais que um único ponto de resistência da pessoa, do poder popular. Então a gente cresceu muito nesse sentido.* (ROSÁRIO, 2017; entrevista à autora)

---

[60] Palestra ao *Seminário Intercom "Alternativas à Mídia Tradicional"*, em 24 de março de 2017, evento realizado no Centro Cultural José Marques de Melo, São Paulo.

4.4 Financiamento a partir do público

Muitas iniciativas da BP buscaram formas alternativas e diversificadas de conseguirem manter, em certa medida, a saúde econômica. De modo geral e a partir de um certo ponto de vista, as principais formas de geração de capital de iniciativa quase que exclusiva do blogueiro são o estabelecimento de parcerias com grandes empresas como *Google*, em que o blogueiro "vende" espaços publicitários em sua página ao *Google*, recebendo conforme o número de cliques obtidos; cobrança para acesso ao conteúdo do blog, site ou portal, mediante política de assinaturas; recebimento de doações, em que as "vaquinhas virtuais" (*crowdfunding*) se tornaram bastante populares no ambiente alternativo; participação ou realização de eventos, o que inclui seminários, palestras e cursos, em que é cobrado um valor para se participar; patrocínio, obtido via de regra de entidades ligadas à administração pública; e venda de livros. Em geral, o que ocorre é o embaralhamento ou a alternância dessas alternativas voltadas para a sobrevivência econômica dos agentes da BP. Em 2015, o *Viomundo*, que até então se mantinha no campo da resistência ao recebimento de verbas que não as vinculadas ao público leitor do blog[61], apostando particularmente em estratégias de *crowdfunding* para o financiamento de projetos jornalísticos e mantendo livre acesso ao conteúdo da página, decidiu começar a receber recursos de publicidade para a manutenção do blog.

> *Como chegamos a uma situação limite, a parte comercial do Viomundo passou a ser gerida pela agência Café Azul, com liberdade para: fazer campanhas de assinatura e arrecadação junto a leitores, fazer um acordo com o Google, fechar parcerias com movimentos sociais/sindicatos e, sim, ficar à disposição do mercado publicitário, público ou privado. [...] Hoje o Viomundo é mantido pela Café Azul através da contribuição de leitores/Google/venda de livros.* (AZENHA, 2016; entrevista à autora)

A venda de livros é uma alternativa de geração de renda bastante explorada por alguns agentes da BP. O *Portal Fórum*, por exemplo, dispõe de uma editora, a *Publisher Brasil*. E ao Vermelho/PCdoB vincula-se a já tradicional editora *Anita Garibaldi*, criada em 1979. Outro exemplo é o *Barão de Itararé*, para o qual o investimento em publicações também constitui um meio para obtenção de recursos.

---

[61] Convém lembrar que o blog recebeu recursos do governo federal em 2011 e 2012 como parte da política de distribuição de verbas da Secom. Conforme informado por Azenha, o *Viomundo* foi incluído, à sua revelia, em algumas campanhas publicitárias do governo "junto com dezenas de outros meios, inclusive da mídia corporativa".

> *O Barão já publicou vários livros e a gente meio que condiciona, não condiciona nada! Mas a gente sugere o seguinte: que quando você tem o convite para debate, que ao invés de ter o famoso pró-labore, que a entidade compre uma cota de livros para distribuir para os participantes. Então isso acaba sendo uma fonte importante de grana do Barão, livros.* (BORGES, 2017; entrevista à autora)

A instituição representativa da BP possui outras fontes de financiamento, como o recebimento de patrocínio para realização de eventos, a exemplo do seminário internacional Mídia e Democracia nas Américas, realizado em 2015. *"Vieram 10 países dos continentes para falar sobre mídia tradicional, mídia alternativa e democratização da comunicação em seus países. E esse evento teve o patrocínio da Caixa Econômica Federal"*. Segundo Altamiro Borges, em entrevista concedida em 2016, fonte *"que vai secar"*, prevendo os impactos da gestão Michel Temer no universo progressista. O *Barão de Itararé* ainda conta com a promoção de atividades, como palestras, seminários, debates e oferta de cursos de formação, mediante cobrança de dinheiro para a participação. Outra proposta voltada para arrecadar fundos é a chamada "Os amigos do *Barão*", colaboradores que ajudam a instituição a concretizar ações.

> *Ajudam em um evento, ajudam em alguma publicação e tal. Esses são os Amigos do Barão; e nesses amigos do Barão você tem pessoas jurídicas e tem pessoas físicas, então tem várias pessoas, tem gente que vem aqui doar dinheiro para o Barão todo mês, dá lá uma merrequinha que é belíssima, que ajuda a manter aqui a sede e tal.* (BORGES, 2017; entrevista à autora)

O *Conversa Afiada*, mantido via publicidade de empresas do governo, empresas privadas, de acordos com o *Google* e serviços similares, alterou sua política de financiamento com o passar dos anos, aderindo à cobrança de assinaturas quando ainda estava em atividade. Durante muito tempo, a principal fonte de recursos d'*O Cafezinho* também foi a cobrança de assinatura para que o internauta tivesse amplo acesso ao conteúdo do blog.

> *O Cafezinho começa a usar isso muito parcimoniosamente. O que é a maioria, 90%, foi post livre. E essa tensão entre o conteúdo exclusivo e o conteúdo livre sempre foi grande na internet e eu sempre usei o conteúdo exclusivo com muita parcimônia. Em algumas épocas eu usei mais conteúdo exclusivo, por exemplo agora não tô usando nada, agora eu abandonei essa estratégia na contramão dos outros blogs que tão entrando nessa área de conteúdo exclusivo na hora que eu tô saindo, entendeu? Só que eu já tentei tudo isso que eles já fizeram. É interessante, dá um*

> *dinheiro, só que ao mesmo tempo eu percebi, eu fiz pesquisa e, da maioria das pessoas que assinam, assinavam O Cafezinho, não acessavam o conteúdo exclusivo. Não acessavam porque o trabalho de se logar já tira a disposição das pessoas, e sem contar que o conteúdo livre, ele permite um acesso maior, uma audiência maior do blog, então eu agora só uso conteúdo livre. [...] e agora eu inaugurei uma estratégia nova que eu pensei no começo deste ano, tanto que deu certo, tá dando certo, que não é exatamente assinatura, embora também eu ainda use essa palavra, assinatura. Mas é que são crowdfunding trimestral, entendeu? Eu vi que estava todo mundo fazendo crowdfunding, então pensei "vou fazer um crowdfunding também". Só que eu faço esse crowdfunding pra sustentar o blog.* (ROSÁRIO, 2017; entrevista à autora)

O *crowdfunding* mencionado por Miguel do Rosário é uma estratégia bastante utilizada na blogosfera. Mas, diferentemente da proposta do blogueiro, a "vaquinha coletiva" costuma estar presente nos veículos alternativos para financiar a produção de matérias específicas (caso do *Viomundo*, por exemplo), cujos temas muitas vezes são escolhidos com a participação da audiência, por meio de sugestão ou votação. É possível, assim, definir *crowdfunding* "como um processo relacionado ao financiamento de projetos ou empreendimentos usando o *network* para fazer uma chamada aberta e receber recursos financeiros da multidão" (CARVAJAL; GARCIA-AVILÉS; GONZALEZ, 2012, p.641). Sob esse aspecto, seria a política de financiamento que talvez mais se aproximasse dos ideais democráticos de jornalismo, uma vez que aponta para o protagonismo da audiência no processo de produção da notícia, como "doadora de recursos", viabilizando o jornalismo em geral – e o investigativo em particular. Ao lado dos jornalistas, os leitores ocupariam o papel de definir o que será notícia, sem colocar em risco a qualidade do conteúdo, a cargo ainda dos repórteres, mas se tornando também uma espécie de *gatekeepers* (cf. AITAMURTO, 2011; CARVAJAL; GARCIA-AVILÉS; GONZALEZ, 2012). Ainda adotando uma perspectiva democrática, nessa modalidade de financiamento os jornalistas manteriam o valor agregado de sua profissão ao moldar o que está sendo relatado e como isso é feito; e, ao menos em tese, trabalhariam abertamente e alcançariam seus objetivos *pari passu* à aprovação de seus projetos jornalísticos pela audiência, por meio da doação de recursos. "Teoricamente, o *crowdfunding* trabalha como lugar perfeito para a conexão entre audiências e repórteres" (CARVAJAL; GARCIA-AVILÉS; GONZALEZ, 2012, p.646).

Porém, conseguir uma fonte de renda para a sustentabilidade de um empreendimento na internet, em meio à concorrência com as mídias tradicionais e com a pluralidade de veículos que ocuparam também o ambiente virtual, não é fácil. Se do segmento "alternativo" ou progressista, maiores ainda os entraves. Essa é a perspectiva defendida por Renato Rovai (2016; entrevista à autora), para quem *"rola um preconceito muito grande das agências de publicidade, do mercado, com veículos e produtos com as características da [Revista] Fórum"*. A alternativa para muitos blogueiros, principalmente aqueles que conquistaram menos visibilidade no cenário midiático, é buscar renda a partir dos "cliques" dos internautas. O *blog do Miro* ilustra a questão: sem entrar em listas para recebimento de financiamento público ou do mercado publicitário, e com baixo potencial para obtenção de outros meios para subsidiar suas atividades, possui poucas chances de se tornar de fato um empreendimento jornalístico, continuando no segmento amador. *"Ele é o blog de uma pessoa que eu faço quando dá. [...] Agora em 2016, no mês passado [outubro] que eu entrei no Google e ganhei o primeiro dinheirinho do Google, uma merreca. Torrei tudo em cachaça, foi uma beleza! Para você ver a fortuna que eu ganhei"* (BORGES, 2017; entrevista à autora).

4.5 Financiamentos institucionais

Ao longo da discussão em torno da "formatação" de políticas públicas, a questão da fonte de financiamento de natureza externa jamais chegou a ser ponto pacificado entre os progressistas. Historicamente, os recursos provenientes de publicidade, seja ela pública ou "do mercado", são encarados tanto como libertadores quanto aprisionadores do jornalismo, dependendo do peso que têm no balanço orçamentário da atividade jornalística. As nuances relativas à "capacidade econômica" da BP para executar um projeto de jornalismo alternativo e independente, porém, são controversas. As limitações passíveis de serem impostas não se circunscrevem à questão da publicidade em si, mas à fonte de qualquer recurso recebido, de onde ele se origina – o que, portanto, também compreende verbas recebidas de outras procedências institucionais, como partidos políticos e fundações sem fins lucrativos que se apresentam como de fomento à democracia (em geral, entidades estrangeiras). Cumpre notar que qualquer financiamento proveniente de alguma grande instituição é fonte potencial de desconfiança, em virtude do impacto que seu recebimento pode proporcionar à "imparcialidade" ou independência da atividade jornalística.

> *Então você tem duas, três ditaduras... e são ruins, né?! A ditadura do dono do jornal, a ditadura do patrocinador e a ditadura desse leitor engajado que quer te colocar como um soldado e não como jornalista. Então por isso que eu também não gosto dessa caracterização de "blogueiro progressista", que pegou, infelizmente, né. Enfraqueceu... enfraqueceu o discurso. O que fortalece a crítica jornalística é quando você vem no momento da crítica. No momento em que você faz o elogio, aí é chapa-branca. Então enfraqueceu muito! Quando começou essa questão de blogueiros progressistas e tudo, houve uma instrumentalização por parte dos partidos políticos aí. Nós tivemos aqui os nossos...* (NASSIF, 2016; entrevista à autora)

No caso de financiamentos oriundos de partidos políticos, por exemplo, sobre seu recebedor irá pairar a sombra de "chapa-branca" ou "cooptado". No que tange à BP, a suspeita recai sobre dois partidos em especial: PT (que se confunde com o governo federal entre 2002 e 2016, por motivos óbvios) e PCdoB – o PSOL, apesar da identificação à esquerda no espectro ideológico, mostrou-se em geral distante da BP, salvo casos isolados, como o do deputado federal Jean Wyllys, que desenvolveu relações mais estreitas com a rede dos blogueiros progressistas – sendo considerado um agente periférico, como tratarei melhor e de forma mais aprofundada no próximo capítulo. Particularmente, a crítica quanto à instrumentalização (ou tentativa de instrumentalização) da mídia alternativa costuma recair bastante sobre páginas progressistas que recebem ou receberam financiamento oriundo do governo federal durante as administrações do PT, caracterizando-se mais como uma ação do governo que do partido propriamente dita, o qual também possui meios próprios de interação com a rede, como o site *PT na Câmara*. Sobre o PCdoB e a relação com a BP, o blogueiro Altamiro Borges, que também é secretário de Mídia do partido, esclarece que não há recursos destinados à iniciativa, *"porque não tem dinheiro"*.

> *O PCdoB tem um site, que é o Vermelho. Aí sim, é um site do PcdoB, onde os jornalistas são contratados pelo PCdoB, que produz conteúdo legal respeitado por todo mundo e tal. Agora, de financiar outros, talvez não é nem que não houvesse vontade, é que não tem é dinheiro.* (BORGES, 2016b; entrevista à autora)

Já o financiamento proveniente de fontes ligadas ao "mercado" ou a instituições identificadas com o modelo liberal econômico, a exemplo da *Fundação Ford* e da *Open Society*, resultaria, aos olhos de muitos blogueiros e outros ativistas, em uma contaminação nociva ao movimento, conflitando interesses particulares defendidos por essas instituições com o interesse público. De fato, há estudos que apontam que a parceria com fundações, sejam elas nacionais ou estrangeiras, também inflama o debate sobre independência financeira e autonomia profissional, e que o fomento por meio de doações seria uma forma simbólica de persuasão, ajudando a formar lideranças ou elites políticas (sejam elas midiáticas ou acadêmicas) e apoiando ideologias segundo interesses particulares (cf. ALBUQUERQUE; PAULA, 2017; BROWNE, 2010; FELDMAN, 2007; FIGARO; NONATO, 2021; SANTOS-ROCHA, 2015). Sob determinado ponto de vista, essas instituições funcionariam como importantes componentes para manutenção de estruturas de controle provenientes de elites já estabelecidas, em que pese a questão da soberania informacional, no caso do recebimento de recursos via fundações internacionais. Nesse sentido, a *Fundação Ford*, por exemplo, pode ser entendida "como uma organização dedicada aos processos de engenharia social, cujas metas estão relacionadas a fabricação de ideologias e consensos entre as elites intelectuais, para institucionalizar parâmetros de atuação de acordo com diretrizes norte-americanas" (SANTOS-ROCHA, 2015, p.182). No caso de movimentos sociais e apoio a entidades não-governamentais, o financiamento institucional teria como objetivo "ajudá-las a tornarem-se organizações dominantes no movimento e orientar os movimentos sociais em direções seguras, não interferindo na atuação das elites políticas, industriais e financeiras" (SANTOS-ROCHA, 2015, p. 182). Suspeição compartilhada por agentes da BP, que se apresenta principalmente como questionamento à independência profissional dos jornalistas financiados por fundações, especialmente as internacionais – ponto de vista explicitado em conversas informais das quais participei em eventos ligados à rede progressista no Brasil. Além de críticas "internas", o recebimento desses recursos abre flanco para ataques de detratores, possuindo o potencial de macular o ideal de fazer jornalismo de forma independente e autônoma.

> A *Open Society* injeta cerca de US$ 37 milhões por ano no Brasil e em outros países da América Latina e a *Fundação Ford* US$ 25 milhões anualmente. Aqui, várias entidades que gozam de prestígio social fazem parte do grande projeto global de revolução social financiado por Soros a partir da promoção de agendas de grupos defensores do aborto, da legalização das drogas e dos que se travestem de mídia independente para defender certas bandeiras. O *Movimento Viva Rio*, por exemplo, recebeu US$ 107 mil entre 2009 e 2014 para atuar como representante de uma postura nova e diferente em

> relação à política de drogas, ou seja, na defesa da liberação. E o *Mídia Ninja* (Narrativas Independentes, Jornalismo e Ação), que ficou conhecido nas manifestações de 2013 dizendo-se independente, recebeu US$ 80 mil do bilionário. A independência parece ter um preço. [...]
>
> Outras organizações que receberam dinheiro de Soros para influenciar a sociedade brasileira de acordo com uma agenda revolucionária foi a *Agência Pública*, do socialista Leonardo Sakamoto, que em cinco anos recebeu mais de R$ 1 milhão da *Open Society*. É com os dólares de Soros que a *Agência Pública* diz realizar um "modelo de jornalismo sem fins lucrativos para manter a independência". Independência similar à do *Mídia Ninja*... (GARSCHAGEN, 2016)

Dentre os principais agentes relacionados à BP a receberem financiamento de pelo menos uma dessas instituições, destacam-se *Agência Pública*, *Geledés*, *Intervozes* e *Mídia Ninja*. Não consegui acesso a dados referentes a valores destinados pela *Open Society*; quanto aos da *Fundação Ford*, que adota um modelo de maior transparência em relação à sua base de dados (*Grants Database*[62]), interessante observar que, assim como ocorre com o financiamento público, outros tipos de organizações também aparecem no rol de donatários, como a *Fundação Roberto Marinho*, cujos valores recebidos, porém, são modestos se comparados a agentes da BP.

Em linhas gerais, uma das principais questões enfrentadas pelos recebedores de fomento é congregar multiplicidade de fontes de recursos, estabilidade no recebimento desses insumos e manutenção da integridade jornalística. De acordo com um estudo da *Columbia Journalism Review* (CJR), cerca de US$ 143 milhões foram doados no mundo todo por fundações a empresas de mídia entre 2005 e abril de 2010, sendo mais de metade desse montante destinado a doze organizações voltadas ao jornalismo investigativo (DREW, 2010). É justamente nesse terreno, o do jornalismo investigativo sem fins lucrativos, que uma das questões impostas aos jornalistas vem à tona: o conflito entre jornalismo – e sua respectiva competição pelo "furo jornalístico" – e doadores, que preferem gerar impacto disseminando a notícia pelo maior número possível de canais, ampliando sua visibilidade via compartilhamento com uma gama maior de meios jornalísticos, mesmo que concorrentes. "Ninguém conseguiria um furo; em vez disso, cada veí-

---

[62] É possível consultar valores relacionados às doações feitas pela *Fundação Ford* a partir de 2006. As informações estão disponíveis em: https://www.fordfoundation.org/work/our-grants/awarded-grants/grants-database/. Acesso em: 18 jan. 2024.

culo geraria a notícia ao mesmo tempo, personalizada para ressoar com sua audiência, seja assinantes de jornais, leitores da *web*, telespectadores ou ouvintes de rádio" (DREW, 2010, p.1; em livre tradução). Nesse contexto, a competição entre diferentes veículos perde sentido, já que o objetivo passa a ser contemplar a expectativa dos doadores de que trabalhos de alto impacto sejam espalhados o mais amplamente possível e, portanto, pelo maior número possível de agentes. O que surgiria no lugar da concorrência, tão afim a critérios de noticiabilidade como "ineditismo" e "exclusividade", seria uma rede colaborativa entre empreendimentos jornalísticos financiados.

Como se percebe, as considerações em torno do recebimento de recursos provenientes de instituições de fomento descolam-se de uma lógica partidária, mas também se associam a questões ideológicas mais amplas, como a vinculação ou não a entidades que defendam uma perspectiva liberal (mesmo que social-liberal). Nos Estados Unidos, por exemplo, em que o foco do debate tende a se voltar às ameaças à independência jornalística representadas por corporações com fins lucrativos ou ao controle passível de ser exercido pelos governos, houve aumento substancial de financiamento à esquerda progressista por parte de fundações liberais a partir dos anos de 1990 (FELDMAN, 2007), tendo essas doações se tornado cada vez mais importantes e começado a chamar a atenção de pesquisadores. Foi também a partir desse período, no Brasil pós-abertura democrática, que a *Fundação Ford*, atuante no país desde 1962, passou a concentrar esforços em mídia e liberdade de expressão, entre outros assuntos relacionados a direitos humanos e de propriedade e recursos naturais (Fonte: fordfoundation.org).

Entretanto, o caso brasileiro insere-se em meio a disputas e discussões sobre o papel do capitalismo e a atuação imperialista, sobretudo norte-americana, nas sociedades, podendo ser relacionado tanto à procura por autonomia como a um espírito revolucionário presente em várias dentre as iniciativas da BP, em muito proveniente de uma "identidade comunista" (cf. FERREIRA, 2002). Ademais, a reconfiguração das dinâmicas de comunicação promovida pela BP dilui em alguma medida os dilemas apresentados em relação ao recebimento de financiamento via fundações, por exemplo, cujo temor recai ao menos em parte sobre a prevalência da pulverização informativa em detrimento do furo jornalístico. Ao apresentar o jornalismo como atividade em rede, em boa medida colaborativa entre os agentes, vemos que o compartilhamento de notícias e pontos de vista em um ecossistema midiático proporciona a circulação da informação política, além da oportunidade para o ajuntamento de novos elementos que contribuam para seu aprofundamento e promoção de novas perspectivas. Elementos que acabam por viabilizar a circulação de enquadramentos produzidos pelos agentes progressistas também em outros ecossistemas, a partir da interação com agentes periféricos.

CAPÍTULO 5

UM NOVO CAMPO PARA O EXERCÍCIO DO JORNALISMO

> *Diz a lenda que na campanha de 2010 um candidato lançou mão de espionagem para descobrir como funcionava a "articulação" de blogueiros. Ele acreditava existir alguma "central" onde recebíamos instruções e, obviamente, o ouro de Moscou. Nunca entendeu a lógica horizontal e a balbúrdia informativa da blogosfera. Não existe "articulação". É um grande mito. O Centro de Mídia Alternativa Barão de Itararé promove encontros, seminários, aulas, debates, troca de informações. Mas, em termos da definição de pauta ou de opinião emitida nos blogs, é cada um absolutamente por si.* (AZENHA, 2016; entrevista à autora)

> *Eu sempre apostei nessas articulações coletivas, acho que isso tem muito a ver com o Fórum Social Mundial. Para mim ele foi inspirador aí. De 2001 pra cá as minhas apostas todas foram em movimentos mais amplos e coletivos do que em iniciativas individuais. [...] Porque é muito mais importante, a despeito das diferenças que eu tenho com algumas dessas pessoas, e com algumas que inclusive tão na organização [do movimento BlogProg], é muito mais importante tá junto do que tá sozinho. É aquela velha história, né?! É melhor perder junto do que ganhar sozinho.* (ROVAI, 2016; entrevista à autora)

A internet possui potencial de dar força e visibilidade a agentes menores, permitindo-lhes ter mais voz e disputar espaços antes ocupados quase que exclusivamente por instituições tradicionais, como "a imprensa" e "os partidos políticos". O discurso tradicional sobre o ciberespaço, entretanto, e em especial as perspectivas pós-modernas, tende a acentuar o poder do indivíduo em paralelo à diluição da ideia de coletividade, enfatizando-se a fragmentação das relações. Dentre os estudos que procuram entender a ação de indivíduos em rede, destaca-se a pesquisa desenvolvida por Lance Bennet e Segerberg (2012), em que as interações estabelecidas entre agentes, em nível individual, micro, não institucionalizado e difuso, seriam os substitutos dos arranjos tradicionalmente estabelecidos em movimentos organizados, quando se trata de ações ou articulações digitais. Trabalhos posteriores, como os desenvolvidos por Gerbaudo (2016; 2014; 2013), buscaram resgatar a relevância dos mecanismos tradicionais de organização para os movimentos contemporâneos, encarados como iniciativas coletivas em que o todo se torna maior que a soma das partes, em que novas formas de liderança se apresentam, mas cujo terreno de ação é compartilhado com lideranças tradicionais.

É nesse sentido que entendo a BP, capaz de aproveitar as possibilidades da internet, construindo redes de compartilhamentos entre seus agentes – articulações que se configuram como estratégias de empoderamento do indivíduo pelo grupo. O fenômeno brasileiro constitui, assim, uma lógica de comunicação que une desiguais, os quais não comungam de um projeto unitário e coordenado, imposto de cima para baixo e, portanto, é incapaz de construir maiorias dentro da rede via consentimento de seus integrantes. Não que inexistam ações coordenadas dentro da BP, mas estas se apresentam mais em meio aos perfis de militância. Como espaço de jornalismo, a articulação se dá principalmente por meio de um sistema de compartilhamentos e recomendações recíprocas do qual participam jornalistas cujo *know-how* fora trazido para a rede a partir de atividades exercidas em mídias tradicionais *mainstream*, atuando ao lado de novos atores ou agentes cujo capital simbólico não é proveniente da experiência na imprensa. Isso confere novas cores ao conceito gramsciano de hegemonia, uma vez que a BP consegue atingir mais adeptos à medida que funciona como campo de diversidade. Sem, entretanto, pôr de lado o papel dessas lideranças, em especial aquelas construídas em experiências anteriores. São "vanguardas digitais" (GERBAUDO, 2016), grupos de agentes muitas vezes unidos por relações de amizade e camaradagem, as quais inclusive extrapolam o online, e que acabam por assumir o papel de lideranças dentro da BP. São mais que produtores principais, funcionam como organizadores do ecossistema midiático.

A BP se apresenta, portanto, como um novo campo para o exercício do jornalismo, que se desenvolveu na rede (*web*) e conseguiu ser em rede, implementando um projeto compartilhado de imprensa alternativa. O fenômeno se constitui a partir de um mal-estar com o jornalismo tradicional e seus principais representantes no Brasil, começando a se desenhar como um ecossistema midiático original em meados dos anos 2000 ao agregar diferentes agentes, englobando, com isso, uma multiplicidade de agendas. De modo geral, em sua gênese reuniram-se jornalistas experientes, insatisfeitos com o mercado de trabalho no qual atuavam, que ansiavam por independência profissional e que foram desligados ou se desligaram de veículos da grande mídia; militantes políticos e de outros movimentos sociais vinculados à esquerda; e profissionais recém-chegados a um mercado de trabalho incapaz de recepcioná-los a partir dos meios tradicionais de jornalismo. Como já discutido em outros momentos deste livro, o fenômeno brasileiro articula um conjunto de relacionamentos desiguais entre esses agentes, nem todos estes se definindo da mesma maneira a partir do referencial "blogosfera progressista" – não havendo unidade nem entre os agentes que compõem seu "núcleo duro".

> *O Azenha vem de uma história mais profissional, de jornalismo profissional, e o Azenha era um cara que se considerava muito mais à esquerda do que o governo, então ele sempre ficava muito irritado com isso [identificação da BP como governista ou chapa-branca], sobretudo porque a concepção de Blogosfera Progressista parecia unir os diferentes e, tipo assim, o Azenha não queria ser identificado como um cara tipo Eduardo Guimarães, que era um cara muito bem resolvido como governista e que não via problema nenhum naquilo. Então tinha concepções diferentes.* (ROSÁRIO, 2017; entrevista à autora)

Neste capítulo, pretendo investigar forças que tensionam e que também convergem para a conformação da BP enquanto ecossistema, ou seja, tendências que chamo centrípetas, pois contribuem para promover certa estabilidade e coesão à BP; e centrífugas, por envolverem disputas internas. As citações de Azenha e Rovai apontam em ambos os sentidos. A polêmica em torno da percepção ou não de uma "articulação" entre os blogueiros e demais componentes da iniciativa brasileira sugere concepções diferentes da palavra, assim como da forma de funcionamento da BP.

Referindo-se a realidades diferentes, ambas as falas reconhecem que há elementos unificadores, centrípetos, que organizam a BP; e elementos centrífugos, mais relacionados à produção de conteúdo, à liberdade e autonomia profissional desses agentes. Quando se refere a "articulação", Azenha tem em vista uma crítica à homogeneização da alteridade e ao estabelecimento de hierarquias bastante relacionadas ao controle exercido pelos partidos políticos e suas lideranças, que abarca certa noção de centro (ou poder centralizado) que antecederia o lugar particular de cada agente, indicando, enfim, a subordinação dos membros da BP a um projeto maior, com tons partidários. Já Rovai reconhece a iniciativa como projeto compartilhado, que envolve articulação não pela ideia de "centro" emanador de diretrizes a serem seguidas pelos agentes da BP, mas a partir da noção de estratégias de construção de alianças de reciprocidade entre esses agentes. Conceito que compreendo segundo a perspectiva de Marcel Mauss (2003), em que "reciprocidade" aparece enquanto um complexo sistema de trocas que contribuem para o estabelecimento de congregações, de alianças entre sujeitos de um mesmo grupo e também externas a ele – "alianças tribais e intertribais ou internacionais" (p.310) – em que "dádiva, obrigação e liberdade se misturam" (p.284); ressaltando-se o caráter voluntário, aparentemente livre e gratuito dessas relações, e no entanto, ao mesmo tempo, substancial e interessado.

Neste sentido, a BP constitui um fenômeno original que apresenta contribuições específicas sobre diferentes modelos de financiamento adotados contemporaneamente para viabilizar iniciativas relacionadas ao jornalismo (como mencionado no capítulo 4), bem como para se compreender o campo alternativo de mídia brasileiro, tendo essas vanguardas digitais ocupado lugar de destaque enquanto projeto de hegemonia – pelo menos se pensada a partir de seu centro institucional, o *Barão de Itararé*. A iniciativa progressista brasileira desafia noções que compreendem a mídia alternativa enquanto essencialmente contra-hegemônica e desprovida de hierarquias; de perspectivas que a aproximam de tradições anarquistas, em particular experiências provenientes da variedade de estratégias de comunicação mediadas por computador disponibilizadas pelos avanços tecnológicos da internet (cf. ATTON, 2002; BENNET; SEGERBERG, 2012). Vista enquanto imprensa, ela unifica diferentes agendas a partir do contato entre os agentes propositores dessas agendas, formando uma rede de agendas que possuem como ponto em comum a identificação ideológica, em diferentes matizes, com a esquerda política e seus desdobramentos, o que inclui a busca pela concretização do ideal de jornalismo independente e alternativo ao *mainstream*. Algo que, não surpreendentemente, se aproxima do papel da imprensa segundo Vladimir Ilich Lênin, para quem esta "não se restringe à educação política e à conquista de aliados políticos. O jornal é mais que um propagandista e um agitador coletivo, é também um organizador coletivo" (2006, p.102). Sob esse prisma, na luta política, o jornal seria o primeiro passo para a garantia de êxito, promovendo 1) laços de união entre os agentes políticos militantes e aqueles dispersos, que querem participar da luta, mas que são fracos justamente porque estão dispersos e 2) no lugar de uma possível "agitação dispersa" uma agitação sistemática e geral, feita pela imprensa a partir de um de seus principais traços, a periodicidade.

Traçando o paralelo com o fenômeno estudado neste livro, o que é a BP senão um movimento espontâneo de unificação de formas de dispersão, iniciado por blogueiros, cujo êxito repousa sobre os laços de união que conseguiram estabelecer entre si – pequenos agentes midiáticos em um sistema de oligopólios concentrado nas mãos de poucas famílias (mais recentemente, tendo passado também a incluir grandes empresas de tecnologia) e que envolvem relações políticas? Contra a dispersão característica de iniciativas locais, capitaneadas solitariamente por blogueiros de norte a sul do país, de forma quase isolada, o *Barão de Itararé* apresenta-se como um elo a promover o encontro, fortalecendo a unidade da BP como novo projeto de imprensa alternativa. Retomando o argumento inicial, o equilíbrio entre forças centrífugas e centrípetas se dá a partir do modelo leninista/gramsciano que entende a imprensa enquanto liderança cultural e político-ideológica necessária na busca da promoção de consenso e influência sobre a vontade coletiva. Porém, não se encerra nesse modelo, uma vez que a BP é o ente capaz de aliar forças de diferentes agentes pequenos (blogs, sites de mídia alternativa...), que se utilizando de mecanismos de construção de rede conseguem potencializar o alcance de seus pontos de vista. E faz isso porque mantém sua essência democrática pluralista, tão vinculada aos movimentos sociais e ao ideal de imprensa alternativa e independente que estão na gênese da BP na qualidade de movimento midiativista. Promove, assim, um ecossistema midiático que se aproxima do modelo agonístico de democracia (MOUFFE, 2003; MOUFFE, 2005a) em que há oportunidade para a expressão de interesses e valores conflitantes, apresentando-se como território para o desenvolvimento de um modo integracionista de organização de seus agentes. É em especial sobre o aspecto organizativo desse ecossistema midiático que estou interessada.

Para tanto, será enfatizado neste capítulo as principais instâncias que unificam a BP enquanto projeto de jornalismo alternativo de vanguarda, em que a imprensa é compreendida consensualmente por seus integrantes como um elemento político em si. Apesar de permanecer atenta aos pontos de dissenso, como a falta de convergência entre os agentes da BP em como esse projeto de comunicação política de fato deveria ser implementado. Desta maneira, o foco recairá sobre 1) a construção de redes entre os agentes da BP, capazes de comporem um ecossistema particular no campo midiático brasileiro; 2) a utilização de links e de um sistema de recomendação, buscando entender como funcionam e operam; 3) o principal ente de união institucional da BP, o *Barão de Itararé*; e 4) as periferias desse ecossistema, instâncias que participam da rede, mas não são BP; assim como os elementos de disputas pelo campo que são capazes de agregar à discussão.

5.1 A construção de redes

Como funciona a rede composta pelos blogueiros progressistas? Uma forma de olhar para as redes é entendê-las como "estruturas abertas capazes de expandir de forma ilimitada, integrando novos nós desde que consigam comunicar-se dentro da rede, ou seja, desde que compartilhem os mesmos códigos de comunicação (por exemplo, valores ou objetivos de desempenho)" (CASTELLS, 2016, p.554). Quando se trata da BP, ela está em essência relacionada ao jornalismo praticado em rede como um projeto compartilhado de imprensa alternativa que se opõe às organizações de mídia tradicional dominantes no cenário nacional. Trata-se de *"network journalism"*, mas menos tendo em vista a produção da notícia colaborativamente, em especial para obtenção de informações confiáveis e da qual a audiência também participa (VAN DER HAAK; PARKS; CASTELLS, 2012), e mais as práticas utilizadas pelos agentes da BP para se promoverem segundo autoridade interpretativa no campo do jornalismo político.

A BP apresenta um novo modelo de jornalismo que se assenta sobre estratégias de baixos recursos, de orçamento reduzido (em geral, menos por vontade de seus integrantes e mais por conta das circunstâncias), cujo poder se dá por contato, da conexão estabelecida entre agentes – a qual abarca relações de poder internas, que geram distinções e estabelecem hierarquias. Sob essa perspectiva, a articulação que contribui para promover os arranjos que dão forma à BP enquanto rede se dá a partir da construção de alianças entre seus membros. O poder da iniciativa e seu impacto no sistema midiático brasileiro surgem da articulação entre blogueiros e demais integrantes, que desempenham diferentes papéis no ecossistema que compõem, possuidores de capitais simbólicos distintos em nível individual. Esses perfis (jornalista, "publicista", militante político, intelectual...)[63] contribuem para organizar a distribuição de trabalho dentro da BP, algo que se dá não a partir de um "centro", mas de uma racionalidade a partir de um fim.

---

[63] Esses perfis foram apresentados e discutidos de forma mais detalhada no terceiro capítulo deste livro.

> *A gente sempre teve muita organicidade política, porque todo mundo era de esquerda. Todo mundo entendia que o principal partido de oposição era a mídia. E a mídia, sempre a grande mídia era contra todas as políticas públicas mais progressistas e isso sempre uniu a gente. A defesa por uma regulamentação da mídia democrática sempre uniu muito a gente.* (ROSÁRIO, 2017; entrevista à autora)

A rede BP, como apontam as falas de agentes como Miguel do Rosário, Renato Rovai e mesmo Luiz Carlos Azenha, para citar apenas os nomes já mencionados neste capítulo, surge porque existe um projeto compartilhado entre blogueiros e demais integrantes do agrupamento, algo que aponta para um comportamento de matilha, conceito que permite traduzir a ação conjunta de agentes que vai desde o compartilhamento de textos uns dos outros até a defesa de seus agentes, quando ameaçados. Essa foi, inclusive, uma das formas utilizadas para a identificação da rede formada pelos blogueiros, no início desta pesquisa, a partir do rastreamento da repercussão de assuntos como o caso envolvendo o possível fim do blog *Viomundo*, em 2013 – conforme será discutido adiante.

E se um dos principais valores aglutinadores da blogosfera é a articulação de seus componentes segundo oposição ou alternativa à grande mídia, entre os catalisadores que precipitaram a entrada de jornalistas de renome para o movimento de crítica à imprensa tradicional estavam demissões, motivadas por crises nas empresas jornalísticas ou divergências desses profissionais com a linha editorial adotada pelo órgão noticioso em que trabalhavam, acentuadas à época das eleições presidenciais de 2006, em que o candidato do PT concorria à reeleição com amplas chances de vitória. Nesse momento, a existência de um suporte amplamente acessível (tanto a emissores quanto a receptores) para a veiculação das notícias, na forma dos blogs, possibilitado pelos avanços na comunicação em rede, aliado ao ideal construído durante o regime militar de "imprensa alternativa", propiciaram não apenas a migração de jornalistas de renome para a blogosfera, como o sentimento de que ali era o lócus para a consolidação do projeto de jornalismo político independente. A articulação da blogosfera se constrói, entre outros fatores, em torno de algo que aparece como dado entre os "blogueiros progressistas": a partidarização dos principais veículos de comunicação brasileiros, colocando-se em oposição ao governo do PT a fim de preencher o que seria uma lacuna deixada pelo enfraquecimento dos partidos de direita. Como visto anteriormente, uma expressão compartilhada pela BP para se referir à grande mídia – em particular à *Rede Globo*, à revista *Veja* e aos jornais *Folha de S. Paulo e Estado de S. Paulo* – é a sigla PIG (Partido da Imprensa Golpista), difundida em especial por Paulo Henrique Amorim em seu *Conversa Afiada*. Nesse sentido, é interessante encarar a BP como parte de uma ecologia da mídia contemporânea no Brasil que, ao se inserir como alternativa de jornalismo, também se constrói a partir do jornalismo *mainstream*.

> *Até desenvolvi a teoria sobre blogosfera [progressista], que ela era uma criação biológica da grande mídia. Assim como os mamíferos se multiplicaram à sombra dos dinossauros, os blogs se multiplicavam à sombra da grande mídia. Havia toda uma demanda por informação e por opinião que a grande mídia não supria.*
> (ROSÁRIO, 2017; entrevista à autora)

A iniciativa apresenta, portanto, uma perspectiva que aponta para a politização da mídia. Algo que deve ser encarado menos como desvio de jornalismo (o que ocorre quando ainda se está preso à dimensão do jornalismo informativo, perspectiva à qual este livro não se vincula), mas como uma tendência de um processo de transformações que abarca a imprensa do Brasil e de outros países, como os Estados Unidos. O estudo de Stroud (2011), por exemplo, relaciona a partidarização de meios de comunicação norte-americanos à competição por fatias de mercado, com o desenvolvimento de uma imprensa mais à direita ou à esquerda no espectro político motivada pela disputa de audiência. No caso brasileiro, a formação da BP não pode ser explicada apenas pelo componente mercadológico – apesar deste ocupar lugar de destaque para o entendimento do fenômeno (LYCARIÃO; MAGALHÃES; ALBUQUERQUE, 2018). Como exposto nos capítulos anteriores, aos avanços proporcionados pela comunicação em rede somam-se: a) transformações políticas ocorridas com a eleição do candidato do Partido dos Trabalhadores em 2002, momento em que a esquerda passa a ser o referencial de Estado, de poder e, portanto, a ocupar o lugar de principal financiador dos órgãos de imprensa por meio da verba oficial gasta em publicidade; b) um movimento de crise da objetividade, reverberado principalmente entre os jovens (MARCHI, 2012) e que obriga jornais e jornalistas a repensarem seu posicionamento na sociedade de modo a garantir a sobrevivência de sua autoridade enquanto intérpretes do cotidiano, paralelamente ao imaginário de "imprensa livre e alternativa" compartilhado por esses profissionais, que tem suas origens ainda na década de 70 (KUCINSKI, 2001; SILVA, 2007).

Ao longo da evolução da BP, seus componentes construíram entre si uma rede de relacionamentos (*network*) segundo uma lógica de coletividade que privilegia fortes conexões, que permanecem para estruturar a ação de seus integrantes; laços emanados a partir de agentes considerados "centrais". Vale, porém, esclarecer que é possível estabelecer referenciais distintos em termos do que é considerado "central" nessa rede, o que proporcionará projeções distintas de redes. Quanto ao *modus operandi*, os elementos centrais ou "nodais" da BP ocuparão posição de destaque em virtude dos contatos que estabelecem com outros agentes, de *network*, o que ajuda a explicar a iniciativa enquanto projeto compartilhado de jornalismo político e alternativo que abarca diferentes agentes que terão pesos (ou proporções) diferentes na rede. Ou seja, quanto mais conexões um agente consegue estabelecer, mais central ele será considerado nesse ecossistema midiático, indicando o poder social que possui com base em quão bem ele se conecta à rede – o que é possível demonstrar visualmente ou, ao menos, ilustrar graficamente[64]. Na rede progressista brasileira, destacam-se blogueiros que possuem forte capital simbólico, seja ele construído anteriormente à existência do ecossistema midiático progressista na internet – o que em geral é o que ocorre – ou não.

Por outro lado, sob uma perspectiva institucional, o "centro articulador" da BP ocupa lugar pouco proeminente na rede, operando o *Barão de Itararé* como agente que unifica a BP "de fora" da rede, organizando-a a partir de encontros e cursos de treinamento, entre outras iniciativas. O aspecto organizativo diz de uma rede de relações que se estabelecem e se fortalecem por via institucional, offline, mas que a extrapolam à medida que o potencial de trocas possibilitado pelo universo online é explorado. Assim, quando falo da articulação entre os agentes da BP, me refiro também ao estabelecimento de uma rede de conexões e de estratégias de legitimação mútua de seus agentes que englobam o uso de links, citações, indicações de páginas (*blogroll*, geralmente intitulado "blogprog"), compartilhamento de conteúdo produzido por blogueiros, sites e perfis que coabitam esse ecossistema midiático. *"A gente ajuda uns aos outros a compartilhar as notícias. Isso é bom. O Nassif publica texto d'O Cafezinho, eu publico o texto do Nassif. A gente sempre teve essa lógica do compartilhamento"* (ROSÁRIO, 2017;

---

[64] Dentro da teoria de gráficos e análise de rede, existem várias medidas da centralidade de um agente, que determina sua importância relativa dentro do gráfico (por exemplo, quão importante é uma pessoa dentro de uma rede social). Para esta obra, darei preferência à medida de centralidade de grau ou "grau do nó" (Cf. KOSORUKOFF, 2011; RECUERO et. al, 2015), como poderá ser visto mais à frente.

entrevista à autora). Portanto, a despeito de a palavra "articulação" gerar ruído, ela contribui para explicar o fenômeno de formação de *network* na BP.

5.2 Sistemas de recomendação, links e compartilhamentos

É possível verificar a atuação dos múltiplos agentes da BP por meio de laços que conectam um blog ao outro, dando contornos mais definidos (e inclusive possíveis de serem visualizados) à rede que eles formam. Esses laços de solidariedade ou reciprocidade com outros blogueiros não apenas contribuem para a construção da BP, como atuam na demarcação de seu território. Uma característica dos blogs progressistas habilmente empregada em favor do reforço da "autoridade jornalística" dos blogueiros é o uso de lista de recomendações de outros veículos alternativos (*blogroll*), links, citações mencionando postagens presentes nos blogs uns dos outros e compartilhamentos de textos – sejam trechos ou na íntegra. Isso contribui para validar a notícia, bem como a perspectiva adotada e defendida como certa ou verdadeira pela BP, promovendo coletivamente a autoridade interpretativa de seus integrantes.

Esses sistemas de recomendação não se apresentam igualmente distribuídos entre os agentes da BP. Primeiramente, algumas páginas, principalmente até os primeiros anos da segunda década dos anos 2000, possuíam pouquíssimo conteúdo próprio, funcionando mais como "reprodutoras" de material de outros agentes, seja apresentando o texto na íntegra ou apenas um comentário seguido de link. Além disso, a recomendação de blog ou site feita por um agente cuja expressividade é reduzida no cenário midiático possui peso distinto se comparado ao daquela feita por um agente nuclear, por exemplo. No primeiro caso, trata-se mais de ratificar um lugar de fala já conquistado por um integrante que se destaca na BP: ele é central, possui uma boa rede de relações já estabelecidas e conquistou um público expressivo de leitores; a recomendação vinda por um outro agente "menor" apenas confirma isso, assim como a adesão desse segundo agente à iniciativa progressista. Por outro lado, constar no *blogroll* de um blogueiro já expoente "empodera" as páginas ali indicadas, ajudando a conferir-lhes visibilidade e capilaridade dentro da rede. Portanto, nesse cenário, "quem" recomenda, compartilha ou reproduz importa e faz diferença.

A presença de links conectando diferentes blogs funciona, ainda, como vínculos permanentes que, ao se sobreporem e se somarem uns aos outros, agregam paulatinamente novos blogs, construindo a estrutura desse espaço de convivência e produção de sentido que é a BP. Mas se a construção de uma rede de compartilhamento acentua-se através dos links, não se concretiza apenas por meios deles: os blogueiros progressistas costumam citarem-se entre si, mencionar uns aos outros, formando-se como grupo coeso, apesar de heterogêneo. Nessa teia de referências inter-blogs é possível identificar "nós" centrais e outros periféricos, e isso impacta no grau hierárquico ou de importância que cada agente atinge na BP enquanto rede. Quanto mais central, com mais agentes orbitando a seu redor, maior tende a ser o destaque do blogueiro e sua capacidade de difundir conteúdo capaz de ser considerado relevante em longo prazo para a respectiva da rede, bem como disseminar interpretações, apropriando-se para isso, inclusive, dos produtos da grande mídia. O conjunto de "nós" que se destacam compõe, portanto, o centro da rede – de onde as informações tendem a surgir como relevantes (e serem compartilhadas por outros agentes) ou a ganhar maior visibilidade (quando não se originam nesses nós centrais, mas a partir deles são repercutidas pela BP e, quem sabe, para além dela).

Outros blogs, apesar de produzirem conteúdo próprio, se caracterizam menos pelo que publicam e mais por serem disseminadores de discussões de interesse da rede, cujo conteúdo provém, em geral, de algum outro blogueiro progressista. É importante ressaltar, porém, o caráter dinâmico da rede. A popularidade de cada agente é construída coletivamente, cotidianamente. E pode sofrer variações. Como houve com o blog *Cafezinho*, que até 2013 participava de forma modesta da blogosfera, mas se tornou central no debate em torno do caso que ficou conhecido como *Globogate*, ao dar início às denúncias sobre sonegação fiscal envolvendo a *Rede Globo*.

> *Ali deu um status para a blogosfera inteira, na realidade. O status de jornalismo investigativo que, na verdade, a gente não tinha conseguido atingir. Era só opinião, ou seja, muita crítica porque a gente ainda tem um certo aspecto meio parasitário, no bom sentido. Porque a gente ainda não tem uma estrutura para ficar produzindo grande, mas a gente ressignifica, a gente publica um texto da grande mídia e isso ressignifica.* (ROSÁRIO, 2017; entrevista à autora)

5.2.1 Articulação como estratégia de (re)ação: o caso do fim do Viomundo

Uma das estratégias que contribuem para promover unidade à BP é a articulação desempenhada pelos blogueiros como (re)ação conjunta a desafetos ou outras ameaças "externas". Foi o que houve em torno da condução coercitiva do blogueiro Eduardo Guimarães, em março 2017, ligada aos desdobramentos da *Operação Lava Jato*, para citar um evento específico; ou das respostas desencadeadas pelos processos judiciais movidos contra blogueiros progressistas ao longo dos últimos anos.

> *Agora a gente tá mais unido do que nunca, porque agora com o golpe você vê que o Sérgio Moro foi para cima do Eduardo Guimarães, entendeu? Então a gente precisa ficar unido pra gente se proteger. As circunstâncias políticas unem a gente o tempo inteiro, mas a gente é muito diferente, a gente tem estilos diferentes. Tem uns que têm mais afinidade um com o outro, tem uns que são mais amigos uns dos outros. Só que, hoje em dia, depois de tantas vicissitudes e dramas vividos juntos, a gente se tornou muito amigo, a gente se aproximou muito nesse período todo. A gente se conhece bem, cada um conhece bem suas virtudes e defeitos.* (ROSÁRIO, 2017; entrevista à autora)

Ainda em meados da segunda década de 2000, em especial a partir de 2012, a "blogosfera suja" passou a anunciar de forma cada vez mais intensa uma ameaça crescente à sua sobrevivência: as somadas ações judiciais a que blogueiros respondiam. Em meio às iniciativas que buscavam alguma forma de reação, estava a campanha "SOS-Blogueiros" promovida pelo *Barão de Itararé*, lançada em maio de 2012 "como resposta à crescente onda de perseguição à blogosfera" (BORGES, 2013). Pairando sobre os agentes da BP, destacavam-se os processos movidos pelo diretor de jornalismo da *TV Globo*, Ali Kamel.

> [...] está claro que Ali Kamel usa a Justiça para se vingar de todos aqueles que criticam o papel por ele exercido à frente da maior emissora de TV do país. [...]
>
> Em 2010, Ali Kamel virou alvo de críticas fortes (mas nem por isso injustas) na internet. Deveria estar preparado para isso. Dirige o jornalismo de uma emissora acostumada a usar seu poder para influir em eleições. Passadas as eleições de 2010, Kamel muniu-se de uma espécie de "furor processório". Iniciou ações judiciais contra esse escrevinhador, e também contra Azenha (*VioMundo*), Marco Aurélio (*Doladodelá*), *CloacaNews*, Nassif, PH Amorim... Todas praticamente simultâneas. Estava claro que Kamel pretendia mandar um recado: "utilizarei minhas armas para o contra-ataque; não farei o debate público, de conteúdo, partirei para a revanche judicial".

> [...] O processado (ou os processados) são jornalistas e blogueiros "sujos", sem eira nem beira. O objetivo é sufocar-lhes (financeiramente) com os processos. (VIANNA, 2013)

Essa postagem de Rodrigo Vianna em seu blog *Escrivinhador* acabou por ser, cronologicamente, o ponto de partida para se traçar a mobilização da BP em torno do caso do fim do blog de outro jornalista e ex-global, Luiz Carlos Azenha, este também processado pelo diretor da *Central Globo de Jornalismo* Ali Kamel. Alguns dias depois, o *Viomundo* de Azenha republicou um texto da versão online do jornal *Brasil de Fato*, repercutindo a derrota em segunda instância de Rodrigo Vianna para Kamel e citando outros blogueiros que "colecionam no currículo ações criminais impetradas pelo diretor da vênus platinada" (RAFAEL, 2013). Na matéria, o currículo de Vianna é apresentado ao leitor, inclusive sua passagem pela *Globo* e o motivo de sua saída – "por discordar da cobertura parcial da emissora nas eleições presidenciais de 2006". O sucesso do blog *Escrivinhador* é dimensionado, "mais de 30 mil acessos diretos por dia". Essa informação, somada a outra presente na abertura do texto, contribuem para situar a importância da blogosfera: "Um dos espaços mais fortes de contraponto à hegemonia dos grandes meios de comunicação são os blogs de jornalistas e ativistas espalhados pela internet" (Id., Ibid.).

Em 29 de março de 2013, um novo caso relacionado aos processos envolvendo Ali Kamel e blogueiros despertou maior comoção em meio à blogosfera em virtude de seu potencial desfecho dramático. Tudo teve início com uma postagem às 11h42, na qual Luiz Carlos Azenha anunciou no *Viomundo* que fora condenado a pagar uma indenização de 30 mil reais a Kamel por "uma suposta 'campanha difamatória'" (AZENHA, 2013a). Como costume na Blogosfera, ajudando inclusive a definir seus contornos como rede e a estabelecer gradações de proeminência dentro dela, o texto faz menção a outros blogueiros processados pelo diretor da Globo, como Luis Nassif, "sr. Cloaca", Rodrigo Vianna e Marco Aurélio Mello. Além disso, há um link para o blog de Miguel do Rosário (*Cafezinho*), levando a uma postagem "sobre as represálias da Globo contra blogueiros" escrita quando da condenação de Vianna. O texto de Azenha "Justiça conclui que Ali Kamel não manda na Globo" circulou na blogosfera. No mesmo dia foi reproduzido por Paulo Henrique Amorim, que apresenta o diretor global com sarcasmo ao leitor (o "Gilberto Freire com 'i'"). A matéria do *Viomundo* foi publicada na seção "humor" do *Conversa Afiada*, mas uma nova postagem de Azenha, horas depois, daria contornos inesperados à notícia.

Na postagem "Globo consegue o que a ditadura não conseguiu: calar imprensa alternativa", publicada na seção de "denúncias" de seu blog, Azenha anuncia: "Perdi. Ali Kamel e a Globo venceram. Calaram, pelo bolso, o *Viomundo*" (AZENHA, 2013b). A postagem repercutiu como prelúdio do "fim do *Viomundo*" e provocou reação da rede em apoio ao blogueiro. No dia seguinte, o *Viomundo* publicou um texto enviado por e-mail pelo jornalista Igor Felippe, pedindo a Azenha e à corresponsável pelo blog Conceição Lemes que mantivessem a página em atividade. Na mensagem, o jornalista afirma: "Azenha, cabe a você continuar o seu grande trabalho, porque o fechamento do blog representaria uma derrota para todos nós" (FELIPPE, 2013). Exatamente uma hora e vinte minutos depois, o blog *Escrevinhador* publicou o texto de Azenha anunciando o fim do *Viomundo* com a manchete "A Rede Globo quer calar o Azenha (mas não conseguiu)"; sobre o título, um chapéu arremata a mensagem: "Todo apoio ao VioMundo". No mesmo dia, Paulo Henrique Amorim republica um texto do também jornalista e blogueiro Altamiro Borges, sobre a relação dos jornais brasileiros com o Golpe Militar, sob o título "1964 foi a obra prima do PIG: O PiG está mais vivo do que nunca. Na porta do STF, pronto para dar outro Golpe".

No domingo, 31 de março, é a vez da própria Conceição Lemes pedir a Azenha que este mantenha o *Viomundo*. Numa publicação, ela explica sua relação com o jornalista à frente do blog: "democraticamente divergimos em relação ao futuro do *Viomundo*. Sou contra o fim do site. Se a Globo está jogando seus *tomahawk* contra nós e outros jornalistas/blogueiros de esquerda, é porque incomodamos, estamos no caminho certo. Mais um motivo para não jogarmos a toalha" (LEMES, 2013). Novamente, os processos contra outros jornalistas, nomeados no texto, são utilizados como prova da violência, estabelecida por vias judiciais, que a profissão vem sofrendo.

Na segunda-feira, o *Escrevinhador* postou um texto sobre liberdade de expressão, do jornal *SPressoSP*. A aba já alertava quanto ao "risco à liberdade", com o título "a rede e a liberdade de criação" completando a mensagem à blogosfera e seus leitores. Ainda no dia 1º de abril, Azenha informava aos companheiros que se preocuparam e pediram pela continuidade do blog que "a solidariedade genuína, idealista e altruísta de todos vocês finalmente me convenceu" (AZENHA, 2013b). Além da boa nova, a publicação trazia à tona uma preocupação que tem sido cada vez mais expressa pelos blogueiros da rede, relacionada a financiamento e manutenção das páginas do segmento progressista na *web*.

> Como tocar um blog que não aceita patrocínios de governos, empresas públicas ou estatais – uma decisão tomada porque esperamos que Globo, Veja, Folha e Estadão nos sigam – e ainda assim tenha a capacidade de debater políticas públicas de forma relevante, sem apenas reproduzir opinionismo político? Acreditamos que o Estado deve adotar políticas que incentivem a diversidade e a pluralidade, conforme previsto na Constituição. (AZENHA, 2013b)

A mensagem de Azenha foi acolhida com comemoração pela BP, com a reprodução da mais recente postagem do *Viomundo* nos blogs de Rodrigo Vianna e Paulo Henrique Amorim. Neste último, juntamente com o texto republicado, havia uma montagem com os "pré-candidatos" à presidência de 2014 Eduardo Campos e Aécio Neves prestes a serem guilhotinados, tendo o também presidenciável José Serra como carrasco. Acima da imagem, a ameaça: "Ali Kamel, o Azenha te espera na esquina..." (CONVERSA AFIADA, 2013a).

Nos próximos dias, o episódio envolvendo o quase fim do *Viomundo* permaneceu como pauta na blogosfera, funcionando como caso exemplar para expor o que alguns classificaram como "judicialização da censura", estratégia utilizada pelas grandes empresas de comunicação do país para "atacar e calar os blogueiros", bem como para tratar de questões relacionadas ao financiamento dos "blogs sujos".

O *Escrivinhador* publicou um texto postado por Azenha no *Viomundo* no dia 3 de abril daquele ano, que informava a criação de um fundo para batalhas judiciais por parte dos blogueiros. A postagem deixava claro algo que já havia sido notado: a organização da rede e a colaboração crescente dos blogueiros que a compõem uns com os outros, bem como o apoio conquistado em meio a segmentos da sociedade. Em seu texto, Azenha fazia menção aos jornalistas Altamiro Borges, Paulo Henrique Amorim, Rodrigo Vianna, Lino Bocchini e Lúcio Flávio Pinto.

> Reunidos ontem à noite na sede do Centro de Estudos de Mídia Barão de Itararé, em São Paulo, blogueiros, ativistas, militantes de partidos políticos, movimentos sociais e advogados decidiram, por consenso, criar um fundo para socorrer financeiramente colegas que sejam alvo de processos judiciais, ameaças ou violência em todo o Brasil. (AZENHA, 2013c)

Se o texto de Azenha enaltecia o fortalecimento da blogosfera, também aproveitava para criticar o PT por homenagear "quem fez mal" a "blogueiros progressistas" (a crítica se referia especificamente a uma homenagem póstuma a Cecílio do Rego Almeida, que processou, obtendo êxito, o editor do *Jornal Pessoal*, Lúcio Flávio Pinto, por acusar Almeida de ser grileiro de terras). Para além dessa postagem isolada, a questão do financiamento da BP constantemente é trazida à baila nos textos analisados. Como visto no capítulo anterior, a demanda de que o governo federal empregasse mais verba anunciando em "blogs de esquerda" é apresentada em perspectiva não apenas do incentivo à pluralidade democrática proporcionada pela internet, mas considerando um equilíbrio entre veículos que apoiam ou não o governo. "A questão não é financeira e sim política. Incomodamos não só porque mostramos os malfeitos da mídia corporativa, como também os dos seus apaniguados" (LEMES, 2013).

5.2.2 Notas metodológicas: mapeando a Blogosfera Progressista

Comecei o trabalho de mapeamento da BP no primeiro semestre de 2013. Nesse início de pesquisa, o foco de trabalho recaía sobre o que há de mais *suis generis* a qualquer blogosfera em termos de atores, os blogueiros que a compõem. Comecei a pesquisa de modo ainda intuitivo, a partir de atores que identifiquei como claramente pertencentes ao rol progressista porque haviam assinado a Carta dos Blogueiros Progressistas, em 2010, como os jornalistas Luiz Carlos Azenha, Luis Nassif, Paulo Henrique Amorim e Rodrigo Vianna. Em termos de formato, percebi que as páginas de Amorim, Azenha, Nassif e Vianna se assemelhavam mais a sites de jornais que a blogs, com uma divisão em seções que aparentava as de cadernos ou editorias, e uma organização hierarquizada das postagens que lembrava a capa das publicações jornalísticas. Vale lembrar, entretanto, que este não era necessariamente o formato inicial daqueles endereços, tendo alguns começado adotando características bastante vinculadas ao formato tradicional de blog, como o *Viomundo* de Azenha. Além disso, os blogueiros compartilhavam outras características, entre elas a defesa de uma "democratização midiática" no país e a crítica antagônica aos veículos de comunicação *mainstream Folha de S. Paulo, O Estado de S. Paulo*, revista *Veja* e os principais produtos jornalísticos das *Organizações Globo*.

Em junho de 2013 haviam sido identificados 47 sites/blogs que construíam uma rede de compartilhamento mútuo, em que uns referendavam os outros. Para ser considerado parte desse nicho na blogosfera, estabeleci que era preciso identificar algum vínculo explícito ou implícito entre os endereços eletrônicos para serem considerados como pertencentes a uma mesma rede, seja por meio de links na página indicando "parceiros" (vínculo explícito), seja com a publicação de textos ou menção de outro *blog*, blogueiro ou expressão adotada amplamente pela comunidade (como a sigla PIG para se referir à grande imprensa tradicional). Percebi aí, além de uma rede formada entre esses blogs, um indício de que ela apresentava estrutura em que se estabeleciam hierarquias. Como elementos distintivos entre os blogueiros, havia um grupo que era mais citado ou páginas às quais links e menções eram direcionados, configurando-se como uma espécie de "núcleo duro". Outros, por outro lado, ocupavam papel coadjuvante, mas também essencial para o funcionamento da rede, de difusores de informação, compartilhando textos dessas páginas de destaque dentro da BP.

A partir da identificação dos endereços das páginas e de uma leitura ainda preliminar de suas postagens, foi montada uma tabela na qual deveriam ser preenchidos, além de a) o nome do blog e do principal responsável; b) a profissão e/ou formação do blogueiro, c) seu currículo ou como ele se apresenta no blog; d) qual a posição do blog no *ranking Alexa*[65]?; e) como se dá a vinculação à rede? – se explícita ou implícita; f) qual a aparência do blog? – se semelhante a um blog em sua formatação "original" ou se emulava um jornal, com divisão em seções; g) qual a forma de financiamento?; h) se apoia abertamente um partido ou não; e i) se a página possui slogan e qual seria. Essa tabela passou por constantes atualizações, uma vez que a blogosfera se mostrou um universo dinâmico, com novos agentes sendo incorporados ao passo que outros saíam de cena (geralmente porque a página entrava em manutenção e não retornava à ativa ou porque fora encerrada por seu responsável).

Para a elaboração de um mapa rudimentar da rede formada pelos blogueiros progressistas brasileiros optei por uma mudança de foco, me aproximando de uma abordagem guiada por uma temática (*issue-driven selection processes*) em vez de atores pré-definidos (*actor-driven approach*). Essa perspectiva metodológica é interessante porque, diferentemente do rastreamento por atores – que seleciona uma parcela específica e pré-definida da internet –, tende a incorporar ao *network* pesquisado todo tipo de

---

[65] Alexa é uma empresa de informação da internet que produz classificações (*ranks*) de tráfego global e de países específicos, que servem para se estimar a popularidade de um determinado endereço eletrônico local e globalmente. O *rank* por país é calculado usando a combinação de média diária de visitantes e *pageviews* no site por usuários do país no último mês. Aqueles com maior combinação de visitantes e *pageviews* alcançam melhores posições. Quando o levantamento de dados para a pesquisa foi concluído, em setembro de 2017, o primeiro lugar global era ocupado pelo *google.com*, seguido pelo *facebook.com*. A Alexa.com foi encerrada em maio de 2022. (Fonte: Alexa.com)

agente que compartilhe afinidades, a partir do comportamento em relação aos links que estabelecem em torno de determinado assunto. "Além disso, essa abordagem requer menos conhecimento a priori sobre os limites relevantes da rede à medida que a especificação da fronteira torna-se parte da análise" (ADAM et al., 2016, p.235). Assim, o ponto de partida adotado foi a identificação de 25 postagens em torno de um anunciado fim do blog *Viomundo*, do jornalismo Luiz Carlos Azenha, feitas entre os dias 15/01/2013 e 05/04/2013. O primeiro passo para encontrar o escopo de pesquisa foi identificar, utilizando a busca do *Google* e dentro do *Viomundo*, quais seriam os primeiros posts relacionados ao fim do blog de Azenha. As demais postagens foram rastreadas durante a navegação nos blogs por meio dos links que direcionavam para postagens sobre o assunto em outros endereços. Todas as postagens selecionadas possuíam relação, se não estrita, ao menos de forma ampla com a temática "fim do *Viomundo*", pois diziam respeito a processos judiciais sofridos pelos blogueiros progressistas, os quais significavam, para estes agentes, pressões ou constrangimentos externos (pelas vias judicial e econômica) para que encerrassem sua atuação na *web*.

Como a amostragem deixou ver, o caso "Azenha e o fechamento do *Viomundo*" causou comoção na BP, levando os blogueiros da rede a se mobilizarem em torno do assunto. As postagens utilizadas para o mapeamento da rede tinham, em sua maioria, os blogs *Conversa Afiada*, *Viomundo* e *Rodrigo Vianna* (*O Escrivinhador*) como "link de partida", ou seja, tinham sido originalmente postadas nesses blogs e depois repercutidas por outros atores, que disponibilizavam em suas páginas o link para o endereço de origem. Um critério de seleção utilizado para a confirmação da "centralidade" desses endereços de origem na rede dos blogueiros foi o cruzamento entre as informações disponíveis sobre os endereços já mapeados, sua classificação no *Alexa* e como, a partir dessa classificação, eles se apresentavam graficamente no mapa da internet[66] – *Conversa Afiada*, *Viomundo* e *Rodrigo Vianna* correspondiam àqueles melhor ranqueados e mais próximos uns dos outros no "mapa da internet", ocupando respectivamente as posições 495, 920 e 3.812 no cenário nacional em junho de 2013. Esse primeiro mapeamento, inicialmente restrito a uma "blogosfera" propriamente dita, como ponto de partida, levou à visualização de uma rede de relações composta principal-

---

[66] O mapa da internet é um esquema de disposição de objetos e sua posição relativa. Matematicamente falando, é uma apresentação bidimensional de links entre sites na internet. Cada site é um círculo no mapa, e seu tamanho é determinado pelo tráfego que representa na web. A troca entre websites forma links, e quanto mais forte a ligação, mais próximos os sites tendem a ficar uns dos outros. (Fonte: http://internet-map.net/)

mente por blogs e sites de organizações governamentais, movimentos sociais, partidos políticos e empresas de comunicação, cuja rede bruta é formada por 539 elementos **(figura 1)**.

Figura 1 – Rede bruta de relações – Mapeamento a partir do caso "Azenha e o fim do Viomundo"

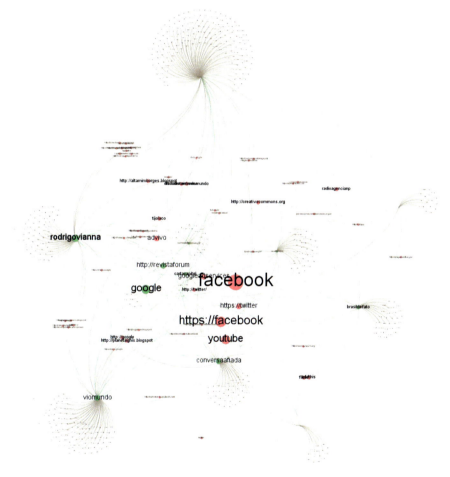

Fonte: a autora

A figura acima, porém, não representa a BP, mas permite a visualização de uma rede de relações estabelecidas por uma amostragem de seus componentes com outros agentes, identificada a partir dos links presentes entre esses endereços rastreados a partir da temática dos processos judiciais contra blogueiros. O foco da pesquisa – identificar os componentes da BP – fica eclipsado pela presença de páginas de extrema popularidade e peso na internet, caso de endereços *Google*, *Facebook* e *Youtube*. Assim, como estes não podem ser identificados como particulares de uma blogosfera, pelo contrário, foram retirados para a plotagem de um novo mapa **(figura 2)**, de forma a evidenciar o protagonismo do grupo pesquisado.

Figura 2 – Mapeamento rudimentar da Blogosfera Progressista Brasileira

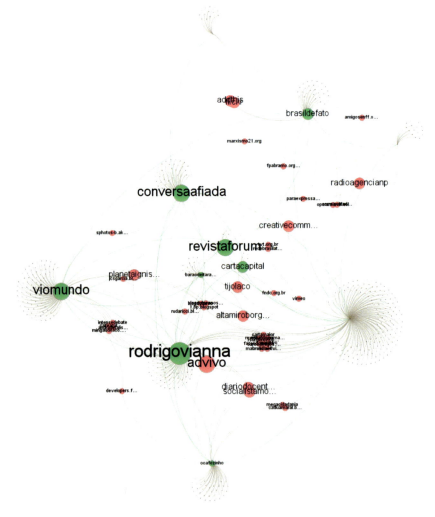

Fonte: a autora

Os mapas expressos nas **figuras 1** e **2** foram plotados com o uso do programa *Gephi*, algoritmo *Force Atlas 2, layout* que permite uma visualização prática de redes relacionais, em que a posição de um nó é determinada conforme a conexão que este estabelece com os demais – "sua essência é transformar proximidades estruturais em proximidades visuais, facilitando a análise e, em particular, a análise das redes sociais" (JACOMY *et al*, 2014, p.2). Para a coleta, utilizou-se o programa *Navicrawler*[67], o qual permite ao pesquisador navegar pelas páginas e, em paralelo, traçar o histórico dessa navegação por meio das ligações (links) entre as páginas (por meio das postagens selecionadas), bem como identificar e extrair os demais links disponibilizados pelos endereços (mesmo aqueles pelos quais não se navegou, mas que podem ser extraídos das páginas navegadas porque encontram-se incorporados a ela). Resumidamente, o processo de coleta de dados se deu com (1) a abertura da postagem do blog no *Navicrawler*, gerando a classificação "página visitada" (*visité*); (2) coleta, pelo programa, dos hiperlinks disponibilizados nas páginas, gerando a classificação "página vizinha" (*voisin*); e (3) navegação por meio dos textos sobre o caso, para encontrar as ligações disponibilizadas pelos autores/reprodutores da notícia – essas postagens classificadas como "visitadas". As figuras foram geradas utilizando-se páginas visitadas (em verde), uma vez que estas comprovadamente (porque as naveguei durante o processo de coleta) possuem postagens relacionadas à temática do fechamento do blog *Viomundo* ou a outros processos judiciais sofridos por blogueiros, como será descrito no subitem a seguir; e páginas vizinhas (em rosa), por estas possuírem ligações "físicas" (links) com a página visitada.

O tamanho dos elementos (nós) foi definido pela medida *grau de entrada* (*indegree*), "que representa a quantidade de conexões que um nó recebe" (RECUERO; BASTOS; ZAGO, 2015, p.66) e aponta para a influência ou relevância de determinado agente dentro da rede. Quanto mais conexões, ou seja, quanto mais links uma página recebe, maior ela será sua representação no mapa. A partir do exame do banco de dados da coleta que deu origem às **figuras 1** e **2**, selecionei não-automaticamente, manualmente e um a um, elementos que de fato seriam membros da BP ou manteriam com esta uma

---

[67] A lógica de exploração induzida pelo software, desenhado e desenvolvido por Mathieu Jacomy, está localizada na intercessão entre navegação e rastreamento. Ao contrário do rastreamento automático, ele permite ao pesquisador perceber o contexto dos links e, assim, evitar um efeito "caixa-preta". No final da exploração, ele é capaz de exportar o corpus contendo os sites navegados e aqueles com os quais há relações via links, gerando uma visualização gráfica em que são representados esses agentes e as ligações entre eles (DIMINESCU *et al*, 2011).

relação de bastante proximidade, a partir da verificação dessas respectivas páginas. Depois de analisar os 539 endereços obtidos com a mineração de dados, chegou-se ao total de 344 páginas.

5.3 A construção da rede sob uma perspectiva institucional: o Barão de Itararé

As comunidades formadas por blogs apresentam, em sua estrutura, graus diferentes de institucionalização, algumas podendo ser entendidas como organizações mediadas pela internet. Nesse sentido, o *Barão de Itararé* é uma das principais manifestações de identidade coletiva da BP, algo que ajuda a defini-la enquanto vanguarda digital coletivamente constituída, além de a representar institucionalmente. Olhando para a rede de relações tecida entre os agentes que compõem a BP – que se expande no ciberespaço, chegando também às redes sociais – o *Barão de Itararé* não se destaca enquanto nó "central", possuindo relativamente poucas conexões online estabelecidas, não tendo papel relevante enquanto fonte emanadora de conteúdo, por exemplo. Por outro lado, ele é o principal agente unificador dessa rede, a despeito de estar fora de sua "centralidade". A fim de ilustrar tal relação, a **figura 3**[68] foi elaborada, a partir das relações estabelecidas pela página do *Barão de Itararé* no *Facebook*, à época a plataforma de rede social com maior número de usuários ativos e a mais utilizada pelos brasileiros (WE ARE SOCIAL, 2014).

A ideia de montar a entidade surgiu em 2009, fruto das discussões em torno da democratização da comunicação no Brasil das quais participavam ativamente os blogueiros que viriam a ser os fundadores da BP enquanto iniciativa organizada, em especial do processo desencadeado pela Confecom naquele ano e da lacuna que ela deixaria, quando os encontros relacionados ao evento findassem. A iniciativa de fundar o *Barão de Itararé* era movida pelo desejo de, como contou o presidente Altamiro Borges, "criar uma coisa que agregasse tanto os movimentos sociais quanto essa área de jornalistas e blogueiros que participaram da Confecom". O aspecto unificador, nota-se, é ponto central no que tange à gênese do centro de estudos e isso se reflete em sua estrutura organizacional.

---

[68] Imagem ilustrativa, feita a partir da ferramenta *Netvizz*, vinculada ao *Facebook*, tendo a página do *Barão de Itararé* na rede social como origem. Foram identificados 196 agentes com os quais a página construiu relações. A coleta de dados foi realizada em agosto de 2014. Utilizei o programa *Gephi*, algoritmo *Force Atlas 2*, para calibragem e plotagem do grafo.

A despeito de ser um ecossistema midiático que possui no ambiente online lócus privilegiado de desenvolvimento, a construção identitária da BP não se dá somente na internet: há todo um conjunto de iniciativas que se desenvolvem offline, capitaneadas pelo *Barão de Itararé*. As relações estabelecidas pelos blogueiros e demais integrantes da rede progressista são bastante concretas e, para tanto, em muito contribuíram os encontros nacionais e regionais promovidos pela instituição – que possuem como objetivo fortalecer todos os tipos de mídias alternativas no Brasil. Até 2010, ano da fundação do centro de estudos (em maio) e do primeiro encontro BlogProg (em agosto, realizado em São Paulo), havia pouca integração entre os blogueiros progressistas. *"Então nós já fizemos cinco encontros nacionais. Começou em 2010, que foi da fundação do Barão em maio de 2010. O Azenha deu a ideia de um encontro presencial de blogueiros e ativistas digitais, já que ninguém se conhecia"* (BORGES, 2016; entrevista à autora).

Desde então, foram cinco encontros nacionais, o segundo em 2011, em Brasília; o terceiro, 2012, em Salvador. Depois disso, o evento passou a ser bianual, com o quarto encontro ocorrendo em São Paulo novamente, em 2014; e o quinto, em 2016, em Belo Horizonte. Esses encontros reforçam o protagonismo do *Barão de Itararé* nos debates em torno de disputas presentes no sistema midiático brasileiro, conforme agente aglutinador da iniciativa progressista, e também seu lugar institucional como construtor de pontes com outras iniciativas em que se destacam o coletivo e as ações em rede. Em 2011, por exemplo, o *Barão de* Itararé realizou um seminário internacional, em Foz do Iguaçu, que reuniu representantes de 28 países e *"trouxe aquela galera do Egito que tava na Primavera Árabe, trouxemos gente da Espanha, dos Indignados, trouxemos gente dos Estados Unidos, do Ocupa Wall Street. Fizemos um encontro muito legal de troca de experiências internacionais"* (BORGES, 2016; entrevista à autora).

Além dos encontros, os cursos de formação oferecidos pelo *Barão de Itararé* são importantes elementos de integração para articulação entre seus agentes, contribuindo para formação de novos integrantes. O primeiro "Curso Nacional de Comunicação para Comunicadores" ocorreu em maio de 2013 e tinha como objetivo fortalecer a mídia comunitária, sindical e alternativa. Todas as vagas foram preenchidas, reunindo comunicadores de 15 estados do país.

> Das 120 inscrições, 60% são de movimento sindical, como assessor de imprensa, diretor de comunicação, ativistas e das mais variadas concepções. Não vamos doutrinar ninguém,

vamos apresentar os instrumentos e qual a melhor forma de usá-los. Agora, as ideias que serão divulgadas não vamos interferir. (BORGES, 2013 apud VERMELHO, 2013).

Assim, a entidade e os eventos que promove tornaram-se espaço de encontro de atores que compõem o ecossistema midiático. *"É um espaço de congraçamento, de encontro dessa fauna de atores do novo espaço da comunicação que é a internet"* (ROVAI, 2016; entrevista à autora).

> *Especialmente vejo com muita simpatia o Instituto de Mídia Alternativa Barão de Itararé, que tenta reunir egos gigantes em torno de missões anãs. Mas, seu presidente Miro Borges muitas vezes consegue. O movimento acaba sendo menos forte do que a soma dos blogueiros progressistas. Mas, eles desempenham um papel que considero formidável: disseminar o veneno que acaba contaminando partes do sistema dominante.* (AMORIM, 2017; entrevista à autora)

O nome dado ao Centro de estudos foi uma homenagem a Apparício Torelly, considerado o pai do humorismo político no Brasil e *"pai da mídia, da imprensa alternativa no Brasil. [...] ele bate muito com essa ideia da irreverência da internet porque ele era um gozador, era um frasista genial, então pintou o nosso Barão"* (BORGES, 2016; entrevista à autora). Desde sua fundação, consolidou-se como o principal agente unificador da BP, sob uma perspectiva institucional – possuindo a entidade, inclusive, uma estrutura organizacional complexa, com distribuições hierárquicas de funções (presidência, secretaria-geral, diretorias, conselho fiscal e conselho consultivo).

> Assim, a organização política Barão de Itararé pode ser vista como um modelo de transição entre o tradicional e aqueles oriundos exclusivamente da rede, isto é, conserva a estrutura verticalizada, ao mesmo tempo em que os agentes têm autonomias de ação e produção de conteúdo sem mediadores diretos como gatekeepers das redações ou líderes diretos de partidos políticos. (PENTEADO & SOUZA, 2016, p. 47-48)

Olhar para o "organograma" do *Barão de Itararé* ajuda a entender a diversidade que o órgão consegue reunir e que, como representante institucional da rede progressista, busca preservar. Em julho de 2017, por exemplo, a diretoria do centro de estudos era composta pelo presidente Altamiro Borges, no cargo desde a fundação; uma secretária-geral, Renata Mielli; diretora de finanças e planejamento, Danielle Penha; diretora de estudos e pesquisas, Rita Casaro; diretor de comunicação, Rodrigo Vianna; diretor de formação,

Maria Alice; diretora de políticas públicas, Anderson Bahia; os suplentes da diretoria Alex Capuano e Aparecido Araújo Lima. Além de conselho fiscal composto por Luis Felipe, Tiago Cassis e Ana Flávia Marx, os suplentes Bea Tibiriçá, Larissa Gould e Raimunda de Souza Gomes (Doquinha) e conselho consultivo composto por 121 nomes, entre os quais Antônio Martins (do site *Outras Palavras*), Andrey Lemos (União Nacional LGBT-Una), Beatriz Kushnir e Dênis de Moraes (ambos da UFF), Beto Almeida (da venezuelana *Telesur*), Bia Barbosa (*Intervozes*), Breno Altman (*Opera Mundi*), Celso Schröder (Fenaj), Conceição Oliveira (*Maria Frô*), Cynara Menezes (*Socialista Morena*), Eduardo Guimarães (*Blog da Cidadania*), o sociólogo e cientista político Emir Sader (UERJ), Fernando Brito (*Tijolaço*), Guilherme Boulos (MTST), João Pedro Stédile (MST), Joaquim Palhares (*Carta Maior*), o ator José de Abreu, Luiz Carlos Azenha (*Viomundo*), Miguel do Rosário (*O Cafezinho*), Mino Carta (*Carta Capital*), Nilton Viana (jornal *Brasil de Fato*), Paulo Moreira Leite (*Brasil 247*), Pablo Capilé (Fora do Eixo/*Mídia Ninja*), Renato Rovai (*Revista Fórum*), Venício Lima (UNB). São, em sua maioria, representantes de blogs e outros meios de comunicação da imprensa alternativa, integrantes de movimentos sociais e intelectuais. Todos pertencentes à seara progressista/de esquerda, seja no âmbito do jornalismo, nos estudos que desenvolvem ou correntes ideológicas às quais se filiam, e/ou nos movimentos dos quais participam – como as causas homoafetiva, trabalhista, em prol da reforma agrária e, de um modo mais abrangente, participando com proeminência do debate em torno da democratização da comunicação (sendo o *Barão de Itararé* integrante do FNDC, cujo objetivo declarado é promover a pluralidade e a diversidade da mídia brasileira).

Conforme informou Altamiro Borges quando entrevistado, o Centro tem basicamente quatro objetivos: participar de todas as lutas por democratização da comunicação, seja a luta maior em torno da regulação democrática da mídia, seja a luta por banda larga do marco civil da internet; fortalecer todo tipo de mídia alternativa no Brasil, de rádio comunitária a blogosfera; um terceiro é estudar a mutação que ocorre de forma acelerada na área de comunicação, o que engloba iniciativas como a produção de livros editados pelo *Barão de Itararé*; e ajudar na formação de novos comunicadores. Este último objetivo, bastante relacionado a um projeto político-ideológico, uma vez que "a prática de formar militantes em escolas", é "uma tradição que vem do século XIX e comum nas organizações operárias e de esquerda" (FERREIRA, 2002, p.100). Também é possível estabelecer relação entre a atuação do *Barão de Itararé* e o modelo organizacional petista no seu período de fundação (AMARAL, 2013), ao buscar formas de atrair simpatizantes, promover formação de novos militantes e integrar os agentes pertencentes à rede, assim como aqueles com os quais a BP estabelece conexões – o que se identifica principalmente nos cursos promovidos pela instituição e nos encontros realizados regional e nacionalmente.

O aspecto representativo do *Barão de Itararé* em relação à BP diz não apenas de reunir integrantes (por meio dos encontros), formar novos agentes (cursos) e debater temas de interesse coletivo (palestras, seminários...), como agir também na esfera jurídica. É o que houve por ocasião da denúncia de sonegação fiscal envolvendo a rede *Globo*, em 2013 – caso que se tornou conhecido como *Globogate*, iniciado por apurações divulgadas pelo blog *O Cafezinho*. Em julho daquele ano, o *Barão de Itararé* – representado por uma comitiva formada pelos blogueiros do núcleo fluminense Alexandre Teixeira, Ester Neves, Miguel do Rosário e Theo Rodrigues – protocolou no Ministério Público Federal um pedido de investigação da sonegação fiscal da *Globo*. Segundo informaram *O Cafezinho* e outros meios da BP, a denúncia transformou-se no Ofício nº13344/13, encaminhado à Corregedoria da Superintendência da Polícia Federal.

Entre as fontes de financiamento da instituição, há iniciativas voltadas para o coletivo, que se assentam sobre a premissa de uma "generosidade da blogosfera" e de uma articulação em prol daquilo considerado bem comum. E isso inclui não apenas viabilizar as atividades do *Barão de Itararé* como, em alguns casos, a sobrevivência dos próprios componentes de sua rede – caso da campanha "SOS-Blogueiros", que vigorou de 2012 a 2013. No que se associa ao funcionamento do centro de estudos, identificam-se três "eixos" de estratégias voltadas para a obtenção de fundos: 1) via mobilização coletiva, como a proposta "Os Amigos do Barão", doações provenientes de pessoas físicas ou jurídicas que podem ser mensais, semestrais ou anuais; 2) atividades realizadas pela instituição, como debates, círculos e cursos, que são cobrados, bem como a publicação de livros (em geral, os livros publicados pela instituição entram como espécie de "pró-labore": à entidade que convida o *Barão de Itararé* para participar de um debate, por exemplo, é sugerido que compre uma cota de livros a serem distribuídos aos participantes. De acordo com Altamiro Borges, essa é uma importante fonte de recursos); 3) via natureza exterior à BP, em especial patrocínios recebidos para eventos, como o dado pela Caixa Econômica Federal ao seminário internacional *Mídia e Democracia nas Américas*, em 2015, que reuniu representantes de 10 países dos continentes para falar sobre mídia tradicional, mídia alternativa e democratização da comunicação em seus países. Quanto à publicidade oficial, Altamiro Borges contou que optou por não tentar seu recebimento: "A família tradicional, ela é ótima para falar de liberdade para ela, mas ela não aceita liberdade para ninguém. Ela podia vir em cima do *Barão* se eu tivesse publicidade oficial, então eu optei por deixar quieto". O que reflete, como discuti no capítulo anterior, a dubiedade enfrentada pelos agentes da BP em relação à questão do financiamento público – no caso do *Barão de Itararé*, podendo ser aceitos recursos advindos de patrocínios, mas preferindo vedar o recebimento via publicidade governamental. Além disso, a fala de Borges deixa ver o incômodo identificado em muitos dentre os agentes da iniciativa progressista brasileira em serem taxados de veículos chapa-branca, podendo se tornar alvos de críticas quanto à independência e autonomia jornalística em virtude de sua fonte de financiamento.

Quanto à questão da independência, pensada em relação à alteridade abarcada pelo fenômeno BP, é interessante observar que se chegou a cogitar que a página do *Barão de Itararé* funcionasse como um portal, reunindo diferentes blogs. *"Só que isso nunca daria certo, porque você teria que ter algum tipo de homogeneidade de edição e os blogs são todos muito independentes entre si"* (ROSÁRIO, 2017; entrevista à autora). Em 2017, o site possui 229 páginas cadastradas, classificadas por estado – apenas 25 são considerados "nacionais". Segundo Altamiro Borges, o critério para a elaboração da lista é a participação nos encontros de blogueiros e ativistas digitais – tanto os estaduais, que ocorrem em anos ímpares, como nos nacionais – em anos pares. Os participantes dos encontros pedem a inclusão no agregador e dão autorização. Perguntado se a lista estava atualizada, Miro respondeu que não – blogs do núcleo duro da BP, como os de Paulo Henrique Amorim, Renato Rovai e Rodrigo Vianna não constavam na listagem, o que o presidente da entidade considerou uma falha...

> *A vida na blogosfera é muita dinâmica. Alguns já desapareceram – ou não postam há muito tempo – e outros surgiram. No saldo geral, acho que nasceram mais do que morreram. Por outro lado, muitos blogueiros migraram para as redes sociais e hoje dão suas opiniões via Facebook e outras ferramentas.* (BORGES, 2017; correspondência com a autora)

Como a fala de Borges deixa ver, a BP fundou-se nos blogs, mas é impossível concebê-la circunscrita a eles. Com o passar dos anos e as consequentes mudanças no cenário midiático, a iniciativa redefiniu limites, relações e alianças, deixando ver cada vez mais sua essência de rede – online e offline. Paradoxalmente, isso contribuiu para borrar esses mesmos limites, tornando mais difícil a demarcação de suas fronteiras.

Figura 3 – Rede da página do Barão de Itararé no Facebook (2014)

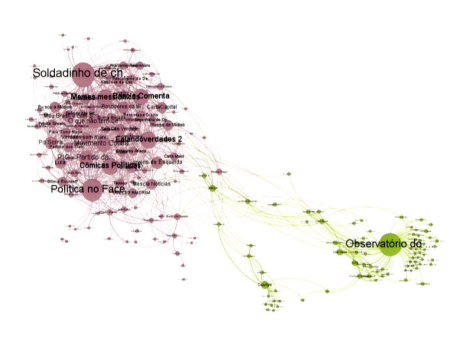

Fonte: a autora

5.4 Relações periféricas: a zona crepuscular da BP

Ao longo de sua evolução, os agentes da BP construíram novas relações, ampliando-se enquanto rede e na rede – evoluindo de um conjunto de blogs com algumas ligações com outros tipos de mídia, uma blogosfera *stricto sensu*, para formarem um sistema midiático cujas conexões abarcam novos meios, mídias alternativas e tradicionais, estabelecendo vínculo inclusive com veículos de outros países. São agentes periféricos, instâncias que participam do movimento progressista mais amplo e das disputas que envolvem o campo, mas não são BP propriamente dita, integrantes "raiz" da iniciativa. São alianças estratégicas e ocasionais. Ocorrem em temporalidades diferentes e em graus distintos de vinculação. Umas mais etéreas e eventuais; outras se desdobram de maneira a aproximar esses agentes "externos" da BP, a ponto, de por vezes, chegar de fato a incorporá-los à rede, algo identificado em relação à *Mídia Ninja*, por exemplo, com explicitado no relato de Miguel do Rosário (2016; em entrevista à autora), corroborando para este entendimento. Ainda no campo do jornalismo, há diferentes contribuições que o estabelecimento de relações com agentes periféricos distintos pode oferecer à BP.

Como é possível observar, a zona periférica é composta, entre outros agentes, por meios de comunicação vinculados a grandes organizações de mídia, das quais destaco a princípio aquelas que têm no audiovisual sua principal iniciativa capaz de angariar audiência. Em geral, são empresas cujos canais de televisão são concorrentes diretos dos grupos aos quais a BP se contrapõe. Sob essa perspectiva, vez ou outra os laços estabelecidos com sites dessas emissoras as aproximam do ecossistema midiático progressista brasileiro, particularmente quando canais como *SBT*, *Band* ou *Record* promovem perspectivas que se opõem aos enquadramentos predominantes sobre determinado assunto percebidos no jornalismo da *TV Globo*.

É claro que é um relacionamento permeado por tensões. O *Portal Uai*, do grupo *Diários Associados*, por exemplo, reúne veículos como o jornal *Estado de Minas* – considerado no universo progressista o principal representante mineiro do "PIG", cooptado por Aécio Neves – e a *TV Alterosa*, afiliada ao *SBT*. Destaco, porém, um agente nessa zona periférica vinculado ao formato tradicional de comunicação ou "grande mídia", uma vez que ilustra algumas questões importantes no que concerne à complexidade de relações estabelecidas pela BP: o *Portal R7/Rede Record*, que surgiu como forte concorrente das *Organizações Globo*. Ainda após o golpe parlamentar-midiático que destituiu a presidente Dilma Rousseff, em 2016, a *TV Record* empregava alguns nomes da BP em seu quadro de funcionários do jornalismo, em especial Luiz Carlos Azenha, Paulo Henrique Amorim e Rodrigo Vianna. Quanto a um possível conflito de interesses ou ameaça à autonomia desses jornalistas, Amorim comentou:

> Sobre minhas posições políticas no Blog Conversa Afiada - Uma das saudáveis diferenças da Record para outras empresas de televisão – a Globo, por exemplo – é que a Record dá TOTAL autonomia para que seus profissionais – FORA DA RECORD – digam o que bem entenderem.
>
> É por isso que meus colegas Luiz Carlos Azenha e Rodrigo Viana, por exemplo, podem desenvolver um brilhante trabalho na internet – sem que interfira nas atribuições deles NA RECORD. (CASTRO, 2017)

Entretanto, essa relação vai muito além de algo simbiótico com respeito às autonomias individuais. Ela é permeada por conflitos, em que a *Record* é percebida por agentes da BP como aquela que emprega blogueiros, mas que também faz parte da grande mídia e atua politicamente, a partir do jornalismo inclusive, para defender seus interesses enquanto organização de mídia. Tal perspectiva pode ser ilustrada pela reportagem exclusiva de Azenha feita para o programa da emissora *Domingo Espetacular*, que foi ao ar em 16 de julho de 2017, apresentado por *Paulo Henrique Amorim*. A matéria de 15 minutos, repercutida por agentes nucleares da BP, como o próprio Amorim, Luís Nassif, Renato Rovai e Altamiro Borges em seus respectivos blogs, tratava de uma possível delação do ex-ministro Antonio Palocci, em negociação com o Ministério Público Federal. Até então, muito do que circulava na grande mídia, e também na BP, era sobre o potencial abalo que as revelações de Palocci poderiam causar às imagens de Lula e do PT. A reportagem de Azenha na *Record*, entretanto, colocava em evidência algo que não era novidade no ecossistema progressista, mas que pouco havia circulado fora dele: a revelação de que a delação atingiria também a *Rede Globo*, que estaria envolvida em esquemas de corrupção e sonegação fiscal. Para tanto, a matéria trazia o depoimento de Miguel do Rosário (*O Cafezinho*), autor das primeiras reportagens sobre as denúncias de sonegação fiscal envolvendo a *TV Globo* e os direitos de transmissão de jogos de futebol, que se popularizou na BP como *Globogate*.

O caso traz à tona duas questões centrais: as relações que se estabelecem entre a BP e agentes periféricos são capazes de beneficiar a ambos, com a *Record* neste caso específico se favorecendo do trabalho de apuração já realizado por iniciativas progressistas, além de viabilizar maior circulação do seu conteúdo em meio ao segmento de esquerda; e a BP usufruindo principalmente do potencial de alcance da emissora, cuja audiência está entre as maiores do país, chegando em determinados momentos a ameaçar o protagonismo da emissora carioca. Por outro lado, agentes da BP complexificam o envolvimento da emissora do bispo Edir Macedo no episódio, como indica o seguinte texto, do *Blog do Rovai*.

> [...] a Record permitiu que a reportagem de Azenha fosse no gogó dos Marinhos. Por que isso aconteceu? O que está por trás desta declaração de guerra?
>
> [...]
>
> Há algumas pistas para o que se passa, mas algo parece mais alvo do que a neve. Há uma guerra declarada nas facções do golpismo. De um lado estão *Globo*, ampla maioria do PIB, do sistema financeiro e do judiciário. Do outro, uma boa parte da classe política, incluindo o governo Temer e Aécio Neves, Gilmar Mendes e alguns ministros do Supremo e várias empresas de comunicação, entre elas, a *Record*. Mas não só ela.
>
> E a veiculação da reportagem de ontem, que foi retransmitida até no *Fala que eu te Escuto* e em outros telejornais da emissora, foi a resposta desse grupo à forma como a *Globo* vem tentando derrubar Temer para passar a ter o controle total do espólio golpista. (ROVAI, 2017)

Ademais, estudos apontam a aproximação da *Record* com ou a extrema-direita no Brasil nos últimos anos, a exemplo do alinhamento mais forte entre a empresa de comunicação e a candidatura de Jair Bolsonaro em 2018 à presidência da República (PORTO; NEVES; LIMA, 2020).

Dentre os agentes cujos laços com a BP são mais fracos e instáveis, há o site *The Huffington Post*, o principal componente da blogosfera progressista norte-americana em se tratando de tráfego de dados, pelo menos até 2017, isso graças a um número grande de colaboradores, participação de celebridades e conteúdo semelhante a um jornal[69]. Lançado em 2007 com o apoio de capital de risco para ser um tipo de jornal online, inclui artigos de centenas de blogueiros de elite, celebridades e profissionais políticos, bem como conteúdos especificamente gerados por usuários (KARPF, 2009). Sua versão brasileira se estabeleceu sob a tutela do *Grupo Abril* até 2016, quando esta passou a gestão do site para a AOL Brasil (GONÇALVES; CAPOANO, 2017; CAETANO; VEIGA, 2015), adotando um viés relativamente progressista,

---

[69] Em meados da segunda década dos anos 2000, o The Huffington Post começou a enfrentar dificuldades para gerar receitas. Em 2020, o site foi comprador pelo *BuzzFeed* e passou por uma reestruturação massiva, que incluiu demissões e o encerramento das atividades em algumas de suas unidades, a exemplo de Canadá (março/2020) e Brasil (novembro/2020).

em especial no que se relaciona a movimentos como o feminista e a causa LGBT; porém esteve longe de poder ser considerado um veículo de esquerda.

Vínculo distinto ao estabelecido com o *The Intercept*, um site lançado pelo ex-colunista do *The Guardian* Glenn Greenwald e por Pierre Omidyar, fundador do e-Bay, em 2014. Greenwald ficou em evidência após publicar no jornal britânico informações sobre os programas de espionagem norte-americanos, a partir de documentos vazados por Edward Snowden, ex-funcionário da CIA. Para alguns analistas, o caso é emblemático quanto às tentativas de censura à atividade jornalística. "Talvez mais perturbador e simbólico tenha sido o governo do Reino Unido forçando o *The Guardian* a destruir os discos rígidos contendo os materiais de Snowden" (RUBY, GOGGIN & KEANE, 2017, p.363; em livre tradução). Ao *The Intercept* e seus editores, o caso Snowden, bem como seus desdobramentos para o jornalismo, acrescenta valor simbólico, ao desafiar o jornalismo "de fontes oficiais", em que as informações são usualmente obtidas via autoridades ou em que a publicação de conteúdo vazado é negociado entre essas autoridades e os editores de jornal – prática que obedece "às regras protetoras implícitas que norteiam a forma como a mídia tradicional noticia os segredos do governo" (GREENWALD, 2014, p.47). Nesse sentido, o site agregou status de jornalismo investigativo ao ecossistema midiático que se pretende independente. Além disso, Greenwald fez coro aos blogueiros progressistas na construção, em especial internacionalmente, da narrativa sobre o processo de *impeachment* em 2016 no Brasil.

> Com um prêmio Pulitzer de jornalismo no currículo (2014), Greenwald tem sido uma das principais vozes a denunciar para o mundo o processo ilegal de impeachment da presidenta eleita Dilma Rousseff. Em suas redes sociais, em artigos e em participações em programas da mídia estrangeira, como a CNN, o jornalista vem não apenas defendendo que ocorre um golpe no país, como também critica ferozmente o papel partidarizado e manipulador dos meios monopolistas. (BARÃO DE ITARARÉ, 2016)

Acrescentando uma nova camada à complexidade do ecossistema midiático brasileiro e às relações que nele se estabelecem, em junho de 2019 o *Intercept Brasil* anuncia parceria jornalística com a *Folha de S. Paulo* para a publicação de uma série de reportagens relacionadas à *Operação Lava Jato* – considerada a "primeira parceria institucional" do site. (DEMORI; GREENWALD, 2019)

Diferentemente dos dois sites nativo-digitais citados acima, o *El País* é um jornal que nasce do impresso, pertencente ao grupo de comunicação *Prisma*. Principal referência espanhola de jornal em nível europeu, é considerado de centro-esquerda, possuindo acordos de colaboração com outros jornais de mesmo espectro ideológico, como o italiano *La Republica* e o francês *Le Monde* (RAMÍREZ DE LA PISCINA et al, 2014). Sua versão online foi lançada em português em 2013, estreando com uma entrevista exclusiva com Dilma Rousseff e tendo o ex-presidente Lula como um de seus colunistas. Entretanto, não foi de pronto acolhido pela rede progressista brasileira, como sugere o texto do jornalismo Mauro Santayana (blog homônimo) republicado pelo *Barão de Itararé*.

> O El Pais, apesar de, aparentemente, abrir espaço para comentaristas de diferentes tendências [...] – até artigo do Lula já saiu na edição em português — continuará, agora na língua de Machado de Assis, fazendo o que sempre fez: defendendo e protegendo a cada vez mais combalida "Marca Espanha"; atuando como um Cavalo de Tróia dos interesses neoliberais e eurocêntricos em nosso continente; e das empresas espanholas – com milhares de reclamações de consumidores como o Santander e a Telefónica (do qual o próprio Grupo Prisa é acionista) – que atuam no Brasil. (SANTAYANA, 2013)

Apesar da suspeita inicial, o jornal *El País* se popularizou ao longo dos anos na BP, ganhando seu respaldo.

> Só tem um jeito de escapar deste papel semi-ditatorial da mídia, exercido com a omissão ou repercussão dos assuntos que não interessam/interessam. Para ver notícias dos Estados Unidos, Russia Today. Para ver notícias da Russia, Guardian. Para ver notícias da Europa, Al Jazeera. Para ver notícias do Brasil, El Pais ou a nossa blogosfera. (AZENHA, 2016)

Entre os agentes periféricos, há aqueles cujo perfil é mais vinculado a um modelo informativo, ou ao militante; havendo espaço também para maneiras outras de despertar engajamento, inclusive ao incluir personalidades do meio artístico, políticos, perfis falsos, e o uso de conteúdo "de variedades", humor e ironia, estas últimas podendo ser encontradas nos sites *Catraca Livre*, *Jornalismo Wando* e *Hariovaldo Almeida Prado* – e sua respectiva página no *Facebook Professor Hariovaldo* – e a também *fanpage Dilma Bolada*, entre outros exemplos. Assim, a BP, que se amplia por meio da relação que tece com agentes periféricos, "não raiz" (como veículos vinculados a padrões tradicionais de mídia ou perfis e páginas nativo-digitais de redes sociais online, como *Facebook* e *Twitter*) – sugere não apenas expansão do potencial de capilaridade, como aponta para a utilização desses canais como ferramenta para ampliar sua visibilidade, campo de atuação e capacidade de renovação de audiência e/ou participantes, demonstrando acompanhar o desenvolvimento do universo online.

> *Essas páginas vão surgindo e se integrando automaticamente ao sistema de comunicação do qual a blogosfera [progressista] faz parte. Eu lembro até que o Azenha tinha uma visão muito pessimista sobre a blogosfera, ele achava que a rede social ia engolir completamente a blogosfera, que iam acabar os blogs e ficar só as redes sociais. Mas a realidade mostrou que não. Mostrou que as redes sociais, elas ajudaram a blogosfera a crescer, elas se integraram à blogosfera. Você tem muitas páginas, por exemplo, Dilma Bolada, ela se integra, mas não ocupa o espaço da blogosfera porque é um tipo de coisa completamente diferente que ela produz do blog. O blog produz jornalismo, produz conteúdo e é diferente da produção do Dilma Bolada, Jornalismo Wando... Então, todas essas páginas, elas ocupam brechas, espaço no sistema, mas o espaço da blogosfera permanece intacto e ela se beneficia, porque você cria, tipo assim, um polo. É como quando você abre um bar na rua, aí vem outro cara e abre outro bar do outro lado, e um outro cara abre um bar do lado desse bar. O que pensa pequeno, pensa: "que droga, esse cara vai ser um concorrente". O cara não pensa que aquilo pode virar um bairro, um polo, como sempre acontece. É muito difícil um bar fazer sucesso sozinho. Ele faz sucesso quando ele está numa rua cheia de bares e aí você atrai um volume de pessoas que não iria para lá se não tivesse essa diversidade.*
>
> *Então, essa diversidade trouxe mais densidade à blogosfera enquanto universo de comunicação no campo progressista. E trouxe mais gente, porque o jovem, por exemplo, ao ler aquela brincadeirinha da Dilma Bolada era jogado para o campo político e, aí, depois quando ele fosse ler alguma coisa da blogosfera, ele já tava preparado para absorver aquele conteúdo, tá entendendo?! Então isso fez a blogosfera crescer e a gente cresceu tanto que a vitória da Dilma nas eleições de 2014 é um fenômeno épico, porque você tem todo um sistema de comunicação contra a Dilma, um sistema econômico internacional já contra a Dilma, mesmo sem ela ter ganho as eleições. Então é porque você já tinha um sistema orgânico na comunicação.* (ROSÁRIO, 2017, entrevista à autora)

As mudanças na política, sobretudo aquelas que se deram ao durante a segunda década dos anos dois mil, transformaram os agentes da BP no cenário nacional, de estratégicos (o que poderia lhes conferir a chancela de cooptados, ao menos em potencial, por parte de determinadas instituições) para relevantes politicamente, participando ativamente do debate político, provendo informações a segmentos da sociedade identificados com a esquerda ou interessados em ter acesso a contrapontos à mídia tradicional. Isso se mostrou particularmente interessante e dramático ao longo do processo que levou ao *impeachment* de Dilma Rousseff, em que a BP se tornou uma das principais vozes a denunciar o golpe parlamentar de 2016. Assim, além de um campo de trabalho para jornalistas, esse novo ambiente midiático criou um campo de esquerda que opera a partir de uma lógica que associa o institucional e o não institucional, laços fortes e laços fracos – como discutirei melhor ainda neste capítulo. Isso dentro do universo online, em que importa tecer redes, nas quais haverá circulação de conteúdo. E a BP se estruturou nesse sentido.

Se há que considerar que a crise política agravada no segundo mandato de Dilma Rousseff aponta para uma "grande perda de legitimidade das instituições políticas" (AVRITZER, 2016, p.111), por outro lado ela também contribuiu para reunir a esquerda em defesa da manutenção de um governo democraticamente eleito e restituir – ao menos temporariamente e em meio a nichos da população – um protagonismo do institucional (sobretudo dos partidos tradicionais de esquerda, como PT e PCdoB) na internet, um lugar onde se imaginava que as instituições haviam sido superadas. E os agentes da BP desempenharam e continuam a desempenhar um papel fundamental nesse processo, fornecendo informações que reforcem pontos de vistas, funcionando como importantes agitadores coletivo (no sentido defendido por Lênin em relação ao papel da imprensa) e, talvez principalmente, amalgamando diversos movimentos em um só. Para citar alguns casos concretos, tem-se a disputa pela narrativa do processo de *impeachment* de Dilma Rousseff a partir de 2015-2016, cujos desdobramentos colocaram a democracia brasileira em xeque. Algo compartilhado pela BP, mas também por elementos que, em virtude disso, de defenderem tal perspectiva, se tornaram periféricos a ela. Ao abarcar agentes cujos perfis são diversificados, desenvolvendo certo grau de institucionalização que acaba por conferir maior potencial de unificação da rede e se mostrando capaz de criar alianças mais ou menos instáveis em um ecossistema em que o dissenso se faz democraticamente presente, a BP acabou por ir se estabelecendo no sistema midiático do país como um ecossistema próprio e relevante politicamente.

5.5 A lógica de laços fortes estruturantes e laços fracos catalisadores

Desde o princípio, a BP amalgamou jornalismo e militância; é, portanto, um ambiente de midiativismo da esquerda. Ao longo de sua evolução, seus agentes construíram entre si uma rede de relacionamento (*network*), segundo uma lógica de coletividade que privilegia conexões protagonizadas por lideranças, em que os vínculos muitas vezes são construídos nas relações face a face, e em que há traços mais ou menos acentuados de institucionalização – são laços fortes, que permanecem para estruturar a ação de seus integrantes. Funcionam como espécie de "cola social" que mantém coesa e confere coerência à pluralidade de agentes individuais e à dispersão de pontos de vista, interesses e agendas presentes dentro da iniciativa progressista – afora os tradicionais aglutinadores da BP, como a defesa da bandeira da democratização e desconcentração midiática no país.

Além disso, a relação com agentes periféricos permite que o conteúdo que circula fora da rede progressista por vezes seja reapropriado por seus agentes como estratégia de fortalecimento e validação de perspectivas, a exemplo da narrativa sobre o golpe político/parlamentar que destituiu a presidente Dilma Rousseff abarcada por jornais como *El País*. Essa relação também contribui para que a BP consiga chegar até quem está fora de seu nicho, uma vez que o ecossistema estabeleceu laços com agentes capazes de popularizar conteúdo político para além da rede. Para isso, agregando estratégias não estritamente vinculadas ao jornalismo ou à militância através de canais midiáticos que funcionam como elementos-pontes (que podem ser blogs, sites ou mesmo páginas em redes sociais), dão vazão a pontos de vista que poderiam ficar represados no nicho progressista, que muitas vezes tende a "pregar para convertidos".

A perspectiva que aqui apresento se desenvolveu a partir da observação da teoria de rede (*Network Theory*) formulada por Mark Granovetter (1983), um estudo sociológico sobre relações sociais e suas respectivas dinâmicas, no qual é avaliado o papel dos laços (fortes e fracos) na estrutura dos sistemas sociais. De acordo com Granovetter, os laços fracos são vitais para haver integração social. O autor se refere ao contexto social, da inserção de indivíduos na sociedade moderna e difusão de ideias e inovações. Quando se observa as dinâmicas que se estabelecem online, o discurso tradicional sobre o ciberespaço, entretanto, e em especial as perspectivas pós-modernas, tendem a acentuar o poder do indivíduo em paralelo à diluição da ideia de coletividade, enfatizando-se a fragmentação das relações. Dentre os estudos que procuram entender a ação de indivíduos em rede, destaca-se a pesquisa desenvolvida por Lance Bennett e Alexandra Segerberg (2012)[70], em que as interações estabelecidas entre agentes, em nível individual, micro, não institucionalizado e difuso, seriam os substitutos dos arranjos tradicionalmente estabelecidos em movimentos organizados, quando se trata de ações/articulações digitais. Mais recentemente, trabalhos como os de Gerbaudo (2016; 2014; 2013) buscaram resgatar a relevância dos mecanismos tradicionais de organização para os movimentos contemporâneos, encarados como empreendimentos coletivos em que o todo se torna maior que a soma das partes, em que novas formas de liderança se apresentam, mas cujo terreno de ação é compartilhado com lideranças tradicionais.

É nesse sentido que encadeio a discussão proposta por este livro, a fim de estimular a reflexão sobre a importância de laços fracos para a comunicação em um sistema em que predominam os laços fortes estabelecidos entre os principais agentes, como ocorre na BP - articulações que se configuram como estratégias de empoderamento do indivíduo pelo grupo. Laços fracos são importantes porque possuem maior probabilidade de se tornar pontes entre segmentos de uma rede (GRANOVETTER, 1983, p. 229, cit. livre), o que é particularmente observável nas redes sociais presentes no universo online atualmente – como será ilustrado no próximo tópico. Entretanto, cabe ressaltar, o padrão de ação em rede é híbrido, não podendo ser considerado apenas conectivo. Enquanto os laços fracos se assentam sobre a "lógica da ação conectiva baseada no compartilhamento de conteúdo personalizado entre redes mediáticas", os laços fortes, por outro lado, estão ligados à "familiar lógica da ação coletiva associada a altos graus de recursos organizacionais e à formação de identidades coletivas" (BENNETT; SEGERBERG, 20012, p.739; em livre tradução).

É justamente a ação coletiva que transforma um punhado de blogs de política em verdadeiro ecossistema midiático, capaz de se estruturar sobre a influência de instituições cuja existência antecede a blogosfera, tais como partidos políticos (principalmente PT e PCdoB), movimentos sociais (como o MST) e organizações noticiosas. Na BP, as relações de laços fortes são estruturantes, pois se dão a partir de uma lógica institucional presente em seu interior, em que esta se ancora, uma vez que organismos como partidos políticos, sindicatos e demais movimentos sociais organizados possuem

---

[70] Os estudos de Bennett e Segerberg buscam explicar a dinâmica de movimentos como *Primavera Árabe*, *Los Indignados* e *Occupy Wall Street* sob a perspectiva da comunicação em rede online, também enfatizando as ações provenientes de laços fracos, chamada "ação conectiva" (*connective action*).

grande participação enquanto agentes de relações desse ecossistema midiático – são alicerces e formam laços mais estáveis uns com os outros. Essas organizações funcionam tanto como parte da rede (*network*), como também exemplos de formas organizativas, cuja lógica de funcionamento fora trazida e aplicada na estruturação da BP e remete a um modo de organização da esquerda tradicional de modo geral: divisão de funções, estabelecimento de hierarquias ou distinções de importância, treinamentos de membros[71], como os oferecidos pelo *Barão de Itararé*.

Em paralelo, observa-se que outro fator estruturante da BP são os laços de solidariedade que os agentes desse ecossistema tendem a construir entre si, que têm origem em seu núcleo duro e se expandem, como canais, alimentando a rede. Algo que contribui para a construção da BP, mas também para a demarcação de seu território de ação. No interior desse ecossistema, em seu coração, o que se observa é uma lógica coletiva – em detrimento de uma ação "conectiva", cujo contexto seria a fragmentação social e o declínio das lealdades de grupo (cf. BENNET, 2012; BENNETT; SEGERBERG, 2012; GRANOVETTER, 1983). Como tratei anteriormente, uma característica empregada é o uso de links e citações mencionando postagens presentes nas páginas uns dos outros. Isso contribui para validar o conteúdo, bem como a perspectiva adotada e defendida como certa ou "a verdadeira" pela BP, promovendo coletivamente sua autoridade interpretativa. A presença de links ligando diferentes blogs, que incluem listas de páginas recomendadas pelos blogueiros progressistas apontando para agentes da própria BP, funciona ainda como laços de estabilidade que, ao se acumularem, agregam paulatinamente novos blogs, construindo a estrutura desse espaço de convivência e produção de sentido.

Já a lógica conectiva aponta para a organização de movimentos que deixa de fora (ou ao menos afasta) lideranças, principalmente partidos políticos e outras organizações políticas importantes; "de fato, eles são apontados como parte do problema político" (BENNET; SARGENBERG, 2012, p.741, livre tradução) – fenômeno já discutido por outros autores em relação ao conjunto de movimentos de 2013 no Brasil, inclusive. A BP, por sua vez, foi capaz de reunir, ao lado de elementos organizadores como o *Barão de Itararé* e o portal *Vermelho*, do PCdoB, agentes sem nenhum vínculo formal com a BP, nem estrutural "de base" – configurando-se como agentes

---

[71] Sobre "a prática de formar militantes em escolas", vale lembrar que esta é "uma tradição que vem do século XIX e comum nas organizações operárias e de esquerda." (FERREIRA, 2002, p.100)

periféricos. Tecem com a rede progressista brasileira "laços fracos", atuando como agentes cujas relações se dão esporadicamente, ou funcionando como "pontes", intermediadores do processo de difusão de conteúdo no sistema midiático para além dos limites da BP. Funcionam, assim, como catalisadores capazes de tornar a BP permeável a uma audiência composta por "não convertidos", facilitando o processo de circulação de conteúdo para além do nicho progressista. São, portanto, agentes capazes de converter laços fortes em fracos, são disseminadores de conteúdo e peças-chave na busca de popularização da BP porque agregam um traço importante à lógica da militância política, a "leveza" de relações que passam ao largo das instituições formais de representação política.

5.5.1 *A Blogosfera Progressista, ampliada no Facebook: algumas ilações*

Buscando melhor visualizar como se estrutura a BP elaborei a **figura 4**, que ilustra a rede formada pelos blogueiros, considerada de maneira ampliada no *Facebook* – apesar de reconhecidamente não podermos afirmar que tal ilustração é a realidade, e sim uma forma imperfeita de ilustrá-la. A mineração dos dados para tanto se deu em 22 de fevereiro de 2016, e teve como base uma amostragem de blogs e sites componentes da BP pesquisados que tivessem página na rede social. A coleta foi feita pela plataforma do próprio *Facebook*, utilizando a função *Page Like Network* do aplicativo *Netvizz*. Para identificar as relações estabelecidas entre os componentes da BP e seu entorno, a coleta de dados no *Netvizz* foi definida em "grau 2" de profundidade (*depth* 2), o que permitiu a visualização da BP ampliada para além de blogs de política e instituições que a compõem, uma vez que esse grau de pesquisa aprofunda o universo de relações existentes entre as páginas que serviram de base inicial para o trabalho de mineração – apesar de ciente de que havia gerado uma rede "suja", a qual contém relações que não são primárias, ou seja, a profundidade dois na coleta de dados corresponde não somente às páginas que interagem diretamente com aquelas inicialmente definidas, que foram o ponto de partida para a mineração de dados, mas também com as páginas que interagem com essas páginas.

O trabalho de mineração de dados encontrou um universo composto por 973 agentes (nós), estabelecendo entre si 8.672 conexões (arestas) obtidas a partir das curtidas entre as páginas uns dos outros. Para encontrar agrupamentos ou "comunidades" dentro dessa rede, foi utilizado o algoritmo

Force Atlas 2 (JACOMY et. al., 2011; JACOMY et al. 2014) associado à partição *Modularity Class* – que contribui para identificar a estrutura interna de um aglomerado, suas subdivisões – no programa de visualização *Gephi*, gerando a imagem apresentada pela **figura 4**.

Figura 4 – Rede formada pela Blogosfera Progressista Brasileira no Facebook

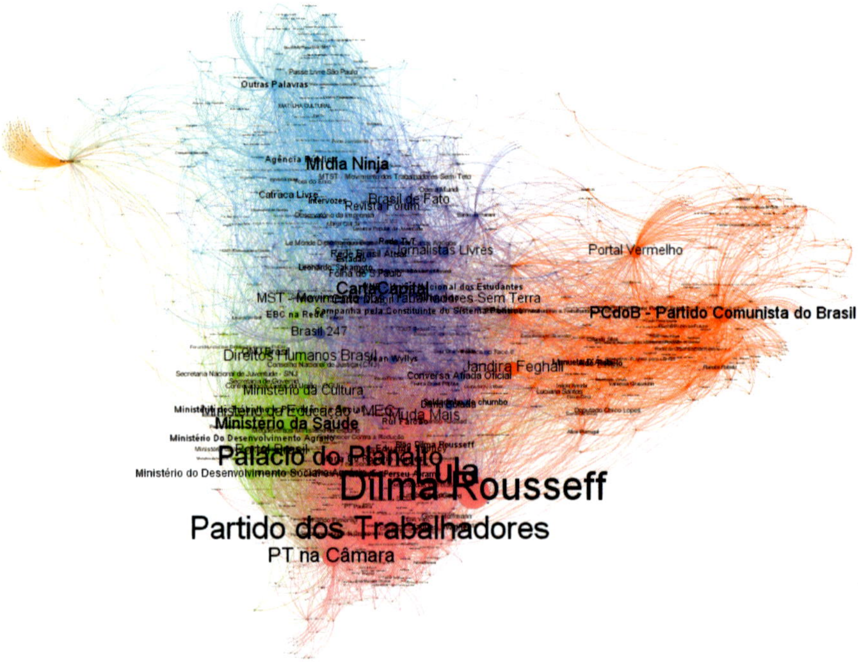

Fonte: elaborada pela autora, a partir de dados coletados em 22 de fevereiro de 2016

Note-se que o tamanho dos elementos/páginas (nós) foi definido pela medida grau de entrada (*indegree*), "que representa a quantidade de conexões que um nó recebe" (RECUERO *et al.*, 2015, p.66), apontando para a influência ou relevância de determinado agente dentro da rede. Quanto mais conexões, ou seja, quanto mais links uma página recebe, maior será representada no mapa. Nesse sentido, a representação da BP pela **figura 4** aponta para o peso que as instituições, principalmente aquelas vinculadas a partidos políticos (PT e PCdoB), têm nessa rede. De acordo com o grafo, é possível identificar seis aglomerados que formam a BP e sua teia de relações na rede social *Facebook*: 1) no centro, em azul, vemos o coração da BP, seu núcleo duro propriamente dito; 2) abaixo dele (em rosa), aparecem agentes e instituições relacionadas ao "Partido dos Trabalhadores"; 3) na esquerda inferior encontra-se um aglomerado identificado com o "Governo", o qual agrega Ministérios, Secretarias e entidades públicas, como a EBC (em verde); 4) à direita, há um aglomerado fortemente relacionado à "esquerda política tradicional" (em vermelho), cujo PCdoB é o principal expoente e que reúne agentes políticos de outros países da América Latina, como a página do Partido Comunista da Venezuela e a do Partido Comunista do Chile; 5) na esquerda superior do mapa, visualiza-se o agrupamento "mídia alternativa" (em turquesa), que reúne páginas cujas relações com a BP são mais periféricas, como *Agência Pública*, *Catraca Livre* e o jornal francês *Le Monde Diplomatique*; 6) na extrema esquerda percebe-se um agrupamento de páginas (em amarelo) capitaneado pela *Sul 21*, que agrega agentes presentes no sul do país e que também funcionam como ponte para elementos sul-americanos como a rede *TeleSur*.

É claro que estamos observando relações que podem ser reconfiguradas conforme o contexto. Além disso, cabe observar que a disposição dos agentes no grafo e suas subdivisões em aglomerados não é de todo precisa, mas ajuda a ilustrar a dinâmica de conexões estabelecidas entre os agentes da BP, seus elementos que podem ser considerados centrais e seus agentes periféricos. A imagem contribui para corroborar o argumento, por exemplo, de que o principal ente institucional da BP, o *Barão de Itararé*, não é um elemento central em termos de quantidade de conexões que estabelece online, na rede. Porém, este possui forte lastro enquanto agente organizador da rede vinculado à esquerda tradicional, algo já explicitado pelo perfil de seu presidente Altamiro Borges, militante expoente do PCdoB, e cuja proximidade com o partido pode ser visualizada na figura.

Curiosamente, a despeito da militância política ligada ao partidarismo historicamente relacionado à esquerda brasileira, a qual está presente na BP, o desenho da rede no *Facebook* aponta também para um fenômeno recente, identificado em meio aos movimentos sociais que tomaram as ruas do país sobretudo a partir de 2013, articulados via redes de relacionamento na internet: o distanciamento e mesmo a negação dos partidos políticos por parte de alguns agentes (cf. ALDÉ; SANTOS, 2014; BENNET; SEGERBERG, 2012; SCHERER-WARREN, 2014). Movimentos como *Mídia Ninja*, *Passe Livre* e os *"Occupy"* (*Ocupa Rio*, *Ocupa Câmara Rio*, *Ocupa Alemão*, *Ocupa USP*, *Ocupa a Rede Globo*, *Ocupa Alckmin*, *Acampa Sampa Ocupa Sampa*), localizam-se em lado oposto aos dos aglomerados relacionados aos partidos políticos, construindo com eles poucas conexões no universo online pesquisado.

Interessante mencionar a aproximação dos deputados federais Jean Wyllys (PSOL) e Jandira Feghali (PCdoB) do núcleo duro da BP. Ambos possuem perfil de construção de amplas redes de criação de conteúdo político, seguem diversos outros canais e são reconhecidos como lideranças importantes dentre esses agrupamentos. Eles se tornaram presenças fortes nas redes sociais durante o processo de *impeachment* em defesa da presidente Dilma Rousseff, contribuindo para enquadrar o acontecimento como golpe, amplificando o coro dos blogueiros progressistas.

> Mas então a gente estava nessa zona cinzenta e que recebia muita crítica dos setores mais radicais da esquerda, sobretudo setores que depois se tornaram PSOL, que eram os setores que inicialmente surgiram com muita agressividade ao PT. Então, eles identificavam a gente como blogs simpáticos ao PT, do sistema do PT. A gente era muito criticado por esses setores, mas isso tudo acabou, isso tudo foi se diluindo. Com o impeachment isso se diluiu completamente e, hoje em dia, está todo mundo junto. O PSOL é muito amigo dos blogs e tudo, mas você tinha diferença. (ROSÁRIO, 2017, entrevista à autora)

Especificamente sobre Jandira Feghali, do PCdoB, ela foi enérgica no apoio dado a Lula, investigado e, em julho de 2017, condenado em primeira instância por corrupção pelo juiz federal Sérgio Moro. Próximo à data da coleta de dados para a visualização da rede no *Facebook*, manifestações da deputada do PCdoB em defesa do ex-presidente foram amplamente compartilhadas pela BP, seja por meio de matérias, como a de Eduardo Maretti, da *Rede Brasil Atual*, em 16 de fevereiro de 2016[72]; ou por meio da reprodução de artigos escritos pela deputada e veiculados em outras mídias, como publicou Fernando Brito no *Tijolaço* de 19 de fevereiro daquele ano, um texto "da combativa deputada Jandira Feghali, no *Huffpost Brasil*", em que esta afirmava:

> Ao tentar convocar o ex-presidente Lula e sua esposa, Marisa Letícia, para deporem sobre um caso em que não há provas, fatos determinantes ou qualquer consistência, mostra-se o perfil destas pessoas. A perseguição pública à figura do meta-

---

[72] Disponível em: http://www.redebrasilatual.com.br/politica/2016/02/jandira-feghali-apoio-a-lula-e-fundamental-porque-a-sociedade-precisa-reagir-5520.html. Acesso em: 30 jan. 2017.

> lúrgico que se tornou presidente tem dado o tom golpista de manifestações e manchetes jornalísticas.
>
> A iniciativa do promotor de São Paulo, Cassio Roberto, junto de tantas outras parcialidades ideológicas, é um arbítrio, uma ficção, uma tentativa de desconstruir a imagem de Lula. Não há justificativa para esse promotor ir primeiro na imprensa e depois tentar um fato, algo que já está provado que não existe. Por isso, a sociedade precisa reagir contra esse arbítrio que viola o Estado de direito. Não podemos aceitar isso!
>
> Abolição do habeas corpus, inversão do princípio da presunção de inocência e delações construídas e vazadas seletivamente na Grande Mídia. Desta forma, há um risco altíssimo de se vertebrar um estado de exceção dentro do Estado de direito. E essa história, nós do Partido Comunista do Brasil já conhecemos bem.
>
> A militância de Esquerda, com milhares de militantes, sindicatos, entidades da sociedade e pessoas não organizadas, devem disputar a opinião pública. Nas ruas e nas redes, o Brasil não pode ficar de joelhos perante a mentira, o boato e o ódio. A intolerância cresce e a democracia que vimos se fortalecer, padece. (FEGHALI 2016 *apud* BRITO, 2016)

A despeito dessa aproximação, olhar para a rede formada pelos blogueiros na rede social contribui para a identificação de nuances de um movimento que se identifica ideologicamente como "de esquerda". Nesta seara, o mapa desse ecossistema apresenta PT e PCdoB em aglomerados claramente distintos. Quanto ao PSOL, este aparece representado por políticos na rede de relações dos blogueiros, com suas instituições representativas não se fazendo presentes. Em certo sentido, a representação da rede formada pela BP no *Facebook* mostra-se capaz de traduzir, ou ao menos ilustrar, a gradação ideológica de instituições que paulatinamente se distanciaram no mundo concreto: partidos políticos identificados, nem sempre consensualmente, como progressistas ou de esquerda.

Também chamo a atenção para o quase embaralhamento dos agrupamentos em azul e turquesa. Trata-se de agentes, em geral, pertencentes ao campo do jornalismo, da produção e circulação de conteúdo informativo/opinativo na rede, cujos destaques em termos de influência, medida segundo grau de entrada, são *Carta Capital* e *Mídia Ninja*, meios de comunicação que representam dois lados de uma mesma moeda: no campo da comunicação política, o primeiro apresenta uma trajetória ligada ao formato tradicional de jornalismo (revista/impresso) e à esquerda política, com a adesão ideológico-partidária explicitada ainda antes da chegada de Lula ao poder, no início dos anos 2000. Nas redes online, *Carta Capital* já nasce no segmento progressista, ajudando a pavimentar o caminho para agentes que ainda viriam a surgir e compor a iniciativa; o segundo, por outro lado, nativo-digital, se apresentando como um coletivo de comunicação que, em um primeiro momento, não assumiu lado nas disputas políticas, utilizando da tecnologia para propor formas alternativas de produção de conteúdo jornalístico e que, com o tempo, foi se aproximando mais do núcleo duro da BP. Além disso, cabe observar na ilustração da BP ampliada no *Facebook*, a existência de agentes que são puxados para esta rede sem propriamente fazerem parte dela. Caso dos jornais *Folha de S. Paulo* e *Estadão*, presentes no entremeio dos agrupamentos em azul e turquesa – fenômeno que se deve menos pela adesão desses veículos à proposta de vanguarda digital encampada pelos progressistas, ou vice-versa, e mais porque a BP possui como hábito repercutir essas mídias acompanhadas de críticas negativas à cobertura que realizam. São veículos de destaque e grande representatividade na internet, porém de peso relativo pequeno dentro da rede dos blogueiros, porque de fato não fazem parte de sua network.

5.6 A disputa por hegemonia a partir da construção de contranarrativas

> Para que servem os sites progressistas? Por que existem? A sociedade sabe as respostas para ambas as questões, mas a mídia tradicional insiste em tentar manipular as pessoas.
>
> Os sites progressistas servem, fundamentalmente, para dar pluralidade ao mercado de notícias e opiniões. E existem por causa disso: porque há uma expressiva parcela de brasileiros que não se satisfazem com o que lhes é oferecido, ou impingido, pela Globo, pela Veja, pela Folha e por aí vai. É, no fundo, uma questão de mercado.
>
> [...]
>
> ... os sites progressistas jogam luzes onde as corporações de jornalismo projetam sombras. (NOGUEIRA, 2015)

A BP pode ser entendida como agente político atuante a partir da construção e promoção de interpretações e contrainformações independentes ou, principalmente, que contestem o jornalismo da mídia *mainstream*. Em períodos eleitorais, como as eleições de 2014, a BP tem se firmado na qualidade de fonte de conteúdo alternativo, o que abarca enquadramentos negativos em torno das principais candidaturas, como a de Marina Silva, que chegou a ser comparada por blogueiros progressistas a Jânio Quadros ("histriônico, demagogo, populista"), e Aécio Neves, associado a corrupção, autoritarismo e drogas (haja vista o episódio do "helicoca", amplamente difundido pela BP).

Ao se inserir como alternativa de jornalismo, a BP disputa com as organizações midiáticas ligadas ao modelo tradicional de jornalismo o lugar de mediação entre os acontecimentos e o público. Seus agentes se autolegitimam buscando a desconstrução da grande mídia, apresentada como tendenciosa e mesmo corrupta (a exemplo do caso *Globogate*). Sob esse prisma, a BP seria capaz de conferir pluralidade ao jornalismo brasileiro – contemplada sobretudo a partir de uma perspectiva de pluralismo externo - ao produzir não apenas contrainformação, como promover investigações independentes (apesar de mais raras, se comparadas ao conteúdo total produzido pela BP) das disponibilizadas pelas grandes organizações noticiosas às quais a iniciativa progressista se opõe.

5.6.1 O caso da "Bolinha de Papel"

Em 20 de outubro de 2010 os brasileiros estavam a poucos dias da escolha de seu próximo presidente da República. A candidata do PT, Dilma Rousseff, liderava as pesquisas de intenção de voto impulsionada pela popularidade do então presidente Lula, cujo governo atingiu à época aprovação recorde, ultrapassando os 80% (fonte: Datafolha). O candidato de oposição José Serra (PSDB) fazia uma caminhada política com seus correligionários em Campo Grande, subúrbio do Rio de Janeiro, quando foi atingido na cabeça por um objeto não identificado, atirado do público. Após receber um telefonema, a caminhada foi interrompida, e Serra levado, de helicóptero, a um hospital.

Usando uma câmera de telefone celular, um repórter da *Folha de S. Paulo* registrou o incidente, e o caso logo se tornou uma grande notícia. A equipe de Serra alegou que tinha sido vítima de um ato hediondo de agressão, orquestrado por militantes do PT. A grande mídia apoiou ativamente esta versão. Na mesma noite, a *Rede Globo* utilizou dois minutos e 30 segundos de seu principal telejornal para a apresentação do caso, com um tom de acusação contra ativistas do PT. No dia seguinte, o *Jornal Nacional (JN)* destinou mais sete minutos para justificar as acusações que fizeram no dia anterior (SANGLARD, 2013). Os jornais *Folha de S. Paulo, O Estado de S. Paulo* e a revista *Veja* também reforçaram a ideia de que um objeto sólido havia atingido Serra, indicando um ato de agressão perpetrada pelos petistas. O noticiário do *SBT* e da rede *Record* de televisão apresentaram outra versão do caso: Serra teria sido, na verdade, atingido por uma bolinha de papel. Os ativistas da BP promoveram apoio massivo a essa versão, denunciando a cobertura da grande mídia como "farsa".

O *Conversa Afiada* publicou uma análise feita por um professor de jornalismo denunciando as imagens exibidas pelo *JN* como sendo maliciosamente editadas. No mesmo dia, o *Viomundo* divulgou o vídeo "Bolinhagate – Edição do Jornal Nacional", do cineasta Daniel Florêncio, contestando a perícia do vídeo exibido na noite anterior pelo *JN*, feita por Ricardo Molina. O link para o vídeo foi compartilhado por outros blogueiros, como Luis Nassif, ajudando a conferir capilaridade ao caso na *web*. "*Foi interessante isso, porque o vídeo do bolinhagate só funcionou porque blogueiros influentes o compartilharam. Começou no twitter com a Cynara Menezes que deu um retweet e viralizou muito, muito rápido. E de lá pra outros blogs, sites, etc.*" (FLORÊNCIO, 2017, comunicação informal com a autora[73]).

Além disso, uma carta da Associação dos Peritos Criminais Federais foi publicada pelo *Viomundo*, levantando dúvidas sobre as interpretações correntes quanto à natureza do objeto que atingiu a cabeça de Serra. As páginas *Luis Nassif Online* e *Conversa Afiada* também divulgaram a nota dos peritos federais, com link para o *Viomundo*. Sobre a cobertura dada ao incidente, o blogueiro Rodrigo Vianna escreveu que, quando a versão do *JN* fora exibida, alguns jornalistas que trabalham na *TV Globo* em São Paulo se sentiram tão envergonhados que vaiaram a matéria; notícia repercutida por colegas progressistas, como Paulo Henrique Amorim (no *Conversa Afiada*) e Luis Soares, colunista do *Pragmatismo Político*. "A vaia dos jornalistas, contam-me, não vinha só de eleitores da Dilma. Há muita gente que vota em Serra na *Globo*, mas que sentiu vergonha diante do contorcionismo do 'JN', a serviço de Serra e de Kamel" (VIANNA, 2010).

Blogs como o do jornalista Luis Nassif e portais como o *Vermelho* também repercutiram uma declaração do presidente Lula, em que este com-

---

[73] A troca de mensagens com o cineasta ocorreu em 7 de agosto de 2017, por *WhatsApp*. Durante a conversa, Daniel Florêncio comentou que seu principal objetivo ao criar o vídeo era "expor a edição que foi feita pelo Jornal Nacional", uma vez que "era claro que existia uma transição ali em determinado momento... e ficava mais clara ainda quando você assistia o material original, que, se não me engano, foi disponibilizado no site da Folha".

parava o episódio da bolinha de papel com o do ex-goleiro chileno Roberto Rojas, que simulou ter sido ferido por um rojão durante um jogo entre Chile e Brasil nas eliminatórias da Copa de 1990, e foi punido pela FIFA com uma proibição vitalícia da prática profissional do futebol por este motivo: "Venderam o dia inteiro que esse homem tinha sido agredido, e o que vocês assistiram foi uma mentira mais grave que a do goleiro Rojas". O *Viomundo* noticiou a crítica a Serra com o título "Lula pede autópsia da bolinha de papel", seguida de um texto da *Reuters*, na *MSN Notícias*, com um link para a página e do adendo: "PS do Viomundo: Nesta mesma entrevista, Lula pediu aos telespectadores que assistam à Record e ao SBT" (VIOMUNDO, 2010).

A BP lançou mão de um artifício bastante utilizados na *web* para a viralização de mensagens: humor (particularmente sob a forma de sátira) mesclado à disseminação de conteúdo negativo (cf. ZAGO, 2014; HANSEN et al., 2011; PHILLIPS, 2011). Nos dias que se seguiram ao episódio, a campanha eleitoral no Brasil alcançou repercussão em jornais internacionais, como o *El Clarín*, e os *trend topics* do *Twitter* brasileiro, com a *hashtag* #globomente, e mundial, com #serrarojas chegando ao primeiro lugar, numa alusão ao goleiro chileno e à principal emissora do país. As imagens que acompanhavam as *hashtags* utilizavam de humor e ironia para disseminar conteúdo negativo sobre o candidato do PSDB. Algumas postagens remetiam ao universo pop, fazendo alusões ao seriado de investigação de fenômenos extraordinários *Arquivo X*, por meio da consagrada expressão "Eu quero acreditar" (tradução de *"I want to believe"*), escrita abaixo de uma bolinha de papel, como se esta fosse um óvni; ou ao filme *Matrix*, com Serra caracterizado como o protagonista Neo, na clássica cena em que este se desvia de balas de revólver atiradas pelo antagonista – o candidato do PSDB, no caso, estaria se desviando de uma bolinha de papel. Ativistas chegaram a criar um jogo em *flash* que se tornou bastante popular ao convidar o internauta a atirar bolas de papel na cabeça de Serra, enquanto este tenta se esconder atrás da bancada do cenário do *JN*.

A **figura 5** ilustra a rede colaborativa construída pela BP em torno do episódio *bolinhagate*, com algumas páginas se destacando como "centrais" difusoras de conteúdo compartilhado por páginas "vizinhas". O grafo nos ajuda a visualizar a ação da BP em busca da construção de uma narrativa predominante sobre o caso da bolinha de papel. O escopo de pesquisa para a geração da imagem foi obtido buscando as publicações sobre o caso feitas pela BP, utilizando-se, como ponto de partida, a procura por palavras-chave, a saber: "Serra", "agredido", "Campo Grande", "bolinha", "bolinhagate". As páginas inicialmente encontradas e identificadas como integrantes da BP foram 19. Dando continuidade ao processo de pesquisa, utilizou-se o *Navicrawler* para a mineração de dados, navegando a partir dos textos publicados sobre o caso, objetivando encontrar as ligações disponibilizadas pelos autores/reprodutores de conteúdo. Os blogs navegados onde se identificou material afim ao *bolinhagate* foram considerados "visitados", gerando classificação homônima no programa; a partir deles, foram coletados os links para outras páginas relacionadas ao caso, gerando a classificação "página vizinha". A planilha contendo as informações das páginas passou por um tratamento no laboratório de dados do *Gephi*, tendo-se excluído duplicidades de páginas, endereços em que se encontrava erro ao ser abertos ou de e-mail. Ao final, ficaram 493 agentes que viriam a compor a rede. Para lhe dar forma, optou-se pelo algoritmo *Force Atlas 2*, colorindo na figura as páginas visitadas de vermelho e as vizinhas de turquesa. Cabe salientar que este grupo de agentes não é todo composto por integrantes da BP. São páginas cuja ligação por meio de links com os blogs visitados pode ser confirmada a partir de navegação *in loco* (e, portanto, podem ser considerados agentes capazes expandir potencialmente a presença da BP na rede), apesar de não ser possível afirmar que o conjunto foi, de fato, todo ele difusor do caso da bolinha de papel segundo um mesmo enquadramento. O que se pode afirmar é que, na figura, os agentes que se destacam na rede em vermelho foram, dentro do contexto pesquisado, os principais difusores de conteúdo acerca do caso da bolinha de papel, cujas publicações foram mais replicadas por outros agentes, por meio de links.

Figura 5 – Ilustração da articulação da BP em torno do caso "Bolinha de Papel"

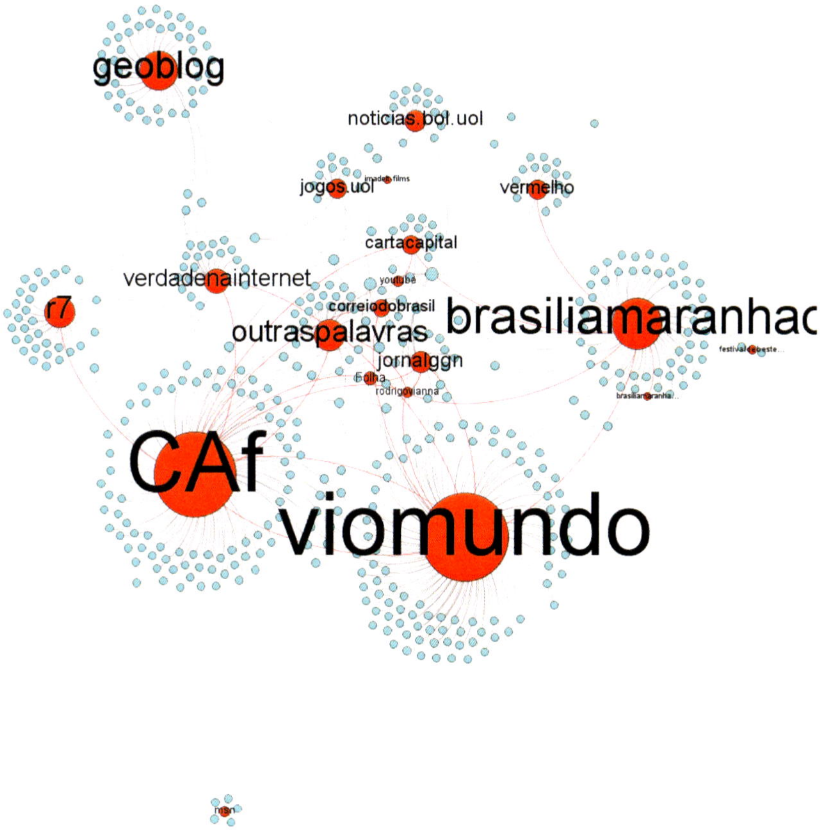

Fonte: a autora

O *bolinhagate* nos ajuda a entender como os ativistas da BP uniram forças para contestar o enquadramento adotado pela grande mídia, construindo outro quadro interpretativo capaz de se sobrepor àquele primeiramente apresentado por veículos *mainstream*. E isso gerou impacto na campanha política à presidência da República de 2010, uma vez que a articulação da BP na construção de uma narrativa gerou repertório utilizado para a desconstrução do, à época, principal candidato de oposição que competia com o PT no pleito. "O fato é que o negativismo da campanha ganhou um novo tom a partir deste evento, sendo abordado no horário gratuito de propaganda eleitoral" (MARQUES; SILVA; MATOS, 2013).

A articulação da BP possui força não apenas porque existem laços de reciprocidade a alimentar a rede, mas também porque é capaz de construir narrativas que disputam espaço no campo do jornalismo com as narrativas formatadas pela grande mídia, por vezes conseguindo não apenas questioná-la, mas se impor a ela, como o caso ora apresentado exemplifica.

CONCLUSÃO

> *Você, que sabe que o impeachment de Dilma Rousseff é um golpe, sabe também que a mídia independente foi fundamental para revelar isso. Foi a mídia independente, por exemplo, que mostrou como artistas, intelectuais e jornalistas de todo o mundo se posicionaram contra essa violência às instituições brasileiras.*
> *Essa comunicação, que resiste ao bombardeio dos grandes grupos do setor, continuará a ter um papel importantíssimo nos dias que virão.*
> Opera Mundi, agosto de 2016

O jornalismo tradicional enfrenta uma crise no mundo e no Brasil. A destituição da presidente Dilma Rousseff em 2016, ato parlamentar apoiado também pela mídia, mostrou mais uma vez que a grande imprensa pode ser nociva à democracia, ao contribuir para levar ao poder e consolidar ações de desmonte do Estado promovidas por um governo que carece de legitimidade. Posteriormente, a eleição de Jair Bolsonaro, em 2018, aprofunda a questão, deixando ver com maior nitidez a crise social e democrática que se abate sobre o país.

Em paralelo, essa conjuntura que tensiona antigas tradições (dentre elas, a atuação política e social, em um contexto de crise das instituições tradicionais) propiciou novas condições para o desenvolvimento de um espaço alternativo de comunicação, a Blogosfera Progressista Brasileira, objeto que assume maior relevância em um cenário político de ataque à democracia, cujo processo é altamente midiatizado. Neste livro, dediquei esforços para montar as peças desse complexo quebra-cabeça que foi (e continua a ser) o processo de formação e desenvolvimento de um modelo alternativo de jornalismo no país, a partir do estudo do fenômeno progressista no Brasil. Um projeto viável de jornalismo político capaz de aglutinar diferentes agentes em torno da ocupação de um lugar reconhecido de mediação que, historicamente, tem sido conferido à imprensa.

Cabe, portanto, indagar: qual o futuro do jornalismo? A experiência progressista brasileira nos dá algumas pistas. Não é possível mais olhar para a atividade contemporaneamente e entender o que ocorre online como mera adaptação ao meio digital de uma prática informativa, que possui como modelo as grandes redações ligadas ao formato tradicional de imprensa. Tampouco acreditar que aquilo que se desenrola no ciberespaço seja algo completamente inédito, desvinculado de experiências anteriores. Este livro evidencia que o debate sobre o potencial que a internet representa para a comunicação não pode ser feito divorciado de um debate anterior, que remeta a experiências anteriores que permanecem presentes orientando novos campos de ação.

Nesse sentido, a internet viabilizou o desenvolvimento de um novo campo para o exercício do jornalismo, que representa um cenário original dentro de um contexto de renovação, no qual as experiências que a precederam, historicamente construídas, servem de base para a criação de relações duradouras que dão forma e tenacidade à rede composta por blogs, sites, portais e outras formas de existência online. Mais que isso, a BP se vale do uso da rede como recurso de hegemonia, amalgamando agendas distintas, unindo desiguais em um sistema de trocas e alianças capaz de produzir pontos de consensos unificadores. O *ethos* do que seria o "verdadeiro jornalismo", construído no Brasil em boa medida em oposição às grandes organizações midiáticas, criou condições para que os blogueiros acumulassem experiência em estratégias de empoderamento do indivíduo pelo grupo. No que tange aos blogueiros progressistas, os fundadores e integrantes mais centrais da rede são, em geral, agentes com vasta experiência acumulada – no jornalismo, na militância política, no ativismo social, na área acadêmica – e que optaram por fazer parte, na *web*, de uma iniciativa que reivindica um lugar de imprensa, valendo-se da construção de redes online e offline como forma de ação.

Enquanto ecossistema midiático, a BP se organiza e atua como rede cuja ação amalgama vínculos estabelecidos face a face e virtualmente, contemplando processos de institucionalização e também relações de laços fracos, menos estáveis e, por vezes, mais eventuais – caracterizando um padrão de ação em rede híbrido. Ao longo de sua formação e evolução, seus integrantes construíram novas relações, ampliando-se enquanto rede, passando de um conjunto de blogs com algumas ligações com outros tipos de mídia para constituírem um ecossistema midiático cuja fauna é composta por novos meios, mídias alternativas e tradicionais. Assim, a BP consegue articular agentes de grande capital simbólico em um ambiente de renovação; e que, portanto, abarca também novas experiências. Isso é particularmente interessante ao destacarmos a presença, na rede progressista, de profissionais já reconhecidos pelo trabalho desempenhado anteriormente, em veículos da grande mídia, por exemplo. Ao lado deles, há um conjunto de agentes que desenvolveram, ao longo dos anos, laços de proximidade com movimentos político-sociais do campo da esquerda – inclusive alguns dentre os de perfil ligado ao jornalismo. A prática adquirida, aliada ao *ethos* em torno da independência jornalística forjada décadas atrás - os quais a internet foi capaz de estimular, sobretudo na fase que antecede a prevalência de uma governança algorítmica da comunicação que se estrutura via plataformas de rede de relacionamentos - criaram condições para que fossem montadas estratégias de empoderamento, de construção de *network* e do estabelecimento de relações capazes de recepcionar diferentes graus de identificação e comprometimento com a iniciativa progressista. Dessa maneira, novas mídias se potencializam a partir de velhas estratégias, dando contornos de rede de relações à BP – e que, justamente por esta característica, tem seus limites, seus contornos, tão difíceis de definir.

Espaço plural e democrático, mas não horizontal, a BP se faz da união de desiguais que possuem projetos individuais distintos, mas que se organizam coletivamente em torno de um projeto maior: o de se promoverem enquanto imprensa, alternativamente à mídia *mainstream*. Dentro dessa perspectiva, o *Centro de Estudos da Mídia Alternativa Barão de Itararé* surge como uma das principais manifestações de identidade coletiva da BP, algo que ajuda a defini-la e suas bandeiras, além de a representar institucionalmente. O *Barão de Itararé*, entretanto, não se destaca como nó "central" na rede BP no ciberespaço, tendo papel pouco relevante enquanto fonte emanadora de conteúdo. Por outro lado, ele é o principal agente unificador dessa *network*, seja ao reunir seus integrantes (por meio dos encontros e do site), na formação de novos agentes e promoção do debate em torno de temas de interesse da rede, ou agindo também representando os blogueiros progressistas na esfera jurídica.

No que se refere especificamente ao campo da comunicação política, a presença do fenômeno BP no sistema midiático brasileiro aponta para uma demanda por opinião que desafia o modelo convencional de jornalismo informativo que até então funcionou como referencial de imprensa no país. Mais que isso, sua ascensão (centralidade e protagonismo no segmento de esquerda) represente, talvez, a face mais visível da crise pela qual atravessa o jornalismo brasileiro na atualidade – que se insere em um contexto maior, de uma crise sem precedentes com respeito à credibilidade das instituições responsáveis pela produção e difusão de conhecimento e informações, em que avança o obscurantismo e a desinformação. A BP, por sua vez, explicita a sua posição política e, assim, deixa claro o lugar de onde partem suas informações - acrescentando transparência ao processo jornalístico. Em um contexto em que o estatuto de verdade se vê, crescentemente, contestado, destacar a perspectiva a partir da qual se produz o discurso pode ser a melhor alternativa para garantir a confiabilidade dos conteúdos jornalísticos.

Ao longo deste livro, procurei contar a história de um fenômeno que surgiu em meados dos anos 2000, mas que carrega para esse ambiente dinâmico e de renovação que é a *web* experiências e ideais norteadores que começaram a ser cultivados décadas atrás. Uma iniciativa que se fortaleceu durante o período em que o Partido dos Trabalhadores esteve à frente da presidência da República, sinalizando a aderência do Brasil a um processo de "virada à esquerda" que se fez presente em diversos países latino-americanos. E em muitos dos quais, a segunda década deste milênio se encerra como um período de recuo de políticas voltadas à promoção de igualdade social, em particular as de cunho social-democratas, com o recrudescimento de perspectivas associadas à direita liberal e mesmo à extrema direita antidemocrática.

No Brasil, a questão da democratização das comunicações defendida pelos blogueiros passa pelo terreno do financiamento das iniciativas midiáticas, como forma de viabilizá-las (não necessariamente comercialmente, mas fundamentalmente em termos de produção de conteúdo). Aspecto que recai principalmente sobre o papel do governo federal nesse cenário, uma vez que ele é historicamente o principal fornecedor isolado de recursos. Por se apresentar como "de esquerda", a BP costuma ser criticada por ter recebido verbas de publicidade pública durante os governos Lula e Dilma Rousseff, sendo taxada de "chapa-branca". Entretanto, conforme é possível averiguar nas páginas deste livro, a rede progressista como um todo pouco recebeu desses recursos. É verdade que alguns de seus integrantes, em geral aqueles com características mais empresariais e de maior destaque em termos de acessos, foram financiados pelo governo. Mas, como ficou demonstrado a partir dos dados pesquisados, estes figuravam em posições bem inferiores na lista dos principais recebedores, se comparados a outros empreendimentos midiáticos que passam ao largo de serem reconhecidos como "veículos petistas", como os das *Organizações Globo*. De fato, no que compete à desconcentração das verbas de financiamento público, os governos do PT não foram ativos no enfrentamento desse problema, e pagaram um preço alto por isso.

Passado o período de expansão, a partir de 2017 a BP enfrentou o recrudescimento de um panorama que já se desenhava extremamente adverso, para os blogueiros e também para o país. Em paralelo ao enfrentamento de questões como a desconcentração e democratização das comunicações, que fora elevado a um novo patamar com a entrada em cena das grandes empresas de tecnologia e a consecutiva reorganização da comunicação via plataformas digitais, o combate à desinformação, por sua vez, ganhava novos tons com a radicalização política e a ascensão de segmentos da extrema direita antidemocrática. Justamente por isso, a iniciativa formada por "jornalistas sem jornal" - em sua maioria profissionais desvinculados de grandes organizações noticiosas - se estabeleceu enquanto forma de resistência não apenas midiática, como também política. Os anos subsequentes ao *impeachment* de Dilma Rousseff, marcados pela pandemia de COVID-19 em meio a uma gestão negacionista empreendida pelo governo Bolsonaro e por uma tentativa malsucedida de golpe de Estado em janeiro de 2023, destacaram ainda mais a fragilidade da democracia no Brasil. Nesse contexto, a consolidação democrática esteve (e está) intimamente ligada à necessidade de uma imprensa verdadeiramente comprometida com o pluralismo de ideias e com o aprimoramento da cidadania. A urgência em torno da defesa da democracia e do combate à desinformação reforçou a importância de um ecossistema progressista pulsante e relativamente consolidado. Verdadeiras vanguardas digitais no cenário brasileiro, essas iniciativas midiáticas contribuíram (e continuam a contribuir) para o enriquecimento da diversidade do ambiente comunicacional, atuando como vetores disruptivos que favorecem, assim e em última análise, para se alcançar a qualidade do jornalismo e da democracia que se pretende construir no país.

REFERÊNCIAS

AARÃO Reis, Daniel. "Trata-se de salvar ou não Dilma, mas para que exatamente?". Entrevista a Marina Novaes. *El País* [online]. São Paulo, 2016. Disponível em: http://brasil.elpais.com/brasil/2016/04/16/politica/1460835008_896666.html. Acesso em: 8 jun. 2016.

ABREU, Alzira. *A modernização da imprensa (1970-2000)*. Rio de Janeiro: Jorge Zahar, 2002.

ADAM, Silke; HÄUβLER, Thomas; SCHIMID-PETRI, Hannah; REBER, Ueli. Identifying and analyzing hyperlink issue networks. *In*: VOWE, Gerhard; HENN, Philipp (ed). *Political communication in the online world:* theoretical approaches and research designs. New York: Routledge, 2016.

AGENCIA EFE. "RCTV" ganha apoio de congressistas e imprensa fora da Venezuela. 2007. Disponível em: http://g1.globo.com/Noticias/Mundo/0,,MUL44898-5602,-00-RCTV+GANHA+APOIO+DE+CONGRESSISTAS+E+IMPRENSA+FORA+-DA+VENEZUELA.html. Acesso em: 6 maio 2016.

AITAMURTO, Tanja. The impact of crowdfunding on journalism. *Journalism Practice*, v. 5, n. 4, p. 429-445, 2011.

ALBUQUERQUE, Afonso de. *A modernização autoritária do jornalismo no Brasil (1950-2020)*. Curitiba: Appris, 2022.

ALBUQUERQUE, Afonso de. Protecting Democracy or Conspiring Against It? Media and Politics in Latin America: A Glimpse from Brazil. *Journalism,* v. 20, n. 7, p. 906-923, 2019.

ALBUQUERQUE, Afonso de. A Comunicação Política depois do Golpe: notas para uma agenda de pesquisa. *Cosmopolítica*, v. 8, n. 2, p. 171-206, December 2018.

ALBUQUERQUE, Afonso de. Voters against Public Opinion: The Press and Democracy in Brazil and South Africa. *International Journal of Communication*, v. 10, p. 3042-3061, jun. 2016.

ALBUQUERQUE, Afonso de. Take a Walk on the Wild Side: os Blogs como Outro do Jornalismo. *In*: PEREIRA, Vinicius Andrade (org.). *Cultura Digital Trash*: Linguagens, Comportamentos, Entretenimento e Consumo. Rio de Janeiro: E-Papers, 2007. p. 61-76.

ALBUQUERQUE, Afonso de. A obrigatoriedade do diploma e a identidade jornalística no Brasil: um olhar pelas margens. *Contracampo*, Niterói, v. 14, p. 71-91, 2006.

ALBUQUERQUE, Afonso de. Política partidária e política midiática: substituição ou coexistência? *Contemporânea*. v. 3, n. 1, p. 9-37, 2005.

ALBUQUERQUE, Afonso; PAULA, Carolina Almeida. Accountability contra democracia: a comunicação política depois do golpe. *In*: VII Encontro da Compolítica, 2017. Anais […] Porto Alegre, p. 1-29, 2017.

ALBUQUERQUE, Afonso; GAGLIARDI, Juliana. The copy desk and the dilemmas of the institutionalization of "modern journalism" in Brazil. *Journalism Studies*, v. 12, n. 1, 2011.

ALBUQUERQUE, Afonso.; SILVA, Marco Antônio Roxo. Skilled, Loyal, and Disciplined: Communist Journalists and the Adaptation of the Model of the American Model of "Independent Journalism" in Brazil. *The International Journal of Press/Politics*, v. 14, p. 376-395, 2009.

ALBUQUERQUE, Afonso de. Preparados, leais e disciplinados: os jornalistas comunistas e a adaptação do modelo de jornalismo americano no Brasil. *E-Compós*, Brasília, v. 9, p. 1-30, 2007.

ALDÉ, Alessandra.; SANTOS, João Guilherme. AS MANIFESTAÇÕES DE JUNHO: Estratégia em rede para resistência civil. *In*: *XXIII Encontro Anual da Compós*. Anais do XXIII Encontro Anual da Compós. Belém: Compós, 2014

ALDÉ, Alessandra; ESCOBAR, Juliana; CHAGAS, Viktor. A febre dos blogs de política. *Famecos*, Porto Alegre, v. 1, n.33, p. 29-40, ago. 2007.

ALDÉ, Alessandra. A febre dos blogs de política. *In*: *XV Encontro Anual da Compós*, 2006. Anais […] Bauru (SP), 2006.

ALDÉ, Alessandra; MENDES, Gabriel; FIGUEIREDO, Marcus. Tomando partido: imprensa e eleições presidenciais em 2006. *Política & Sociedade*, v. 10, p. 153-172, 2007.

ALDÉ, Alessandra; CHAGAS, Viktor. Blog de política e identidade jornalística (transformações na autoridade cognitiva e na interação entre jornal e leitor). V Encontro dos Núcleos de Pesquisa da Intercom, 2005, Rio de Janeiro. *Anais* […], 2005.

ALDEN, Chris; VIEIRA, Marco Antonio. The new diplomacy of the south: South Africa, Brazil, India, and trilateralism. *Third World Quarterly*, v.7, n.26, p.1077-1095, 2005

ALVES DOS SANTOS JUNIOR, Marcelo. PLATAFORMIZAÇÃO DA COMUNICAÇÃO POLÍTICA: governança algorítmica da visibilidade entre 2013 e 2018. *E-Compós*, [S.l.], 2020. DOI: 10.30962/ec.2101.

AMARAL, Oswaldo. *As transformações na organização interna do Partido dos Trabalhadores entre 1995 e 2009*. São Paulo: Alameda, 2013.

AMARAL, Oswaldo. Ainda conectado: o PT e seus vínculos com a sociedade. *Opinião Pública*, Campinas, SP, v. 17, n. 1, p. 1-44, out. 2011. ISSN 1807-0191. Disponível em: http://periodicos.sbu.unicamp.br/ojs/index.php/op/article/view/8641367/8887. Acesso em: 6 jun. 2016.

ANDERSEN, Mads Damgaard. Narrating the Mensalão trial: configurations of corruption. *Brasiliana – Journal for Brazilian Studies*, v. 3, n2, 2015, p. 197-234.

AQUINO, Ma. *Censura, Imprensa, Estado Autoritário (1968-1978)*. Bauru: EDUSC, 1999.

ĂSTROM, Joachim; KARLSSON, Martin. Blogging in the shadow of parties: exploring ideological differences in online campaigning. *Political Communication*, v.30, n.3, p.434-455, 2013.

ATTON, Chris. *Alternative Media*. London: Sage, 2002.

AULER, Marcelo. Cachoeira & Aloprados. *Jornal do Brasil*, 2012.

AVRITZER, Leonardo. *Impasses da democracia*. Rio de Janeiro: Civilização Brasileira, 2016.

AYOUB, Ayoub Hannah. Mídia e movimentos sociais: a satanização do MST na Folha de S. Paulo. *Estudos em Jornalismo e Mídia, Florianópolis*, v. 4, n. 1, p. 79-93, jun. 2008. ISSN 1984-6924. Disponível em: https://periodicos.ufsc.br/index.php/jornalismo/article/view/1888/2045. Acesso em: 12 jan. 2017. doi:http://dx.doi.org/10.5007/1888.

AZENHA, Luiz Carlos. O "enquadramento" de Trump. *Página de Luiz Carlos Azenha no Facebook*, 2016. Disponível em: https://www.facebook.com/lcazenha/posts/1314422375256431. Acesso em: 14 jul. 2017.

AZENHA, Luiz Carlos. Publicitário William Bonner mostra que é bom de marketing. *Viomundo*, 2014. Disponível em: http://www.viomundo.com.br/opiniao-do-blog/publicitario-william-bonner-nosso-lou-dobbs-mostra-que-e-bom-de-marketing.html. Acesso em: 3 mar. 2014.

AZENHA, Luiz Carlos. Globo consegue o que a ditadura não conseguiu: calar imprensa alternativa. *Viomundo*, 2013a. Disponível em: http://www.viomundo.

com.br/denuncias/globo-consegue-o-que-a-ditadura-nao-conseguiu-extincao-da-imprensa-alternativa.html. Acesso em: 20 out. 2013.

AZENHA, Luiz Carlos. O leitor que me fez mudar de ideia. *Viomundo*, 2013b. Disponível em: http://www.viomundo.com.br/opiniao-do-blog/o-leitor-que-me-fez-mudar-de-ideia.html. Acesso em: 20 out. 2013.

AZENHA, Luiz Carlos. Blogueiros criam fundo para batalhas judiciais. *Viomundo*, 2013c [02 de Abr]. Disponível em: http://www.viomundo.com.br/denuncias/blogueiros-criam-fundo-para-batalhas-judiciais-e-sugerem-lucio-flavio-pinto-como-primeiro-beneficiario.html. Acesso em: 1 ago. 2016.

AZENHA, Luiz Carlos. *Viomundo*: o que você não vê na mídia. Rio de Janeiro: Blogbooks, 2009.

AZEVEDO, Reinaldo. A imprensa e a qualidade dos heróis de ontem e de hoje. *Blog Reinaldo Azevedo*, 2012. Disponível em: http://veja.abril.com.br/blog/reinaldo/geral/a-imprensa-e-a-qualidade-dos-herois-de-ontem-e-de-hoje/. Acesso em: 10 set. 2014.

AZENHA, Luiz Carlos. A ditadura de Hugo Chávez na reportagem de capa. *Blog Reinaldo Azevedo*, 2007a. Disponível em: http://veja.abril.com.br/blog/reinaldo/geral/veja-6-ditadura-hugo-chavez-na-reportagem-capa/. Acesso em: 30 mar. 2016

AZENHA, Luiz Carlos. Uma entrevista de Franklin Martins. E Diogo, "esse senhor". *Blog Reinaldo Azevedo*, 2007b. Disponível em: http://veja.abril.com.br/blog/reinaldo/geral/uma-entrevista-franklin-martins-diogo-esse-senhor/. Acesso em: 26 abr. 2016.

AZEVEDO, Fernando Antônio. Mídia e democracia no Brasil: relações entre o sistema de mídia e o sistema político. *Opinião Pública*, v. 12, n. 1, p. 88-113, abr./maio, 2006.

BAILEY, Olga Guedes; MARQUES, F. Jamil. Brazilian News Blogs and Mainstream News Organizations: tensions, symbiosis, or independency?. *In*: SIAPERA, E; VEGLIS, A (org.). *The Handbook of Global Online Journalism*. West Sussex: Willey-Blackwell, v. 1, p. 395-411, 2012.

BARÃO DE ITARARÉ. No rj, Glenn Greenwald debate a mídia brasileira. 2016. Disponível em: http://www.baraodeitarare.org.br/index.php?option=com_content&view=article&id=1290:em-sp-glenn-greenwald-debate-a-midia-brasileira&catid=30:noticia-centro. Acesso em: 13 jul. 2017.

BEASLEY-MURAY, Jon; CAMERON, Maxwell A.; HERSHBERG, Eric. Latins America's left turns: A tour d'horizon. *In*: CAMERON, Maxwell A.; HERSHBERG, Eric. *Latins America's left turns*: politics, policies & trajetories os change. Boulder: Lynnie Rienner Publishers, 2010. p.1-20.

BEASLEY-MURAY, Jon. Latin America's Left Turns: an introduction. *Third World Quartely*, v. 30, n. 2, p. 319-330, 2009.

BENNETT, W. Lance. The Personalization of Politics: Political Identity, Social Media, and Changing Patterns of Participation. *The ANNALS Of The American Academy Of Political And Social Science*, v. 644, n. 1, p. 20-39, 2012.

BENNETT, W. Lance; SEGERBERG, Alexandra. The logic of connective action: Digital media and the personalization of contentious politics. *Information, Communication & Society*, v. 15, n. 5, p. 739-768, 2012.

BENETTI, Ma. Blogs jornalísticos e formações imaginárias. *ECO-PÓS*, v. 11, n. 2, p. 38-60, ago./dez. 2008.

BEZERRA, Elton. STF mantém condenação de Paulo Henrique Amorim. *Consultor Jurídico*, 2014. Disponível em: http://www.conjur.com.br/2014-abr-09/stf-mantem-condenacao-paulo-henrique-amorim-chamar-ali-kamel-racista. Acesso em: 15 set. 2014.

BIROLLI, Flavia. Técnicas de poder, disciplinas do olhar: aspectos de construção do "jornalismo moderno". *História*, São Paulo, v. 26, n. 2, p. 118-145, 2007.

BLOOD, Rebecca. Weblogs: a history and perspective. *Rebecca's Pocket*, 2000. Disponível em: http://www.rebeccablood.net/essays/weblog_history.html. Acesso em: 18 set. 2013.

BOBBIO, Norberto. *Direita e esquerda*: razões e significados de uma distinção política. São Paulo: Unesp, 2011.

BONNER, William. "Robôs partidários de todos os matizes insatisfeitos! Corruptos insatisfeitos! Blogueiros sujos insatisfeitos! Muito bom! Obrigado mesmo!". *Twitter*: @realwbonner. 20 ago. de 2014. Disponível em: https://twitter.com/realwbonner/status/502019235401695232. Acesso em: 9 ago. 2014.

BORBA, Felipe. Propaganda negativa nas eleições presidenciais brasileiras. *Opinião Pública*, v. 2, n. 21, p. 268-295, 2015.

BORGES, Altamiro; LEMES, Conceição; OLIVEIRA, Conceição; CASAES, Diego; GUIMARÃES, Eduardo; NASSIF, Luis, AZENHA, Luiz Carlos; AMORIM, Paulo

Henrique, ROVAI, Renato; VIANNA, Rodrigo. Carta dos Blogueiros Progressistas. *Viomundo*, 2010. Disponível em: http://www.viomundo.com.br/voce-escreve/carta-dos-blogueiros-rogressistas.html. Acesso em: 31 dez. 2015.

BORGES, Altamiro. Blogueiros apoiam Miguel do Rosário. *Barão de Itarare*, 2013. Disponível em: http://baraodeitarare.org.br/index.php?option=com_content&view=article&id=366:blogueiros-apoiam-miguel-do-rosario&catid=12&Itemid=185. Acesso em: 8 jul. 2017.

BORGES, Juliano. Blogs de política, blogs de políticos e a influência na cobertura jornalística. *In*: IV Compolítica. *Anais* [...], 2011, Rio de Janeiro, 2011, 17p.

BOURDIEU, Pierre. O campo político. *Revista Brasileira de Ciência Política*, Brasília, n. 5, p. 193-216, 2011.

BOWERS, Chris; Stoller, MATTHEW. *The emergence of the progressive blogosphere*. New Politics Institute, 2005.

BRASIL 247. *Tijolaço volta sob o signo da polêmica*. 2013. Disponível em: http://www.brasil247.com/pt/247/midiatech/102801/Tijola%C3%A7o-volta-sob-o-signo-da-pol%C3%AAmica.htm. Acesso em: 15 dez. 2015.

BRASIL *Miguel do Rosário*. [s.d.] Disponível em: http://www.brasil247.com/author/Miguel+do+Ros%C3%A1rio. Acesso em: 29 jun. 2016.

BRASIL. Instrução Normativa nº 2, de 16 de dezembro de 2009 (versão HTML). Regula o planejamento e as aprovações das ações de publicidade de utilidade pública, institucional, legal e mercadológicas realizadas pelos órgãos e entidades pertencentes ao Poder Executivo Federal. *DOU*, 17 dez. 2009. Seção 1.

BRASIL. Projeto de lei. Cria o Conselho Federal de Jornalismo e os Conselhos Regionais de Jornalismo, e dá outras providências. *Câmara dos Deputados*, Brasília, 27 de maio de 2004. Disponível em http://www.camara.gov.br/sileg/integras/235421.pdf. Acesso em: 15 maio 2016.

BRITO, Fernando. O rapaz da Folha descobriu o mal dos juros altos. *Tijolaço*. 2016. Disponível em: http://tijolaco.com.br/blog/o-rapaz-da-folha-descobriu-o-mal-dos-juros-altos/. Acesso em: 5 jan. 2016.

BRITO, Fernando. Arrumando os tijolinhos do Tijolaço no Facebook e no Twitter. *Tijolaço*. 2015. Disponível em: http://www.tijolaco.com.br/blog/arrumando-os-tijolinhos-do-tijolaco-no-facebook-e-no-twitter/. Acesso em: 10 fev. 2016.

BRITO, Fernando. 20 anos do dia em que Brizola venceu a Globo. O milagre em que nem a gente acreditava. *Tijolaço*, 2014. Disponível em http://www.tijolaco.com.br/blog/20-anos-do-dia-em-que-brizola-venceu-a-globo-o-milagre-em-que-nem-a-gente-acrediitava/. Acesso em: 5 jan. 2016.

BRITO, Fernando. Voltamos. *Tijolaço*. [s.d.]a. Disponível em http://tijolaco.com.br/blog/perfil/. Acesso em: 2 dez. 2015.

BRITO, Fernando. Eu quero ajudar. *Tijolaço*. [s.d.]b. Disponível em: http://www.tijolaco.com.br/blog/eu-quero-ajudar/. Acesso em: 2 dez. 2015.

BROWNE, Harry. Foundation-funded journalism. Reasons to be wary of charitable support. *Journalis Studies*. England: University of Leeds, v. 11, n. 6, 2010.

BRUERA, Hernán F. Gómez. Participation under Lula: Between electoral politics and governability. *Latin America Politics and Society*, v. 57, n. 2, p. 1-20, 2015.

CAETANO, Kati; VEIGA, Zaclis. O que as imagens do jornalismo fazem ver: estratégias discursivas do Brasil Post. *Ação Midiática*, Curitiba, n. 10, jul.-dez. 2015.

CAMERON, Maxwell A. Latin America's Left Turns: beyond good and bad. *Third World Quarterly*, v. 2, n. 30, p. 331-348, 2009.

CANALI, Geraldo Valente. *A Ideologia no Uso do Conceito de Liberdade de Imprensa. Uma Análise à Luz da Hermenêutica de Profundidade*. 2005. Tese (Doutorado em Comunicação Social) – PUC/RS, Porto Alegre, 2005.

CAÑIZALES, Andrés; LUGO-OCANDO, Jairo. The media in Venezuela: the revolution was televised, but no one was really watching. *In*: LUGO-OCANDO, Jairo. *The media in Latin America*. Maidenhead: Open University Press, 2008.

CANOFRE, Fernanda. Especial FSM – 2005: O ano em que Chávez foi ovacionado. *Jornal Sul 21*. 2015. Disponível em: http://www.sul21.com.br/jornal/especial-fsm--2005-o-ano-em-que-chavez-foi-ovacionado/. Acesso em: 22 jun. 2016.

CARBASSE, Renaud. Tino para os negócios e bom jornalismo? A figura do jornalista empreendedor nos debates sobre o futuro da profissão. *Brazilian Journalism Research*, v. 1, n. 1, p. 262-283, 2015.

CARLSON, Matt. Introduction: The many boundaries of journalism. *In*: CARLSON, Matt; LEWIS, Seth C. *Boundaries of Journalism*. 1. ed. Abingdon; New York: Routledge, 2015. p.1-18.

CARLSON, Matt. Blogs and journalistic authority: the role of blogs in US Election Day in 2004. *Journalism Studies*. England: University of Leeds, v. 8, n. 2, 2007.

CARTA AO LEITOR. *Publicidade em Veja*. Revista Veja, 19/12/2006, ed. 412.

CARTA MAIOR. *Quem Somos*. [s.d.] Disponível em: http://cartamaior.com.br/?/CartaMaior/Quem-Somos/14/. Acesso em: 15 fev. 2016.

CARVAJAL, Miguel; GARCÍA-AVILÉS, José A.; GONZÁLEZ, José L. Crowdfunding and non-profit media. *Journalism Practicie*, v. 6, n. 5-6, p. 638-647, 2012.

CASTAÑEDA, Jorge. Latin America's Left Turn. *Foreign Affairs*, v. 3, n. 85, p. 28-43, 2006.

CASTELLS, Manuel. *A sociedade em rede*. São Paulo: Paz e Terra, 2016.

CASTRO, Daniel. Na marca do pênalti há três anos, Paulo Henrique Amorim renova com a Record. *Notícias da TV/UOL*, 2017. Disponível em: http://noticiasdatv.uol.com.br/noticia/televisao/na-marca-do-penalti-ha-tres-anos-paulo-henrique-amorim-renova-com-record-15386#ixzz4nJqOwaff. Acesso em: 19 jul. 2017.

CHALABY, Jean K. Journalism as an Anglo-American invention: a comparison of the development of French and Anglo-American journalism, 1830s-1920s. *European Journal of Communication*, London, v. 11, n. 3, p. 303-326, 1996. Trad. para o port. por MTGF de Albuquerque. Rev. de A. de Albuquerque.

CHAGAS, Helena. Moro pisou na bola ao criminalizar blogueiro. *Os Divergentes*. 2017. Disponível em: http://osdivergentes.com.br/helena-chagas/moro-pisou-na-bola-ao-criminalizar-blogueiro/. Acesso em: 15 jul. 2017.

CHIMENTO, Marcelo. *A tribuna virtual* : informação política nos blogs durante a eleição de 2008. Rio de Janeiro, 2010. 148f. Dissertação (Mestrado em Comunicação Social) – Universidade Federal do Rio de Janeiro – UERJ, Rio de Janeiro, 2010.

CHIMENTO, Marcelo. O palanque virtual: relações entre os blogs de política e a imprensa na eleição de 2008. *Contemporânea* (UERJ. Online), v. 6, p. 262-272, 2008.

CHRISTOFOLETTI, Rogério. Credibilidade jornalística e reputação na blogosfera: mudanças entre dois mundos. *5º SPBJor*, Sergipe, 2007.

CLOACA NEWS. *Cloaca news interpelará josé serra judicialmente*, 2010. Disponível em: http://cloacanews.blogspot.com.br/2010/08/cloaca-news-interpelara-jose-serra.html. Acesso em: 30 jan. 2016.

CONTEXTO LIVRE. Azenha e Requião denunciam mamata. 2016. Disponível em: http://www.contextolivre.com.br/2016/03/azenha-e-requiao-denunciam-mamata-do.html. Acesso em: 1 jun. 2016.

CONVERSA AFIADA. *Sobre Paulo Henrique Amorim*. 2015a. Disponível em: http://www.conversaafiada.com.br/sobre-pha. Acesso em: 15 set. 2014.

CONVERSA AFIADA. *Não me calarão*. 2015b. Disponível em: http://www.conversaafiada.com.br/nao-me-calarao. Acesso em: 30 jan. 2016

CONVERSA AFIADA. *Quem fez o Azenha mudar de ideia*. 2013a [1 de Abr]. Disponível em: http://www.conversaafiada.com.br/pig/2013/04/01/quem-fez-o-azenha-mudar-de-ideia. Acesso em: 1 ago. 2016.

CONVERSA AFIADA. *Azenha e a publicidade do Governo. Viva a Globo !*. 2013b [20 Mar]. Disponível em: http://www.conversaafiada.com.br/pig/2013/03/20/azenha-e-a-publicidade-do-governo-viva-a-globo. Acesso em: 1 ago. 2016.

COOK, Timothy E. *Governing with the News*: The News Media as a Political Institution. 2. ed. Chicago: The University of Chicago Press, 2005 [1998].

COORDENAÇÃO DO BLOCO DE ESQUERDA. Nota Pública. [*S.l.*: *s.n.*]. 2005.

CORREA, Paulo Gustavo Pellegrino. Relações entre Brasil e Bolívia: fortalecimento e refluxo. *Série Relatório dos Países*. Fundação Konrad Adenauer no Brasil, 2015.

CRUVINEL, Tereza. A partir de 2007. *O Globo*. 27 ago 2006, p.2.

DANTAS, Audálio. A mídia e o golpe militar. *Estudos Avançados*, São Paulo, v. 28, n. 80, p. 59-74, abr. 2014. Disponível em: http://www.scielo.br/scielo.php?script=sci_arttext&pid=S0103-40142014000100007&lng=en&nrm=iso. Acesso em: 7 jan. 2017.

DAVIS, Richard. *Typing politics*: the role of blogs in American Politics. New York: Oxford University Press, 2009.

DE MAGALHÃES CARVALHO, Eleonora. Financiamento da mídia no Brasil na era PT. *E-Compós*, [*S.l.*], v. 23, 2020. DOI: 10.30962/ec.1999. Disponível em: https://www.e-compos.org.br/e-compos/article/view/1999. Acesso em: 16 jan. 2024.

DEMORI, Leandro; GREENWALD, Glenn. A Folha vai trabalhar com o Intercept Brasil no Arquivo da Vaza Jato – Leia a primeira reportagem. *Intercept Brasil*, 2019. Disponível em: https://www.intercept.com.br/2019/06/23/intercept-folha-vaza-jato-moro-lava-jato/. Acesso em: 19 jan. 2024.

DEUZE, Mark. What Journalism Is (Not). *Social Media + Society*, Apr. 2019.

DIAS, André Bonsanto. *O presente da memória*: usos do passado e as (re)construções de identidade da folha de s. paulo, entre o 'golpe de 1964' e a 'ditabranda'. 2012. 203 f. Dissertação (Mestrado em Comunicação) – Universidade Federal do Paraná, Curitiba, 2012.

DIMINESCU, Dana; BOURGEOIS, Mehdirenault; Renault, MATTHIEU and JACOMY, Mathieu. Digital Diasporas Atlas Exploration and Cartography of Diasporas in Digital Networks. *In*: *International AAAI Conference on Weblogs and Social Media*. Online: Association for the Advancement of Artificial Intelligence, p. 257-258, 2011.

DIRCEU, José. O mundo da fantasia de alguns petistas. *Blog do Zé Dirceu*, 2007 [13/12, 16:00]. Blog inativo, texto disponível em http://web.archive.org/web/20080703192002if_/http://www.zedirceu.com.br:80/index.php?option=com_content&task=archivecategory&year=2007&month=12&id=27&module=1. Acesso em: 16 jul. 2017.

DIRETORIA DA FENAJ. Histórico sobre a criação do Conselho Federal de Jornalismo. 2004. Disponível em www.fenaj.org.br/cfj/historico.htm. Acesso em: 6 maio 2016.

DIRETORIA DA FENAJ. Propostas da Fenaj sobre outorga e renovação de canais de rádio e tv no brasil. Brasília: [s.n.], 2007.

DOWNIE JR., Leonard; SCHUDSON, Michael. *The Reconstruction of American Journalism*: a report. Columbia University School of Journalism, 2009.

DOWNING, John. Entrevista com John Downing. *Revista Famecos*, Porto Alegre, n.38, p. 5-9, abril de 2009. Entrevista concedida a Patrícia Wittenberg Cavalli.

DOWNING, John. *Mídia radical*: Rebeldia nas Comunicações e Movimentos Sociais. São Paulo: Editora Senac, 2002.

DOWNING, John. *Radical media*: Rebellious communication and social movements. London: Sage, 2001.

DREW, Jill. The new investigators: nonprofits are breaking new ground. Can they sustain themselves? *Columbia Journalism Review*, p. 1-8, 2010.

DUMENCO, Simon. How a Very Clever Police Department Is Using Twitter to Globally Brand -- and Save -- Itself. *Advertising Age*, 2010. Disponível em: http://adage.

com/article/trending-topics/police-department-twitter-brand-save/146654/#notes. Acesso em: 20 dez. 2015.

ESTADÃO. O mal a evitar [Editorial]. 2010. Disponível em: http://www.estadao.com.br/noticias/geral,editorial-o-mal-a-evitar,615255. Acesso em: 12 set. 2012.

FARAH, Tatiana. Entidades de imprensa e Fecomercio estudam ir ao STF contra plano de direitos humanos. *O Globo*, 2010. Disponível em: http://oglobo.globo.com/politica/entidades-de-imprensa-fecomercio-estudam-ir-ao-stf-contra-plano-de-direitos-humanos-3037045#ixzz2HndMBDbY. Acesso em: 2 abr. 2016.

FELDMAN, Bob. Report from the field: left media and left think thanks – foundation-managed protest? *Critical Sociology*, p. 427-446, 2007.

FELIPPE, Igor. O Viomundo já saiu das suas mãos, Azenha e Conceição. [online] *Viomundo*, 2013. Disponível em: http://www.viomundo.com.br/denuncias/igor-felippe-o-viomundo-ja-saiu-das-suas-maos-azenha-e-conceicao.html. Acesso em: 1 ago. 2016.

FERNANDES, Daniela. Condução coercitiva de blogueiro é grave atentado à liberdade de imprensa, diz Repórteres Sem Fronteiras. *BBC Brasil*, 2017. Disponível em: http://www.bbc.com/portuguese/brasil-39309746. Acesso em: 15 jul. 2017.

FERREIRA, Jorge. *Prisioneiros do mito*: cultura e imaginário político dos comunistas no Brasil (1930-1956). Niterói: Eduff; Rio de Janeiro: Muad, 2002.

FIGARO, Roseli; NONATO, Cláudia (org.). *Arranjos jornalísticos alternativos e independentes no Brasil*: organização, sustentação e rotinas produtivas. São Paulo: ECA-USP/Centro de Pesquisa em Comunicação e Trabalho, 2021. Disponível em: https://www.eca.usp.br/acervo/producao-academica/003051782.pdf. Acesso em: 16 jan. 2024.

FIORUCCI, Rodolfo. A revista Caros Amigos: algumas considerações sobre a sua formação. *Comunicação & Inovação*, v. 8, n. 15, p. 57-64, 2007.

FISH, Stanley. *Is there a text in the class?* The authority of interpretative communities. Cambridge: Harvard University Pree, 1980.

FOLDING PAPERS: as the middle class embraces online media, newspapers are struggling. *The Economist*, Rio de Janeiro, 13 jul. 2013.

FOLHA DE S. PAULO. Todo Poder tem limite. 2010. [Editorial]. Disponível em http://www1.folha.uol.com.br/fsp/opiniao/fz2609201003.htm. Acesso em: 27 mar. 2013.

FOLHA DE S. PAULO. TV que não pega. 2009. [Editorial]. Disponível em: http://www1.folha.uol.com.br/fsp/opiniao/fz3107200902.htm. Acesso em: 20 jun. 2016.

FOLHA DE S. PAULO. Lula quer conselho para fiscalizar jornalismo. 2004. Disponível em: http://www1.folha.uol.com.br/fsp/brasil/fc0608200416.htm. Acesso em: 20 jul. 2016.

FOLHA ONLINE. Oposição e guinada ao centro fazem Lula e PT vencerem a primeira eleição presidencial. [sd, Especial Governo Lula].2002.

FORTES, Leandro. Resposta ao desespero. *Carta Capital*, 2012. Disponível em: https://www.cartacapital.com.br/politica/resposta-ao-desespero. Acesso em: 5 ago. 2014.

FRAGA, Plínio. "Lulinha paz e amor" fugiu dos conflitos. *Folha de S. Paulo*, 2002. Disponível em: http://www1.folha.uol.com.br/fsp/brasil/fc2710200223.htm. Acesso em: 20 jun. 2016.

FREIRE, Américo; AZEVEDO, Flávia. Intervenção política, imprensa e democracia: os tijolaços de Leonel Brizola. *Anos 90*, v. 18, n. 33, p. 15-40, 2011.

FREITAS, Eduardo Luiz Viveiros. *Política e internet*: 4 jornalistas (blogueiros) em novos tempos. 2010. 196 f. Tese (Doutorado em Ciências Sociais) – Pontifícia Universidade de São Paulo, 2010.

FUCHS, Christian. Alternative Media as Critical Media. *European Journal of Social Theory* v. 13, n. 2, p.173-192, 2010.

GAGLIARDI DE ARAÚJO, Juliana; ALBUQUERQUE, Afonso de. "Alianças Exóticas": A integração do Brasil com a América Latina na ótica de O Globo. In: *Alaic – XII Congreso Latinoamericano de Investigadores de la Comunicación*. online: [s.n.], Lima: PUCP, 2014, p. 1-18. Disponível em: http://congreso.pucp.edu.pe/alaic2014/wp-content/uploads/2013/09/GT3-Juliana-Gagliardi-de-Araujo-Afonso-de-Albuquerque.pdf. Acesso em: 20 jun. 2016.

GARDEN, Mary. Defining blog: a fool's errand or a necessary undertaking. *Journalism*, v. 13, n. 4, p. 483-499, 2011.

GARSCHAGEN, Bruno. A esquerda brasileira quer definir o que você pensa. E com dinheiro de bilionário americano. *Extra*, 2016. Disponível em: https://extra.globo.com/noticias/brasil/sem-mimimi/a-esquerda-brasileira-quer-definir-que-voce-pensa-com-dinheiro-de-bilionario-americano-19988968.html. Acesso em: 23 fev. 2017.

GERBAUDO, Paolo. Social media teams as digital vanguards: the question of leadership in management of key Facebook and Twitter accounts of Occupy Wall Street, Indignados and UK Uncut. *Information, Communication & Society*, 2016.

GERBAUDO, Paolo. The persistence of collectivity in digital protest. *Information, communication & society*, v. 2, n. 17, p. 264-268, 2014.

GERBAUDO, Paolo. The impermanent revolution: the organizational fragility of the egyptian prodemocracy movement in the troubled transition. *Social Justice*, v. 39, n. 1, 2013.

GERBAUDO, Paolo; TRERÉ, Emiliano. In search of the 'we' of social media activism: introduction to the special issue on social media and protest identities. *Information, Communication & Society*, v. 18, n. 8, p. 865-871, 2015.

GLOBAL VOICES. *Sobre*. 2016. Disponível em: https://pt.globalvoices.org/about/. Acesso em: 31 mar. 2017.

GLOBAL VOICES. *Diego Casaes*. 2009. Disponível em: https://pt.globalvoices.org/author/diegocasaes/. Acesso em: 31 mar. 2017.

GOMES, Wilson; FERNANDES, Breno; REIS, Lucas & SILVA, Tarcizio. Politics 2.0: a campanha on-line de Barack Obama em 2008. *Revista de Sociologia e Política*, v. 34, n. 17, p. 29-43, 2009.

GONÇALVES, Jonas; CAPOANO, Edson. Reorganização de redações no Brasil: os casos dos ecossistemas endógenos do Estadão e da sucursal do Huffingfton Post. *Comunicologia*, Brasília, UCB, v. 10, n. 1, p. 17-28, jan./jun. 2017.

GRANOVETTER, Mark. The strength of weak ties: A network theory revisited. *Sociological theory*, v. 1, n. 1, p. 201-233, 1983.

GREENWALD, Glenn. *Sem lugar para se esconder*. Tradução de Fernanda Abreu. Rio de Janeiro: Sextante, 2014. Edição Eletrônica/formato ePub.

GROHMANN, Rafael; MENDONÇA, Mateus; WOODCOCK, Jamie. Worker Resistance in Digital Capitalism| Communication and Work From Below: The Role of Communication in Organizing Delivery Platform Workers. *International Journal of Communication*, [s. l.], v. 17, p. 19, jun. 2023.

GROHMANN, Rafael; QIU, J. Contextualizando o Trabalho em Plataformas. REVISTA CONTRACAMPO, v. 39, p. 1-10, 2020.

GUAZINA, Liziane. S. Jornalismo que tem lado: o caso dos blogueiros brasileiros "progressistas". *Brazilian journalism research*, v. 9, n. 2, p. 68-87, 2013.

HABERMAS, Jürgen. *The theory of communicative action*. Vol 1. Reason and the rationalization of society. Boston, Beacon Press, 1984.

HALAVAIS, Alexander. The blogosphere and its problems: web 2.0 undermining civic webspaces. *First Monday*, v. 21, n. 6, 2016.

HALLIN, Daniel; MANCINI, Paolo. *Comparing media systems: three models of media and politics*. Cambridge, New York: Cambridge University Press, 2004.

HALLIN, Daniel C.; MANCINI, Paolo (ed.). *Comparing Media systems beyond the Western world*. New York: Cambridge University Press, 2012.

HANSEN, L.; ARVIDSSON, A.; NIELSEN, F.; COLLEONI, E.; ETTER, M. Good Friends, Bad News - Affect and Virality in Twitter. *Communications in Computer And Information Science*, p. 34-43, 2011.

HELMOND, Anne. The Platformization of the Web: Making Web Data Platform Ready. *Social Media + Society*, July 2015, doi:10.1177/2056305115603080.

HENDRISCHKE, Maria. Nova empresa jornalística First Look Media lança site The Intercept com Glenn Greenwald. *Knight Center for Journalism in the Americas*. 2014. Disponível em: https://knightcenter.utexas.edu/pt-br/blog/00-15150-nova-empresa-jornalistica-first-look-media-lanca-site-intercept-com-glenn-greenwald. Acesso em: 12 jul. 2017.

HENNIGAN, Tom. 'Teflon Lula' on course for victory. *The Times*, 2006.

HOCHSTETLER, Kathryn. Organized Civil Society in Lula's Brazil. *In*: KINGSTONE, P.; POWER, T. (ed.). *Democratic Brazil Revisited*. University of Pittsburgh Press, 2008. p. 33-54.

HUNTER, Wendy. The normalization of an anomaly the Workers' Party in Brazil. *World Politics*, 59, p. 440-475, 2007.

JACOMY, Mathieu, VENTURINI, Tommaso; HEYMANN, Sebastien; BASTIAN, Mathieu. ForceAtlas2, a Continuous Graph Layout Algorithm for Handy Network Visualization Designed for the Gephi Software. *PLoS ONE* 9(6): e98679. 2014. Disponível em: https://doi.org/10.1371/journal.pone.0098679. Acesso em: 3 ago. 2017.

JACOMY, Mathieu; HEYMANN, Sebastien; VENTURINI, Tommaso; and BASTIAN, Mathieu. A Graph Layout Algorithm for Handy Network Visualization. *Web Atlas*,

29 ago. 2011 [draft]. Disponível em: http://webatlas.fr/tempshare/ForceAtlas2_Paper.pdf. Acesso em: 5 jan. 2016.

JAKOBSEN, Kjeld. A cobertura da mídia impressa aos candidatos nas eleições presidenciais de 2006. *In*: LIMA, Venício (org.). *A mídia nas eleições de 2006*. São Paulo: Fundação Perseu Abramo, 2007.

JORNAL DO BRASIL. Em gravação, Perrella cita a Aécio episódio de helicóptero com cocaína. 2017. Disponível em: http://www.jb.com.br/pais/noticias/2017/05/30/em-gravacao-perrella-cita-a-aecio-episodio-de-helicoptero-com-cocaina/. Acesso em: 29 mar. 2016.

JORNAL DO BRASIL. Lula insiste no PT e nega divisão. (28 agosto) 1979, 1º Caderno, p.4. Disponível em: https://news.google.com/newspapers?id=JqYxAAAAIBAJ&sjid=eQwEAAAAIBAJ&hl=pt-BR&pg=3114%2C4590609. Acesso em: 4 jul. 2016.

KARLSSON, Michael. The immediacy of online News, the visibility of journalistic process and a restructuring of journalistic authority. *Journalism*, v. 12, n. 3, p. 279-295, 2011.

KARPF, David A. *Unexpected transformations*: the internet's effect on political associations in American Politics. Dissertation for the degree of Doctor of Philosophy, 2009.

KITZBERGER, Philip. The Media Activism of Latin America's Leftist Governments: Does Ideology Matter? *GIGA Working Papers*. Hamburg: German Institute of Global and Area Studies, 2010. 38 p.

KOSORUKOFF, Alex. *Social Network Analysis*: Theory and Applications. Passmore, 2011.

KOTSCHO, Ricardo. *Do golpe ao Planalto*: uma vida de repórter. São Paulo: Companhia das Letras. 2006.

KUCINSKI, Bernardo. *Jornalistas e revolucionários*: nos tempos da imprensa alternativa. 2. ed. São Paulo: Editora Página Aberta, [1991] 2001.

KUCINSKI, Bernardo. *A Síndrome da Antena Parabólica*. Ética no Jornalismo Brasileiro. São Paulo: Editora Perseu Abramo, 1998.

KUSCHNIR, Beatriz. *Cães de Guarda. Jornalistas e Censores, do AI-5 à Constituição de 1988*. São Paulo: Boitempo Editorial, 2004.

LEAL, Paulo Roberto Figueira. *O PT e o dilema da representação política*: os deputados federais são representantes de quem? Rio de Janeiro: FGV, 2005.

LEAL, Paulo Roberto Figueira. A imagem do PT na cobertura do caso CPEM. *Estudos em Jornalismo e Mídia* (UFSC), v. 1, p. 173-184, 2008.

LEITÃO, Miriam. *Saga brasileira*: a longa luta de um povo por sua moeda. Rio de Janeiro: Record, 2011.

LEMES, Conceição. O futuro da Secom no governo Dilma: Quem não faz, toma. *Viomundo*, 2014. Disponível em: http://www.viomundo.com.br/voce-escreve/secom-e-comunicacao-governo-dilma.html. Acesso em: 12 jul. 2017.

LEMES, Conceição. "Façamos exatamente o contrário do que a Globo e outros inimigos desejam". *Viomundo*, 2013. Disponível em: http://www.viomundo.com.br/voce-escreve/facamos-exatamente-o-contrario-do-que-a-globo-e-outros-inimigos-nossos-desejam.html. Acesso em: 1 ago. 2016.

LEMES, Conceição. 1º Encontro Nacional de Blogueiros Progressistas: Os documentos finais. *Viomundo*, 2010. Disponível em: http://www.viomundo.com.br/voce-escreve/1%C2%BA-encontro-nacional-de-blogueiros-progressistas-os-documentos-finais.html. Acesso em: 24 jun. 2016.

LÊNIN, Vladimir Ilich. *Que fazer?* Organização como sujeito político. São Paulo: Martins, 2006.

LEVY, Charmain. Social Movements and Political Parties in Brazil: Expanding Democracy, the 'Struggle for the Possible' and the Reproduction of Power Structures. *Globalizations*, v. 9, n. 6, p. 783-798, 2012, DOI: 10.1080/14747731.2012.739340.

LIEDTKE, Paulo Fernando. *Governando com a mídia*: duplo agendamento e enquadramento no Governo Lula (2003-2006). 2006. 414 f. Tese (Doutorado em Sociologia Política) – Universidade Federal de Santa Catarina, Florianópolis, 2006.

LIMA, Cláudia do Carmo Nonato. *Jornalistas, blogueiros, migrantes da comunicação*: em busca de novos arranjos econômicos para o trabalho jornalístico com maior autonomia e liberdade de expressão. 2015. 250 f. Tese (Doutorado em Ciências da Comunicação) – Escola de Comunicação e Artes/USP, São Paulo, 2015.

LIMA, Venício A. de Lima [org]. *A mídia das eleições 2006*. São Paulo: Editora Fundação Perseu Abramo, 2007.

LIMA, Venício A. de Lima. Altercom: Um representante das mídias alternativas. Entrevista com Venício Lima. *Viomundo*, 2010. Entrevista ao Instituto Humanitas Unisinos. Disponível em: http://www.viomundo.com.br/voce-escreve/venicio-lima-explica-a-altercom.html. Acesso em: 6 ago. 2017.

LIMA, Venício A. de Lima. Comunicação na Constituinte de 1987/88: a defesa dos velhos interesses. Texto originalmente publicado no *Caderno CEAC/UnB*, ano 1, n. 1, p. 143-152, 1987.

LYCARIÃO, Diógenes; MAGALHÃES, Eleonora; ALBUQUERQUE, Afonso. Noticiário "objetivo" em liquidação: a decadência do padrão "catch-all" na mídia comercial. *Revista Famecos*, [s. l.], v. 25, n. 2, p. ID28384, 2018. DOI: 10.15448/1980-3729.2018.2.28384. Disponível em: https://revistaseletronicas.pucrs.br/ojs/index.php/revistafamecos/article/view/28384. Acesso em: 18 jan. 2024.

LOPES, Nayla. Política na rede: Papel das redes sociais da internet na campanha eleitoral para a Presidência da República no Brasil em 2010. *In*: IV Congresso Latino Americano de Opinião Pública da WAPOR. Belo Horizonte, 2011.

LOPES, Poliana; ARAÚJO, Denise Castilhos. Análise do discurso da @midianinja no twitter:o jornalismo participativo em pauta. *In*: VII Compolítica, Porto Alegre, 2017.

LOWREY, Wilson; PARROTT, Scott and MEADE, Tom. When blogs become organizations. Sage: *Journalism*, v. 12, n. 243, p. 243-259, 2011.

LUPIEN, Pascal. The Media in Venezuela and Bolivia: Attacking the "Bad Left" from Bellow. *Latin American Perspectives*, v. 40, n. 3, p. 226-246, 2013.

LUSTOSA, Isabel. *Insultos impressos*: a guerra dos jornalistas na independência 1821-1823. São Paulo: Companhia das Letras, 2000.

MAGALHÃES, Eleonora; ALBUQUERQUE, Afonso. Jornalistas sem jornal: a blogosfera progressista no Brasil. *In*: XXIIII Encontro Anual da Compós, 2014, Belém (PA). *Anais* […], 2014.

MARCHI, Carlos. Jornalistas condenam projeto de conselho federal. *O Estado de S. Paulo*. 2004, A10.

MARCHI, Regina. With Facebook, Blogs, and Fake News, teens reject journalistic "objectivity". *Journal of Communication Inquiry*. Sage, n. 36, v. 2, p. 246-262, 2012.

MARCOLINI, Barbara. & LOBO, Thais. A entrevista dos camaradas: saiba mais sobre os 'blogueiros progressistas'. *O Globo*. 2014. Disponível em http://oglobo.globo.com/brasil/a-entrevista-dos-camaradas-saiba-mais-sobre-os-blogueiros-progressistas-12220108. Acesso em: 15 fev. 2016.

MARIAFRÔ. *Marcha zumbi+10, por quê?*. 2015. Disponível em: http://www.revistaforum.com.br/mariafro/2005/10/17/marcha-zumbi10-por-que/. Acesso em: 10 jan. 2016.

MARIAFRÔ. *O IG passa a faca no conversa afiada*. 2008 [online] Disponível em: http://www.revistaforum.com.br/mariafro/2008/03/19/o-ig-passa-a-faca-no-conversa-afiada/. Acesso em: 15 set. 2014.

MARIAFRÔ. Sobre mim. [s.d.] Disponível em: http://www.revistaforum.com.br/mariafro/about-2/. Acesso em: 15 set. 2013.

MARINONI, Bruno. *Concentração dos meios de comunicação de massa e o desafio da democratização da mídia no Brasil*. 1. ed. São Paulo: Friedrich-Ebert-Stiftung (FES), 2015. 28 p.

MARQUES, Francisco Paulo Jamil Almeida; SAMPAIO, Rafael Cardoso. Internet e eleições 2010 no Brasil: rupturas e continuidades nos padrões mediáticos da campanhas políticas on-line. In MARQUES, Francisco Paulo Jamil Almeida; SAMPAIO, Rafael Cardoso; AGGIO, Camilo [org.]. *Do clique à urna: internet, redes sociais e eleições no Brasil*. Salvador: Edufba, p.91-112, 2013.

MARQUES, Francisco Paulo Jamil Almeida; SILVA, Fernando Wisse Oliveira; MATOS, Nina Ribeiro. Estratégias de comunicação política online. *In:* MARQUES, F. J. A.; SAMPAIO, R.C.; AGGIO, C. (org.), *Do clique à urna: internet, redes sociais e eleições no Brasil* (1st ed., pp. 265-296). Salvador: Edufba, p.265-316, 2013.

MARTÍN-BARBERO, JESÚS. Diversidad en convergencia. *Matrizes*, v. 8, n. 2, p. 15, 2014.

MARTINS, Franklin. Brasil é muito grande para ficar no 'cercadinho' da mídia. *Rede Brasil Atual*, 2014. Disponível em: http://www.redebrasilatual.com.br/blogs/blog-na-rede/2014/02/franklin-martins-brasil-e-muito-grande-para-ficar-no-2018cercadinho2019-da-midia-6948.html. Acesso em: 11 maio 2016.

MAUERSBERGER, Christof. To be prepared when the time has come: Argentina's new media regulation and the social movement for democratizing broadcasting. *Media, Culture & Society*, v. 34, n. 5, p. 588-605, 2012.

MAUSS, Marcel. Ensaio sobre a dádiva. *In*: MAUSS, Marcel. *Sociologia e antropologia*. São Paulo: Cosac Naify, 2003. p.183-314.

MELLO, Antônio. Mistérios no caso do dossiê. *Blog do Mello*, 2006. Disponível em http://blogdomello.blogspot.com.br/2006/10/mistrios-no-caso-do-dossi.html#comment-form. Acesso em: 23 jun. 2016.

MELLO, Marco Aurélio. "Carta aberta aos colegas da Globo". Republicada em *Blog do Miro*, 2013. Disponível em http://altamiroborges.blogspot.com.br/2013/07/carta-aberta-aos-colegas-da-globo.html#more. Acesso em: 5 ago. 2016.

MEMÓRIA GLOBO. BNDES e renegociação da dívida. 2021. Disponível em: http://memoriaglobo.globo.com/mobile/acusacoes-falsas/bndes-e-renegociacao-da-divida.htm. Acesso em: 1 jun. 2016.

MESSIAS, Roberto Bocorny. Transparência e a desconcentração na publicidade do governo federal [Original do Observatório da Imprensa]. *FNDC*, 2013. Disponível em: http://www.fndc.org.br/clipping/transparencia-e-a-desconcentracao-na-publicidade-do-governo-federal-891761/. Acesso em: 8 jul. 2017.

MIELLI, Renata. Os 7 pecados de Franklin Martins. *Centro de Estudos da Mídia Alternativa Barão de Itararé*, 2014. Disponível em: http://www.baraodeitarare.org.br/index.php?option=com_content&view=article&id=560:renata-mieli-os-7-pecados-de-franklin-martins&catid=12&Itemid=185. Acesso em: 19 abr. 2016.

MOUFFE, Chantal. *Sobre o político*. São Paulo: Martins Fontes, 2015.

MOUFFE, Chantal. Por um modelo agonístico de democracia. *Rev. Sociol. Polít.*, Curitiba, n. 25, p. 11-23, nov. 2005a.

MOUFFE, Chantal. *On the political*. Abingdon; New York: Routledge, 2005b.

MOUFFE, Chantal. Democracia, cidadania e a questão do pluralismo. *Política & Sociedade*, n. 3, p.11-26, out. 2003.

NASSIF, Luis. O dia em que a Globo foi salva pelo BNDES. 2015. *Jornal GGN*. Disponível em: http://jornalggn.com.br/noticia/o-dia-em-que-a-globo-foi-salva-pelo-bndes. Acesso em: 13 maio 2016.

NASSIF, Luis. O apoio de Lula a Eduardo Guimarães. *Luis Nassif Online/Jornal GGN*. 2016. Disponível em: http://jornalggn.com.br/noticia/o-apoio-de-lula-a-eduardo-guimaraes. Acesso em: 16 jul. 2017.

NASSIF, Luis. Entrevista com Luis Nassif. *Blog de Adriano S. Ribeiro*, 2010. Disponível em: http://adrianosribeiro.blogspot.com.br/2010_10_01_archive.html. Acesso: 2 fev.2014.

NASSIF, Luis. Web rompe esquemas. *Teoria e Debate*, 83, p. 23-28, jul./ago. 2009.

NIEBORG, David B.; POELL, Thomas. The platformization of cultural production: Theorizing the contingent cultural commodity. *New Media & Society*, v. 20, n. 11, p. 4275-4292, 2018.

NOGUEIRA, Paulo. Como decifrar o 'Delenda Globo' da carta de Dirceu a Fernando Morais. *Diário do Centro do Mundo*. 2016a. Disponível em: http://www.diariodocentrodomundo.com.br/como-decifrar-o-delenda-globo-da-carta-de-dirceu-a-fernando-morais-por-paulo-nogueira/. Acesso em: 10 jul. 2017.

NOGUEIRA, Paulo. Como as empresas de mídia montaram a estratégia do jornalismo de guerra para viabilizar o golpe. *Diário do Centro do Mundo*, 2016b Disponível em: https://www.diariodocentrodomundo.com.br/como-as-empresas-de-midia-montaram-a-estrategia-do-jornalismo-de-guerra-para-viabilizar-o-golpe-por-paulo-nogueira/. Acesso em: 16 fev. 2024.

NOGUEIRA, Paulo. Para que servem e por que existem os sites progressistas? *Diário do Centro do Mundo*, 2015. Disponível em: http://www.diariodocentrodomundo.com.br/para-que-servem-e-por-que-existem-os-sites-progressistas-por-paulo-nogueira/. Acesso em: 2 ago. 2016.

NOGUEIRA, Paulo. A greve que mudou o jornalismo brasileiro. *Diário do Centro do Mundo*, 2013. Disponível em: http://www.diariodocentrodomundo.com.br/greve/. Acesso em: 10 jan. 2017.

NUNES, Rodrigo. *Organization of organisationless:* collective action after networks. PML Books, 2014. [eBook] ISBN 978-1-906496-82-1.

OBSERVATÓRIO DA IMPRENSA. Por que a lei argentina assusta tanto? 2009. Disponível em: http://observatoriodaimprensa.com.br/interesse-publico/porque-a-lei-argentina-assusta-tanto/. Acesso em: 2 jun. 2016.

O CAFEZINHO. *Globogate*. [s.d]. Disponível em: http://www.ocafezinho.com/category/globogate-2/. Acesso em: 5 jan. 2016.

O CAFEZINHO. *Sobre o autor*. 2011. Disponível em: http://www.ocafezinho.com/sobre-o-autor/. Acesso em: 29 jun. 2016.

O GLOBO. Cresce apoio a manifesto pela imprensa. 2010. Disponível em: http://glo.bo/11zYg0H. Acesso em: 17 maio 2013.

OLIVEIRA FILHA, Elza Aparecida. Jornal Sem Terra: uma avaliação do principal instrumento de comunicação do MST. In: *7º Encontro Anual da ANDHEP - Direitos Humanos, Democracia e Diversidade*. Curitiba, 2012. Disponível em: http://www.andhep.org.br/anais/arquivos/VIIencontro/gt07-05.pdf. Acesso em: 12 jan. 2017.

OLIVEIRA, Isabel Ribeiro de. *Trabalho e política*: as origens do Partido dos Trabalhadores. Petrópolis: Vozes, 1987.

OLIVEIRA, Michelle Roxo; GROHMANN, Rafael. O jornalista empreendedor: uma reflexão inicial sobre jornalismo, flexibilização do trabalho e os sentidos do empreendedorismo no campo profissional. *Líbero* (FACASPER), v. 18, p. 123-131, 2015.

PALACIOS, Ariel. Kirchners aprovam lei para cercear meios de comunicação. *Estadão*, 2009. Disponível em: http://internacional.estadao.com.br/noticias/america-latina,kirchners-aprovam-lei-para-cercear-meios-de-comunicacao,448818. Acesso em: 28 abr. 2016.

PALHARES, Joaquim Ernesto. "A rede de comunicação alternativa ainda é fraca, mas seu poder vem crescendo". *Intervozes*, 2010. Entrevista concedida a Jacson Segundo - Observatório do Direito à Comunicação.

PANEBIANCO, Angelo. *Modelos de partido*: organização e poder nos partidos políticos. São Paulo: Martins Fontes, 2005.

PAULINO, Fernando Oliveira; XAVIER, Aline Cristina Rodrigues. Jornalismo sem fins lucrativos: transição, expansão, sustentabilidade e independência. *Rev. Comun. Midiática* (online), Bauru, v. 10, n. 1, p. 154-168, jan./abr. 2015.

PEDROSA, Mina. O preço do anonimato: quando o jornalista vira fonte. *QuidNovi*, 2012. Disponível em: http://quidnovi.com.br/coluna-do-mino/o-preco-do-anonimato-quando-o-jornalista-vira-fonte/. Acesso em: 25 mar. 2016.

PENTEADO, Claudio Luis de Camargo; SOUZA, Paulo roberto Elias. Jornalismo alternativo online e militância política: os casos Mídia Ninja e Barão de Itararé. *Comunicação e Mercado*. UNIGRAN - Dourados - MS, v. 05, Caderno Especial, p. 37-52, jan.-jun. 2016.

PENTEADO, Cláudio Luis de Camargo; PIMENTEL DOS SANTOS, Marcelo Burgos; ARAÚJO, Rafael de Paula Aguiar. Metodologia de pesquisa de blogs de política. *Rev. Sociol. Polit.*, Curitiba, v. 17, n. 34, p. 159-181, out. 2009.

PENTEADO, Claudio Luis de Camargo.; SOUZA, Paulo Roberto Elias. Jornalismo alternativo online e militância política: os casos Mídia Ninja e Barão de Itararé. *Comunicação & Mercado* - Revista Internacional de Ciências Sociais Aplicadas da UNIGRAN, v. 5, p. 37-52, 2016.

PENTEADO, Claudio Luis de Camargo; SANTOS, Marcelo Burgos Pimentel; ARAUJO, Rafael de Paula Aguiar. Blogs de política: caminhos para reflexão. *In*: I Congresso Compolítica, Salvador, 2006.

PEREIRA, Marcus Abílio Gomes & BRAGA, Ana Raquel de Campos. O perfil dos blogueiros de política no Brasil: uma nova elite? (2012). *In*: SILVEIRA, Sério Amadeu; BRAGA, Sérgio; PENTEADO, Cláudio (org.). *Cultura, política e ativismo nas redes digitais*. São Paulo: Editora Fundação Perseu Abramo, 2014. p.177-187.

PEROSA, Lilian Maria Farias de Lima. *Cidadania Proibida*. O Caso Herzog através da Imprensa. São Paulo: Susp/Imprensa Oficial do Estado de São Paulo, 2001.

PHILLIPS, Tom. Lula heads for victory despite scandals. *The Guardian*, 2006. Disponível em: http://www.theguardian.com/world/2006/sep/26/brazil.mainsection. Acesso em: 11 abr. 2016.

PHILLIPS, Whitney. LOLing at tragedy: Facebook trolls, memorial pages and resistance to grief online. *First Monday*, v.16, n.12, dez. 2011

PINTO, Pamela. *Brasil e as suas mídias regionais*: estudos sobre as regiões Norte e Sul. Rio de Janeiro: Editora Multifoco, 2017.

PILAGALLO, Oscar. *História da imprensa paulista*: jornalismo e poder de D. Pedro I a Dilma. São Paulo: Três Estrelas, 2012.

POELL, Thomas; NIEBORG, David; VAN DIJCK, José. Plataformização. *Revista Fronteiras – estudos midiáticos*, v. 22, n. 1, p. 2-10, jan./abr. 2020. Disponível em: http://revistas.unisinos.br/index.php/fronteiras/article/view/19838/0. Acesso em: 1 ago. 2023.

PONTES, Felipe Simão; MICK, Jacques. Jornalistas que foram jornalistas: um estudo sobre a docência a partir do "Perfil do jornalista brasileiro". *Revista Brasileira de Ensino de Jornalismo*, v. 3, n. 12, p. 57-78, 2013.

PORTAL VERMELHO. *Alberto Dines acovarda-se diante do caso iG-Conversa Afiada*. 2008. Disponível em: http://www.vermelho.org.br/noticia/32473-6. Acesso em: 15 set. 2014.

PORTO, Mauro. *Media Power and democratization*. New York: Routledge, 2012.

PORTO, Mauro; NEVES, Daniela; LIMA, Bárbara. Crise hegemônica, ascensão da extrema direita e paralelismo político. *Compolítica*, v. 10, n. 1, p. 5-34, 29 maio 2020.

PRIMO, Alex. Transformações no jornalismo em rede: sobre pessoas comuns, jornalistas e organizações; blogs, Twitter, Facebook e Flipboard. *Intertexto*, Porto Alegre: OFRGS, v. 2, n. 25, p. 130-146, dez. 2011.

PRIMO, Alex. Os blogs não são diários pessoais online: matriz para tipificação da blogosfera. *Famecos*, Porto Alegre, n. 36, p. 122-128, ago. 2008.

PRUDENCIO, Kelly Cristina de Souza. *Mídia ativista*: a comunicação dos movimentos por justiça global na internet. 2006. 207 f. Tese (Doutorado em Sociologia Política) – Centro de Filosofia e Ciências Humanas, Universidade Federal de Santa Catarina, Florianópolis, 2006.

PRUDENCIO, Kelly Cristina de Souza. Comunicação e mobilização política na internet. *Extensão em Foco*, Curitiba, n. 4, p. 97-105, jul./dez. 2009.

QUADROS, Claudia; ROSA, Ana Paula; VIEIRA, Josiany. Blogs e as transformações do jornalismo. *E-Compós* (Brasília), Salvador, v. 3, n. 1, p. 1-21, 2005.

RAFAEL, Pedro. Rede Globo tem medo da internet. *Brasil de Fato*, 2013 [24 de Jan]. Disponível em: http://antigo.brasildefato.com.br/node/11724. Acesso em: 1 ago. 2016.

RAFAEL, Pedro. Rodrigo Vianna: "A Globo tem medo da força da internet". *Viomundo*, 2013. Disponível em: https://www.viomundo.com.br/politica/rodrigo-vianna-a--globo-tem-medo-da-forca-da-internet.html. Acesso em: 16 fev. 2024.

RAFTER, Kevin. Introduction. *Journalism Practice*, v. 10, n. 2, p. 140-142, 2016.

RAINHO, João Marco. *Jornalismo freelance*: empreendedorismo na comunicação. São Paulo: Summus, 2008.

RAYES, Chantal. Lula empêtré dans un "Watergate brésilien". *Libération*, 2006.

RAMÍREZ DE LA PISCINA, Txema; GOROSARRI, María González; AIESTARAN, Alazne; ZABALONDO, Beatriz e AGIRR, Antxoka. Quality journalism in times of crisis: An analysis of the evolution of the European reference press (2001-2012). *Revista Latina de Comunicación Social*, 69, 2014, pp. 248 to 274.

RECUERO, Raquel.; BASTOS, Marco; ZAGO, Gabriela. *Análise de Redes para Mídia Social*. Porto Alegre: Sulina, 2015.

RECUERO, Raquel. Warblogs: Os Weblogs, o Jornalismo online e a Guerra no Iraque. *In*: *XXVI Intercom* (anais), Belo Horizonte, 2003.

REDE BRASIL ATUAL. *Redes sociais convocam reunião em defesa do 'viomundo' no barão de Itararé*. 2013. Disponível em: http://www.redebrasilatual.com.br/cidadania/2013/03/redes-sociais-convocam-reuniam-em-defesa-do-viomundo-no-barao-de-itarare. Acesso em: 1 jan. 2016.

REESE, Stephen; RUTIGLIANO, Lou; HYUN, Kideuk; JEONG, Jaekwan. Mapping the blogosphere: professional and citizen-based media in the global news arena. *Journalism*. Los Angeles, London, New Delhi & Singapore: Sage, v. 8, n. 3, p.235-261, 2007.

REQUIÃO, Roberto. "Há uma ausência total de projeto nacional", critica o senador Roberto Requião. *Brasil de Fato*, fev. 2016. Entrevista a Eduardo Sá, do blog *Fazendo Media*.

RIBEIRO, Ana Paula Goulart. A imprensa da independência e do primeiro reinado: engajamento e mercado. *Intercom/V Congresso Nacional de História da Mídia*, São Paulo, 2007.

RILA, Luiz; KRIEGER, Gustavo. A última crise do governo. *Época*, 2004. Disponível em: http://revistaepoca.globo.com/Epoca/0,6993,EPT728369-1653,00.html. Acesso em: 21 jun. 2016.

ROCHA, Teresinha de J. Leonel da. *Autoria e estilo no jornalismo em blog*: um estudo de caso do blog de Ricardo Noblat. 2012. 139 f. Dissertação (Mestrado em Comunicação) – UFBP/CCHLA, João Pessoa, 2012.

RODRIGUES, Fernando. Governo terceiriza gasto com publicidade. *Folha de S. Paulo*, 2005. Disponível em: https://www1.folha.uol.com.br/fsp/brasil/fc0301200506.htm Acesso em: 8 out. 2018.

RODRIGUES, Leôncio Martins. PT: A New Actor in Brazilian Politics. *In*: DEVOTO, Fernando J.; DI TELLA, Torcuato (ed.). *Political Culture, Social Movements and Democratic Transitions in South America in the Twentieth Century*. Milão: Fondazione Giangiacomo Feltrinelli, Feltrinelli Editore, 1997.

RODRIGUES, Leôncio Martins. *A composição social da liderança do PT*. Partidos e sindicatos. São Paulo: Ática, 1990.

ROHTER, Larry. Brazil Party Is Threatened By Videotape Showing Graft. *New York Times*, 2004. Disponível em: http://www.nytimes.com/2004/02/16/world/brazil-party-is-threatened-by-videotape-showing-graft.html. Acesso em: 17 mar. 2016.

ROMÃO, Juliana Galindo. *Conselho Federal de Jornalismo*: interesses, pressão e desequilíbrio na cobertura jornalística. 2008. 168 f. Dissertação (Mestrado em Comunicação Social) – Universidade de Brasília, Brasília, 2008.

ROSÁRIO, Miguel. Carta aberta ao povo brasileiro: liberdade de expressão em risco. *O Cafezinho*, 2015 [20 fev.] Disponível em: http://www.ocafezinho.

com/2015/02/20/carta-aberta-ao-povo-brasileiro-liberdade-de-expressao-em-risco/. Acesso em: 5 jan. 2016.

ROSÁRIO, Miguel. Bomba! O mensalão da Globo!. *O Cafezinho*, 2013a [27 de jun]. Disponível em: http://www.ocafezinho.com/2013/06/27/bomba-o-mensalao-da-globo/. Acesso em: 5 jan. 2016.

ROSÁRIO, Miguel. Mensalão da Globo: se pagou, mostra o DARF!. *O Cafezinho*, 2013b [29 de jun]. Disponível em: http://www.ocafezinho.com/2013/06/29/mensalao-da-globo-se-pagou-mostra-o-darf/. Acesso em: 5 jan. 2016.

ROSÁRIO, Miguel. Ali Kamel processa Cafezinho. *O Cafezinho*. 2013c [6 de nov]. Disponível em: http://www.ocafezinho.com/2013/11/06/ali-kamel-processa-cafezinho/. Acesso em: 5 jan. 2016.

ROUDAKOVA, Natalia. 2009. Journalism as "prostitution": understanding Russia's reaction to Anna Politkovskayas's murder. *Political Communication*, v.26, n.4, p. 412-429, 2009.

ROVAI, Renato. Aécio é o principal articulador por trás do duro ataque da Record à Globo. *Revista Fórum*, 2017. Disponível em: https://revistaforum.com.br/blogs/blog-do-rovai/2017/7/17/aecio-principal-articulador-por-tras-do-duro-ataque-da-record-globo-42461.html. Acesso em: 16 fev. 2024.

ROVAI, Renato. José Dirceu teria dito: "A Globo é a TV do governo". *Blog do Rovai*, 2015. Disponível em: http://www.revistaforum.com.br/blogdorovai/2015/08/04/jose-dirceu-teria-dito-globo-e-tv-governo/. Acesso em: 13 maio 2016.

ROVAI, Renato. Bonner quis falar mais que Dilma na entrevista do Jornal Nacional. *Blog do Rovai*, 2014. Disponível em: http://www.revistaforum.com.br/blogdorovai/2014/08/18/bonnner-quis-falar-mais-que-dilma-na-entrevista-jornal-nacional/. Acesso em: 22 set. 2015.

ROVAI, Renato. Dilma cala sobre blogosfera em encontro com a juventude. *Brasil de Fato*, 2013. Disponível em: http://antigo.brasildefato.com.br/node/12573. Acesso em: 1 ago. 2016.

ROXO, Marco. *Companheiros em luta*: a greve dos jornalistas de 1979. Niterói: Ed. da UFF, 2013.

RUBIM, Albino Canelas; COLLING, Leandro. Cobertura jornalística e eleições presidenciais de 2006 no Brasil. *Política & Sociedade*, v.10, p. 173-193, 2007.

RUBY, Felicity; GOGGIN, Gerard; KEANE, John. "Comparative Silence" Still? *Digital Journalism*, v. 5, n. 3, p. 353-367, 2017.

RYFE, David M. *Can journalism survive?* An inside look at American newsrooms. Cambridge/Malden: Polity Press, 2012.

SADER, Eder. Movimentos sociais. *In:* SADER, Eder. *Quando novos personagens entram em cena*: experiências, falas e lutas dos trabalhadores da Grande São Paulo (1970-1980). Paz e Terra, 1995. p. 197-315.

SAMUELS, David. "Brazilian Democracy under Lula and the PT." *In*: SHIFTER, M.; DOMINGUEZ, J. (ed.). *Constructing Democratic Governance in Latin America*. 3. ed. Baltimore: Johns Hopkins University Press, 2008a.

SAMUELS, David. A evolução do petismo (2002-2008). *Opinião Pública*, v.14, n. 2, p. 302-318, 2008b.

SAMUELS, David. From Socialism to Social Democracy: party organization and the transformation of the Workers' Party in Brazil. *Comparative Political Studies*, v. 37, n.9, November 2004.

SANGLARD, Fernanda. A repercussão de uma bolinha de papel na cobertura eleitoral. *Anuário Unesco/Metodista de Comunicação Regional*, v. 17, n. 7, p. 125-137, 2013.

SANTAYANA, Mauro. Mauro santayana: el pais e o cavalo de Tróia. *Barão de Itararé*, 2013. Disponível em: http://www.baraodeitarare.org.br/index.php?option=com_content&view=article&id=386:mauro-santayana-el-pais-e-o-cavalo-de-troia&catid=12:noticias&itemid=185. Acesso em: 13 jul. 2017.

SANTOS-ROCHA, Ednéia Silva. *A Fundação Ford e o fomento para instituições estratégicas e lideranças acadêmicas no Brasil*: análise sobre a parceria com a fundação Getúlio Vargas". Campinas, 2015. 260f. Tese (Doutorado em Política Científica e Tecnológica) – Instituto de Geociências, Unicamp, Campinas, 2015.

SARDENBERG, Carlos Alberto. Lula em busca de resultados. *O Estado de S. Paulo*, 2004, p. B2.

SCHERER-WARREN, Ilse. Manifestações de rua no Brasil 2013: encontros e desencontros na política. *Caderno CRH*, v. 27. Salvador: UFBA, p.417-429, 2014.

SENTENÇAS JUDICIAIS | Perfil - Ali Kamel. [S.d.]. Disponível em: http://www.alikamel.com.br/autor/sentencas.php. Acesso em: 16 fev. 2024.

SILVA, Jan Alyne Barbosa e. Weblogs: múltiplas utilizações e um conceito. *In*: *Intercom 2003*, Belo Horizonte, 2003

SILVA, Marco A. Roxo. *Jornalistas, pra quê?* Militância sindical e o drama da identidade profissional. 2007. 258f. Tese (Doutorado em Comunicação) – Universidade Federal Fluminense, Niterói.

SINGER, Jane. The political j-blogger: "normalizing" a new media from to fit old norms and practices. Journalism. London, CA & New Delhi: Sage, v.6, n. 2, p.173-198, 2005.

SINGER, Suzana. Na trilha do cartel. *Folha de S. Paulo*, 2013. Disponível em: http://www1.folha.uol.com.br/colunas/suzanasinger/2013/08/1321322-na-trilha-do-cartel.shtml. Acesso em: 30 dez. 2015.

SIMÃO, José. Buemba! a eleição é a festa da democracia. e o mesário é o garçom!!! *Monkey News/UOL*, 2006. Disponível em: http://noticias.uol.com.br/monkeynews/ultimas-noticias/2006/10/26/buemba-a-eleicao-e-a-festa-da-democracia-e-o-mesario-e-o-garcom.htm. Acesso em: 24 mar. 2016.

SMITH, Aaaron; RAINIE, Lee. The Internet and the 2008 election. *Pew Internet & American Life Project*. Washington, DC: Pew Trust, 2008.

SMITH, Anne-Marie. *Um acordo forçado*. O consentimento da imprensa à censura no Brasil. Rio de Janeiro: Editora FGV, 2000.

SOUZA, Paulo Roberto Elias; PENTEADO, Cláudio Luis de Camargo. Blogs e contrainformação política: redescobrindo uma forma de luta simbólica na blogosfera. *Compolítica*, 2013, Curitiba. Anais do V Congresso da Associação Brasileira de Pesquisadores em Comunicação e Política, 2013. 32p.

STROUD, Natalie Jomini. *Niche News*: the politics of news choice. New York: Oxford University Press, 2011.

TIJOLAÇO. *Voltamos*. 2013?. Disponível em http://www.tijolaco.com.br/blog/voltamos/. Acesso em: 15 fev. 2016.

TOSTA, Wilson. Onda de seqüestros dos anos 60 e 70 preocupou Cuba, revela CIA. *Estadão*, 2007. Disponível em http://politica.estadao.com.br/noticias/geral,onda-de-sequestros-dos-anos-60-e-70-preocupou-cuba-revela-cia,26652. Acesso em: 20 jun. 2016.

VAN DER HAAK, Bregtje; PARKS, Michael; CASTELLS, Manuel. *The Future of Journalism*: Networked Journalism. International Journal of Communication, [S.l.],

v. 6, p. 16, nov. 2012. ISSN 1932-8036. Available at: http://ijoc.org/index.php/ijoc/article/view/1750/832. Date accessed: 07 Jul. 2017.

VERMELHO. Curso do Barão de Itararé atrai comunicadores de todo país. 9 mai. 2013. Disponível em: http://www.vermelho.org.br/noticia/213198-6. Acesso em: 23 jul. 2017.

VIALEY, Patricia; BELINCHE, Marcelo; TOVAR, Christian. The media in Argentina: democracy, crisis and the reconfiguration of media groups. *In*: LUGO-OCANDO, Jairo (ed.). *The Media in Latin America*. Maidenhead: Open University Press, 2008. p. 12-28.

VIANNA, Rodrigo. Justiça do Rio: a TV Globo joga em casa; mas Kamel está derrotado pela história. *Escrivinhador*, 2013. Disponível em: http://www.rodrigovianna.com.br/palavra-minha/justica-do-rio-a-tv-globo-joga-em-casa-mas-kamel-esta-derrotado-pela-historia.html. Acesso em: 3 dez. 2013.

VIANNA, Rodrigo. Rodrigo Vianna: Jornalista da Globo denuncia que emissora vai atacar Amorim. *Viomundo*, 2011. Disponível em: http://www.viomundo.com.br/politica/rodrigo-vianna-jornalista-da-globo-denuncia-que-emissora-vai-atacar-amorim.html. Acesso em: 27 maio 2014.

VIANNA, Rodrigo. O dia em que até a Globo vaiou Ali Kamel. 2010. Disponível em: http://www.revistaforum.com.br/rodrigovianna/radar-da-midia/o-dia-em-que-ate-a-globo-vaiou-ali-kamel/. Acesso em: 31 dez. 2015.

VIANNA, Rodrigo. Lealdade [Carta de Rodrigo Vianna a colegas jornalistas]. *UOL*, 2006.

VIOMUNDO. *Risco público, lucro privado: BNDES injetou 80% do dinheiro novo e perdeu R$ 2,5 milhões ao salvar a net, da globo, no final do governo FHC*. 08 mar 2016. Disponível em: http://www.viomundo.com.br/denuncias/senador-requiao-bndes-perdeu-r-25-milhoes-em-dinheiro-publico-ao-salvar-a-net-da-globo-no-final-do-mandato-de-fernando-henrique-cardoso.html. Acesso em: 1 jun. 2016.

VIANNA, Rodrigo. *Participe do viomundo*. 2015. Disponível em: http://www.viomundo.com.br/faca-parte. Acesso em: 2 jan. 2016.

VOS, Tim P.; SINGER, Jane B. Media Discourse About Entrepreneurial Journalism. *Journalism Practice*, v.10, n. 2, p. 143-159, 2016. DOI: 10.1080/17512786.2015.1124730

WAISBORD, Silvio. *Vox Populista*. Medios, periodismo, democracia. Buenos Aires: Gedisa, 2013.

WATSON, Jamens; HILL, Anne. *Dictionary of Communication and Media Studies*. Oxford: Oxford University Press, 2003.

WEISSHEIMER, Marco Aurélio. O caso RCTV e a liberdade de imprensa. *Carta Maior* [site], 2007. Disponível em: http://cartamaior.com.br/?/Editoria/Internacional/O-caso-RCTV-e-a-liberdade-de-imprensa/6/13497. Acesso em: 6 maio. 2016

WE ARE SOCIAL. *Digital 2014*: Global Overview Report, 2014. Disponível em: https://datareportal.com/reports/digital-2014-global-digital-overview. Acesso em: 19 jan. 2024.

WHITWORTH-SMITH, Andrew C. *Solidarity Economies, Networks and the Positioning of Power in Alternative Cultural Production and Activism in Brazil*: the case of Fora do Eixo. 2014. 293f. Tese (Doutorado em Comunicação) – Universidade da Califórnia, San Diego, 2014.

ZAGO, Gabriela. Enquanto você lia este título, a Alemanha fez mais um gol: a Copa da zoeira nos sites de rede social. *Estudos em Jornalismo e Mídia*, v. 11, n. 2, p. 415-423, 2014. DOI: http://dx.doi.org/10.5007/1984-6924.2014v11n2p415.

ZELIZER, Barbie. *Covering the body*: the Kennedy assassination, the media and the shaping of collective memory. Chicago; London: University of Chicago Press, 1992.